Der große Business-Knigge

Petra Begemann

Der große Business-Knigge

Was Sie heute im Berufsleben wissen müssen

berufsstrategie

Eichborn.

3 4 5 07 06 05

Umschlaggestaltung: Christina Hucke
Umschlagfoto: Alexander Walter © getty images
Lektorat: Karin Schulze-Langendorff
Satz: Fuldaer Verlagsagentur, Fulda
Druck und Bindung: GGP Media, Pößneck
ISBN-3-8218-3854-X

Verlagsverzeichnis schickt gern:
Eichborn Verlag, Kaiserstraße 66, D-60329 Frankfurt/Main
www.eichborn.de

Inhalt

Einführung

Benimm ist wieder gefragt. Seminare in Sachen Stil und Etikette boomen, Imageberater verzeichnen rege Nachfrage, selbst Frauenzeitschriften ködern ihre Leserinnen mit »Knigge«-Sonderteilen.[1] Dabei ist es noch gar nicht lange her, dass die 68er-Generation Manieren als Herrschaftswissen und Mittel der Repression in die Mottenkiste verbannte. Ihre Kinder und erst recht ihre Enkel sehen das anders; und dahinter steckt mehr als die bloße Renaissance von Tischmanieren und Tanzstundenwissen. Es hat sich längst herumgesprochen, dass man mit Fachwissen allein im Beruf nicht weiterkommt – Qualifikation und Kompetenz werden schlicht vorausgesetzt. Entscheidend für die Karriere aber seien »das Auftreten, der Habitus, eine natürliche Souveränität«, gaben Personalentscheider in einer Studie des Darmstädter Soziologen Michael Hartmann zu Protokoll.[2] Das erinnert an die alte These vom »richtigen Stallgeruch«, den beruflich erfolgreiche Leute mitbringen müssten.

Was ist das Geheimnis einer solchen natürlichen Souveränität? Neben dem Glauben an die eigenen Fähigkeiten zweifellos auch die Überzeugung, sich in jeder Situation angemessen verhalten zu können. Das beginnt bei der Handhabung von Stoffserviette und Buttermesser, aber es endet längst nicht dort. Teamfähigkeit beweisen und dennoch die eigenen Interessen nicht aus den Augen verlieren, in Konfliktsituationen angemessen reagieren und auch dann noch gelassen bleiben, wenn einem ein Fauxpas unterlaufen ist, das sind nur einige konkrete Testfälle für souveränes Verhalten. Dieser Business-Knigge erschöpft sich daher nicht in traditionellen Benimmfragen wie Begrüßen und Vorstellen, zeitgemäßen Tischmanieren oder dem guten Ton am Telefon. Einen zweiten Schwerpunkt bilden typische Situationen im Job: Wie überzeugen Sie als Kollegin, als Mitarbeiter, als neuer Chef? Wie treten Sie in Meetings souverän auf? Wie gehen Sie als Frau mit unausrottbaren Rollenklischees um?

Skeptiker meinen, die oben beschworene »natürliche Souveränität« könne man nicht lernen – sie werde einem mit der sozialen Herkunft und einer entsprechenden Erziehung in die Wiege gelegt. Indirekt geben sie damit den 68ern und ihrer These von der sozialen Differenzierung durch Umgangsformen Recht. Ich halte das für überzogen, auch wenn der Vorsprung durch heimische Vorbilder und frühe Übung auf dem gesellschaftlichen Parkett nicht zu leugnen ist: Immerhin leben wir in einem Land, in dem es der Sohn einer Reinemachefrau bis an die Spitze der Regierung geschafft hat.

Es gilt also, den Blick zu schärfen für adäquates Verhalten in typischen Berufssituationen und dadurch Sicherheit zu gewinnen. Ich würde mich freuen, wenn Ihnen dieses Buch dabei eine Hilfe ist. Es orientiert sich eng an der Praxis und lässt in jedem Kapitel einen Experten zu zentralen Fragen zu Wort kommen. Ungewöhnliche Situationen bleiben dabei nicht ausgeklammert: Die Überschrift »Grenzfälle« leitet über zu heiklen Alltagserlebnissen: vom unverhofften Zusammentreffen mit einem Vorstandsmitglied bis zur formvollendeten Kündigung. Jedes Kapitel schließt mit einer knappen Übersicht der Do's* und Don'ts, die allerdings über eines nicht hinwegtäuschen sollte: Angemessenes Auftreten erschöpft sich nicht in der Befolgung irgendwelcher Regeln, es speist sich letztlich aus Rücksichtnahme und Respekt für den anderen. In diesem Punkt bin ich mir mit meinen Knigge-Kollegen völlig einig.

Petra Begemann

* Wenn es um die Schreibweise von »Do's« und »Don'ts« geht, hat man die Wahl zwischen Pest und Cholera: Richtig wäre eigentlich »Dos« und Don'ts« – aus Gründen der besseren Lesbarkeit haben wir uns aber für die im Alltag verbreitete Variante mit Apostroph entschieden.

Für den ersten Eindruck
gibt es keine zweite Chance.
Amerikanisches Sprichwort

Erster Eindruck: Voraussetzungen optimieren

Sieben Sekunden? Dreißig? Zwei Minuten? Die Psychologen sind sich nicht ganz einig, wie lange es dauert, bis wir uns ein Bild von unserem Gegenüber gemacht haben. Fest steht allerdings: Wir alle neigen zum Schubladendenken und fällen unser Urteil über einen Unbekannten in Windeseile. Und ist die Schublade erst einmal zu, muss schon einiges passieren, damit wir unsere Meinung überdenken. Wer uns gleich beim ersten Treffen auf den Schlips getreten hat, bleibt erst einmal unsympathisch, auch wenn er sich noch so sehr bemüht. Und wer uns auf Anhieb bezaubert, dem verzeihen wir schon mal einen unfreundlichen Ausrutscher. Grund genug, sich über den eigenen ersten Eindruck Gedanken zu machen. Denn wer die Weichen gleich zu Beginn richtig stellt, erspart sich mühsame Umwege.

Gewagte Schlüsse: Wie wir Menschen einschätzen

Wie bilden wir uns ein Urteil über andere Leute? Als vor einiger Zeit in einer süddeutschen Kleinstadt ein lange gesuchter Mörder gefasst wurde, waren seine Nachbarn schockiert: Niemals habe man »so etwas« geahnt. Schließlich habe der knapp Dreißigjährige immer freundlich gegrüßt, berichtete man angereisten Reportern, er sei adrett gekleidet gewesen und jeden Morgen pünktlich aus dem Haus gegangen. So viel zur menschlichen Urteilskraft. Doch bevor Sie über die vermeintlich naiven Kleinstädter den Kopf schütteln: Wir alle machen uns ständig aufgrund von Äußerlichkeiten ein Bild und ziehen dabei Schlüsse, die der Logik nicht standhalten.

Untersuchungen von Kommunikationspsychologen bestätigen dies. Danach beruht unsere Wirkung auf andere

- zu 38 % auf unserer Stimme,
- zu 55 % auf weiteren nonverbalen Signalen und nur
- zu 7 % auf dem, was wir sagen.[3]

Eine tiefe, sonore Stimme signalisiert Kompetenz, ein offener Blick dient als Beleg persönlicher Integrität, ein gewinnendes Lächeln weckt Sympathie. Vollblutverkäufer und Marketingfachleute wissen das; in unserer vernetzten Arbeitswelt gilt jedoch für jedermann: Wer vorankommen will, muss Kollegen und Vorgesetzte, Kunden und Geschäftspartner für sich gewinnen. »Soziale Kompetenz« oder »Kontaktstärke« heißt das im Jargon der Personaler.

Lange bevor man Ihre Sachkompetenz oder Integrität tatsächlich auf den Prüfstand stellen kann, bildet man sich also ein Urteil über Sie, und dieses Urteil sollte möglichst positiv ausfallen. Nonverbale Signale spielen dabei, wie erwähnt, eine zentrale Rolle. Dazu zählen im Einzelnen:

- Gestik und Mimik,
- Körperhaltung,
- Blickkontakt und Distanzverhalten,
- Kleidung.

Gehen Sie freundlich auf Ihr Gegenüber zu, lächeln Sie! Auch wenn Ihnen eine kontroverse Diskussion bevorsteht, spricht das nicht gegen eine verbindliche Begrüßung oder Gesprächseröffnung – im Gegenteil: Eine bessere Gesprächsatmosphäre wird Ihre sachlichen Ziele befördern. Ärger oder Abneigung sollten Sie nicht unverstellt zeigen – mit wutverzerrter Miene oder zusammengepressten Lippen wirken Sie niemals souverän. Profis setzen ein neutrales Pokerface auf und formulieren sachlich, aber bestimmt ihre Position. Unterstreichen Sie Ihre Ausführungen mit sparsamen Gesten. Unsere Gestik läuft unbewusst ab und ist daher schwer zu kontrollieren. Trainingsbedarf besteht nur, wenn Sie dazu neigen, wild in der Gegend herumzufuchteln oder aber in Stresssituationen sehr verkrampft und starr zu reagieren (und auch dann lohnt es sich eher, über Möglichkeiten der Stressbewältigung nachzudenken, als isolierte Gesten einzuüben).

Sitzen und gehen Sie aufrecht, sinken Sie nicht in sich zusammen. Schlurfender Schritt und hängende Schultern passen nicht zum dynamischen Erfolgsmenschen. Wenn sich hier andere Gewohnheiten eingeschlichen haben, können Sie mit passenden Sportarten (Tanzen, Gymnastik, leichtes Krafttraining) viel für Ihren Körper tun.

Schauen Sie Ihrem Gegenüber in die Augen, ein ausweichender Blick wird in unseren Breiten als Indiz für Unsicherheit oder Unaufrichtigkeit gedeutet. Das bedeutet nicht, dass Sie Ihren Gesprächspartner wie beim Polizeiverhör starr fixieren, sondern dass Sie immer wieder *Blickkontakt* suchen und halten.

TIPP

Konzentrieren Sie sich in heiklen Situationen auf die Nasenwurzel Ihres Gegenübers, wenn Sie merken, dass Ihr Blick unstet zu wandern beginnt.

Respektieren Sie die Distanzzonen Ihres Gegenübers – rücken Sie ihm nicht zu nah auf die Pelle. 50 bis 60 Zentimeter beträgt in unseren Breiten die Intimzone, in der man nur Freunde und enge Verwandte toleriert. Danach beginnt die Dialogzone (50/60 Zentimeter bis gut ein Meter), in der Begrüßungen und vertrautere Zweiergespräche stattfinden. Geschäftlich relevant ist eher die gesellschaftliche Distanz von einem bis zwei Meter, die nur noch von der öffentlichen Distanz (mehrere Meter, etwa beim Vortrag vor Publikum) überschritten wird.

Auch mit Ihrer Kleidung senden Sie Signale aus. Passen Sie ins Umfeld? Wie ernst nehmen Sie die Situation? Drückte Joschka Fischer bei seiner ersten Vereidigung zum Minister im hessischen Landtag mit Jeans, Turnschuhen und Sportjackett noch Distanz zum etablierten Machtapparat aus, lässt er seit seiner Ernennung zum Außenminister im eleganten Dreiteiler keinen Zweifel mehr daran, dass er sich an die diplomatischen Spielregeln zu halten gedenkt. Auf dem Grünen-Parteitag wiederum bleiben Krawatte und Weste im Schrank. Der Situation angemessen und vorteilhaft gekleidet zu sein ist eben ein wichtiges Erfolgsmoment. Alles Wesentliche zum Thema Business-Outfit erfahren Sie ab Seite 19.

Bei der Optik spielt neben Kleidung und Körpersprache auch das übrige Styling eine wichtige Rolle: Zerknautschte Jacketts, ausgelatschte Schuhe oder baumelnde Knöpfe können Sie sich als aufstiegsorientierte Fachkraft ebenso wenig leisten wie Körpergeruch, ungepflegte Hände und einen längst herausgewachsenen Haarschnitt. Manche Personaler etwa werfen im Vorstellungsgespräch gezielt einen Blick auf das Schuhwerk, um die Glaubwürdigkeit des optischen Auftritts zu testen.

Schließlich zur Stimme: Je voller und tiefer sie klingt, desto mehr Sympathiepunkte verschafft sie Ihnen (wie jeder bestätigen kann, der beim ersten Treffen mit einem netten Telefonpartner eine herbe Enttäuschung erlebte). Auch Kompetenz verbindet man eher mit tiefen Stimmen – Verona Feldbusch wäre als Nachrichtensprecherin eine glatte Fehlbesetzung. Wenn Sie mit Ihrer Stimme unzufrieden sind, achten Sie auf deutliche Artikulation, ausreichende Lautstärke, gute Atmung. Spezielle Stimm- und Sprechtrainer unterstreichen zudem, dass die Stimmqualität in weit geringerem Maße organisch vorgegeben ist, als wir meinen. Unter Suchbegriffen wie »Stimmtraining« oder »Sprechtraining« können Sie im Internet Trainer in Ihrer Nähe recherchieren.

Mit dem richtigen Outfit, offen-selbstbewusstem Auftreten und dezentem Styling stellen Sie die Weichen auf Erfolg. Fachkompetent sind Sie ja sowieso, aber das allein reicht eben nicht aus …

Bühne frei: Der erste Tag im Unternehmen

»Erste Eindrücke« hinterlassen Sie im Job fast täglich – bei Kunden oder neuen Geschäftspartnern, auf überregionalen Meetings oder Fortbildungsveranstaltungen, bei Ihrer ersten Präsentation im Abteilungsleiterkreis … Der wichtigste Ersteindruck ist jedoch der, den Sie beim Antritt einer neuen Stelle machen. Dabei vergisst man angesichts des eigenen Lampenfiebers nur allzu leicht, dass Neuzugänge den etablierten Kollegenkreis ebenfalls in Unruhe versetzen: Werden jetzt die Karten in der Abteilung neu gemischt? Wirbelt »der Neue« womöglich die bequeme Alltagsroutine durcheinander? Umso aufmerksamer wird der unbekannte Kollege beäugt – das erste Mal bei der üblichen *Vorstellungsrunde*, auf die Sie vorbereitet sein sollten. In den meisten Fällen nimmt Sie dabei Ihr neuer Vorgesetzter unter seine Fittiche und macht mit Ihnen einen Rundgang durch die Büros. Gehen Sie dabei freundlich und offen auf Ihre zukünftigen Kollegen zu. Neben einem: »Freut mich, Sie kennen zu lernen, Frau Meier!«, können Sie dabei gern weiter gehendes Interesse demonstrieren. Wird Ihnen etwa Frau Schulze als »unsere Expertin für Textgestaltung« vorgestellt, können Sie mit einer Bemerkung zur gelungenen Firmenbroschüre Sympathiepunkte sammeln. Das setzt natürlich voraus, dass Sie sich im Vorfeld entsprechend präpariert haben.

TIPP

Stimmen Sie sich sorgfältig auf den ersten Tag ein. Ungeheuer viel Neues strömt auf Sie ein – neue Kollegen, neue Zuständigkeiten, neue Wege und Spielregeln. Den Stress reduzieren Sie am ehesten, wenn Sie sich mit Firmenbroschüren, Infos aus dem Internet,

einschlägigen Pressemitteilungen und Fachliteratur vorbereiten. Mit dem Organigramm des Unternehmens vor Ihrem geistigen Auge etwa steigen Ihre Chancen, Zusammenhänge nachzuvollziehen und die Namen der neuen Kollegen im Kopf zu behalten.

Seien Sie darauf vorbereitet, sich ausführlicher vorzustellen, sei es in größerer Runde (zum Beispiel in der Abteilungsbesprechung), sei es im kleinen Kreis. Zum gelungenen Selbstmarketing gehört es hier, Ausbildung und Berufserfahrung gekonnt auf den Punkt zu bringen. Stellen Sie Ihr Licht nicht unter den Scheffel, nennen Sie Highlights wie Auslandseinsätze, Umsatzverantwortung für wichtige Produkte oder Mitarbeiterzahlen, bleiben Sie in der Formulierung aber sachlich.

Höflich und sachlich sollten Sie auch reagieren, wenn Ihr Empfang in der neuen Firma weniger gut organisiert ausfällt. Der Chef auf Dienstreise, das neue Büro noch nicht geräumt und ein erschrecktes »Huch, Sie sind schon da?!« an der Empfangstheke? Das kommt leider häufiger vor als gedacht und zeugt zweifellos von mangelnden Umgangsformen auf Seiten des Unternehmens. So unerfreulich das sein mag: Nehmen Sie es nicht persönlich. Meist steckt dahinter weniger böser Wille als vielmehr bloße Desorganisation. Machen Sie notgedrungen gute Miene zum bösen Spiel, reklamieren Sie jedoch beharrlich Ihr Büro, den Rundgang durch die Abteilung, das Informationsgespräch mit dem Vorgesetzten, wenn man Sie auch nach den ersten Tagen noch mit einem Provisorium abzuspeisen versucht.

Darüber hinaus tun Sie gut daran, in den ersten Tagen und Wochen Ihren neuen Kollegen nicht gleich auf die Zehen zu treten. Das ist nicht ganz einfach, denn die Fettnäpfe stehen in jedem Unternehmen an anderen Ecken. Was in der einen Firma als forsche Eigenmächtigkeit gilt, wird in der anderen als Eigeninitiative erwartet; was im einen Unternehmen als direkter Umgangston gepflegt wird, ist im nächsten schon eine grobe Unfreundlichkeit. All dies spricht dafür, in den ersten Wochen erst einmal sorgfältig das Terrain auszuloten, bevor Sie sich mit Anregungen, Verbesserungsvorschlägen oder Alleingängen aus der Deckung wagen. Denn wenn Sie nicht gerade als eiserner Sanierer ins Unternehmen geholt worden sind, kommt eines auf jeden Fall schlecht an: nach der Devise »Hoppla, jetzt komm ich!« den Respekt vor dem Bestehenden vermissen zu lassen. Davor schützt Sie ein einfaches Instrument: Fragen Sie nach dem Warum, bevor Sie mit eigenen Vorschlägen vorpreschen. Weitere Fettnäpfe:

Fettnäpfe beim Jobantritt

Womit Sie sich schnell unbeliebt machen ...

Arroganz Die Nase hoch zu tragen, kommt nicht gut an; einem Neueinsteiger verzeiht man es schon gar nicht. Grußlos an den neuen Kollegen vorbeizumarschieren, Hilfsangebote indigniert abzulehnen oder die Ausstattung der Büros abfällig zu kommentieren, macht Ihnen mit Sicherheit keine Freunde.

Besserwisserei ... ist die Zwillingsschwester der Arroganz – und ähnlich unbeliebt. Auch wenn Sie noch nicht mit Betriebsblindheit geschlagen sind und sachlich Recht haben, manövrieren Sie sich ins Abseits, wenn Sie dem Chefcontroller schon in der ersten Woche unter die Nase reiben, er habe wohl auf die falsche Software gesetzt.

Dienst nach Vorschrift Von Neuzugängen erwartet man vor allem Dreierlei: Interesse, Lernbereitschaft und Engagement. Da macht es sich schlecht, wenn Sie pünktlichst den Griffel fallen lassen und zur Stechuhr streben.

Dienstwege umgehen »Wie wird x hier gehandhabt?«, diese Frage sollte Ihnen in den ersten Wochen leicht über die Lippen gehen. Jede Firma »tickt« anders, und möglicherweise vergrätzen Sie gleich drei Kollegen, nur weil Sie es gewagt haben, direkt Zahlen beim Außendienst anzufordern.

Nostalgie »In meiner alten Firma haben wir aber …« – streichen Sie diesen Satz aus Ihrem Repertoire. Tun Sie's nicht, wird man Ihnen wahlweise mangelnde Flexibilität, Unbedarftheit oder Besserwisserei unterstellen.

Passivität Hoffen Sie nicht auf eine systematische Einarbeitung, bei der man Ihnen alles Wichtige mundgerecht serviert: In der Praxis ist der Wurf ins kalte Wasser weit häufiger. Infos sind (auch) Holschulden, ohne Eigeninitiative klappt es kaum mit der Einarbeitung.

Übertriebenes Statusdenken Ihre Hauptaufgabe in den ersten Tagen besteht darin, Ihre Kollegen, Mitarbeiter, Vorgesetzten kennen zu lernen und sich mit Ihren neuen Aufgaben vertraut zu machen. Gilt Ihre Hauptsorge stattdessen neuen Büromöbeln oder dem Dienstwagen, wird man Sie rasch als »karrieregeil« abstempeln.

Vertrauensseligkeit Tragen Sie Ihr Herz nicht auf der Zunge, schon gar nicht, bevor Sie wissen, wem Sie vertrauen können. »Der Meier ist in der Branche ja als scharfer Hund bekannt – stimmt das eigentlich?« Wenn Sie das den »richtigen« Kollegen fragen, haben Sie in Windeseile den ersten Feind im Unternehmen – Herrn Meier.

Bilden Sie sich in Ruhe ein Urteil über Ihre neuen Kollegen und widerstehen Sie Anbiederungsversuchen. In jedem Unternehmen gibt es Fraktionen, und fast immer gibt es Leute, die Sie als Neuzugang rasch auf ihre Seite ziehen wollen. Seien Sie daher vorsichtig, wenn Ihnen jemand gleich am ersten Tag das Du anbietet: Womöglich stellen Sie in zwei Wochen fest, dass Sie just der falschen Fraktion beigetreten sind (zum Duzen vergleiche Seite 86 ff.). Mit höflicher Distanz, Interesse und inhaltlichem Engagement fahren Sie weit besser.

Optischer Auftritt: So überzeugt Ihr Outfit

Schon Aschenputtel wusste: Ohne das richtige Ballkleid wird es nichts mit dem Prinzen. Und dass Kleider Leute machen, gilt bis heute. Außerhalb der Märchenwelt wird es allerdings kompliziert, denn jede Branche pflegt ihre eigenen Dresscodes: Was in der Werbeagentur erlaubt ist, wäre in der Bankenwelt unmöglich, und in einem Maschinenbauunternehmen wiederum würde sich der neue Abteilungsleiter mit feinem Bankerzwirn gleich ins Abseits manövrieren. Hinzu kommt: Traditionelle Dresscodes waren in den letzten Jahren unter dem Einfluss der New Economy zeitweise ins Wanken geraten. »Oben ohne« titelte der *Spiegel* Ende 2000 und meinte damit jene Vertreter der Old Economy, die unter dem Eindruck turnschuhtragender Vorstände in den Start-ups immer öfter auf die Krawatte verzichteten.[4] Mittlerweile kehrt man in den meisten Unternehmen wieder zum konservativen Auftritt zurück – mit dem Niedergang der Turnschuhfirmen hat auch deren Kleidungsstil seinen Reiz verloren. Und schließlich wartet die Modebranche jede Saison mit neuen Trends auf. Das Problem ist bei all dieser Vielfalt nur: Wie kleidet man sich da »richtig«?

Kurz gesagt: zur Umgebung, zum Anlass und zur eigenen Person passend. Erste Richtschnur sind die Konventionen Ihrer Branche und Ihres Unternehmens. Schauen Sie sich an, was die erfolgreichen Leute in der Firma tragen, und ziehen Sie Ihre Schlüsse daraus. Wenn das klassische Business-Outfit dominiert – Anzug oder Kostüm in gedeckten Farben in Kombination mit hochwertigem Hemd oder ebensolcher Bluse, Krawatte bzw. echter Schmuck oder Seidentuch als Pendant für die Frau –, haben Sie als Turnschuhträger schlechte Karten. Pflegt man – wie etwa im Kreativbereich – eine Prise Exzentrik, laufen Sie im selben Outfit Gefahr, als graue Maus eingestuft zu werden. Gleichgültig, ob Sie sich in diesem Fall für extravagante Accessoires oder den schwarzen Designer-Einheitslook entscheiden: Auch vermeintliche Individualisten erwarten Anpassung an die Gepflogenheiten Ihrer Branche.

Mit eben dieser Anpassung hadert mancher und pocht auf sein Persönlichkeitsrecht in Sachen Kleidung (Motto: Ich lasse mich nicht verbiegen!). Einmal abgesehen davon, dass es wichtigere Bereiche gibt, in denen man Rückgrat beweisen kann als etwa in der Frage des »Krawattenzwangs«: Sie machen es sich unnötig schwer, wenn Sie ignorieren, dass Kleidung ein wichtiges Signal der Zugehörigkeit zu einer sozialen Gruppe ist und Ihre Außenwirkung entscheidend mitbestimmt. Als Paradiesvogel unter lauter Krähen brauchen Sie nicht nur ein starkes Selbstbewusstsein, Sie empfehlen sich außerdem nicht gerade für den Posten der Oberkrähe. »Umfragen in deutschen Großunternehmen haben ergeben, dass 90 % der Personal- und Marketingchefs meinen, ihre Mitarbeiter könnten erfolgreicher sein, wenn Sie sich besser kleiden würden«, meldete das Wirtschaftsmagazin *Bizz* passend dazu.[5]

TIPP **Karriereberater empfehlen Aufstiegswilligen, sich im Kleidungsstil eher »nach oben« als »nach unten« zu orientieren. Damit dokumentieren Sie Ihre Ambitionen auch optisch und demonstrieren gleichzeitig, dass Sie auch auf der nächsten Stufe der Leiter eine gute Figur machen werden. Ein absoluter Fauxpas wäre allerdings, auffällig teurer und besser gekleidet zu sein als der eigene Vorgesetzte.**

Neben den Branchengepflogenheiten ist der jeweilige *Anlass* entscheidend. Bei wichtigen Kundenterminen werden Sie sich sorgfältiger kleiden als an einem reinen Bürotag. Mit formeller Kleidung werten Sie den Termin auf, zeigen, dass Sie die Angelegenheit ernst nehmen. Ein Berater im bunten Holzfällerhemd und mit zerbeulter Hose provoziert womöglich den Schluss, er nehme die Sache auch inhaltlich eher locker. Natürlich ist das rational überhaupt nicht zwingend – aber gängige »Alltagslogik«. Gedeckte oder dunkle Farben und starke Kontraste verbinden viele Menschen zudem mit Kompetenz. Nicht ohne Grund schwören Banker daher auf Dunkelblau und Schwarz bei der Wahl ihrer Anzüge und tragen dazu helle Hemden.

Selbst in vielen Banken und Beratungsunternehmen hatte Ende der 90er-Jahre nach dem Vorbild der USA der »Casual Friday« Einzug gehalten. Der strenge Dresscode wurde gelockert oder präziser: durch einen anderen ersetzt. »Gepflegt salopp« lautete freitags die Devise, die Krawatte blieb schon mal im Schrank, Cordhose zum Jackett oder Polohemd statt Oberhemd waren »erlaubt«. Also keineswegs ein Anything goes, sondern eine Mischung aus hochwertiger Freizeitmode und Business-Outfit. Mit Billig-T-Shirt oder Acrylpullover würden Sie immer noch Stirnrunzeln hervorrufen. In der Katerstimmung der wirtschaftlichen Krise sind viele Banken indes wieder zur klassischen Kleiderordnung zurückgekehrt.

Außer an Freitagen können die üblichen Kleidungsspielregeln bei Anlässen abseits des normalen Firmenalltags außer Kraft gesetzt sein: Firmenfeste, Betriebsausflüge, Geburtstags- oder Neujahrsempfänge etwa. Orientieren Sie sich an dem, was üblicherweise für einen solchen Anlass passend ist. Bei einer Isar-Floßfahrt sind Sie in Baumwollhose und Hemd oder Pulli richtig angezogen; geht der Ausflug zur Schlossbesichtigung und anschließend ins Nobelrestaurant, bleiben Sie lieber bei Ihrer Business-Kleidung. Fürs Theater darf es etwas schicker sein, ohne dass Sie die große Abendrobe vorher auslüften müssen. Eine festliche Bluse zum Kostüm oder Hosenanzug, etwas auffälligerer Schmuck oder die Pumps mit dem höheren Absatz – Frauen haben viele Möglichkeiten, ihr Outfit festlich aufzupeppen. Bei ihren Kollegen erschöpft sich der Spielraum meist in der dunkleren Anzugfarbe und der edlen Seidenkrawatte.

Wenn Sie nicht gerade einen Job ergattert haben, in dem Sie zum Neujahrsempfang des Bundespräsidenten oder zum Galadiner der örtlichen Firmenprominenz geladen werden, sind die Anlässe für große Roben und Smokings dünn gesät: Der übliche Firmen-Neujahrsempfang ist in der Regel in den Arbeitsalltag integriert und verlangt keine besondere Kleidung. Ob Sie als Ingenieur aus der Produktion für diesen Tag lieber ein Jackett mitnehmen oder als angehende Werbetexterin nicht gerade das schrillste Ihrer Outfits wählen, erfragen Sie im Zweifelsfall bei wohlmeinenden Kollegen, die das Ritual schon kennen. Bei offiziellen Einladungen finden Sie auf der Einladungskarte zudem häufig einen hilfreichen Bekleidungsvermerk.

Bekleidungsvermerke
... und was sie bedeuten

»Gesellschaftsanzug« (auch: »Cravate blanche«, »White Tie«)	Frack (Donnerwetter, Sie scheinen es geschafft zu haben!) Eher selten verlangt und nur der Vollständigkeit halber erwähnt. Wie die Termini unserer europäischen Nachbarn schon verraten: stilecht nur mit weißer Fliege.
»Abendanzug« (auch: »Cravate noir«, »Black Tie«)	Smoking Festliche Bankette, große Abendempfänge.
»Dunkler Anzug«	Schwarzer oder dunkelgrauer Anzug Die häufigste Variante, stilecht mit weißem Hemd.

»Straßenanzug«	Mit anderen Worten: nicht zu förmlich. Aber im Anzug, der eben auch heller sein darf.
»Business casual«	Im gelockerten Business-Outfit, das Business-Dress mit edler Freizeitmode mischt. Mögliche Elemente: Krawatte weglassen, Kombination statt Anzug, sportliches Tweedjackett, Polohemd unterm Jackett ...
»Festliche Kleidung«	Minimum: ein dunkler Anzug mit hellem Hemd und edler, nicht zu bunter Krawatte. Da nicht jeder einen Smoking im Schrank hat, wird es meist dabei bleiben.
»Legere Kleidung«	Tja, schwierig. Auch beim Sommerfest des Firmenchefs sind hier sicher nicht Shorts und Turnschuhe gemeint. Mit hochwertiger Freizeitkleidung, etwa teurer Baumwollhose und etwas sportlicheren Lederschuhen, machen Sie vermutlich nichts falsch.

Wenn Sie hier Hinweise für die Damenwelt vermissen: Hier geht man schlicht davon aus, dass frau sich an der männlichen Begleitung orientiert. Die lange Abendrobe ist dabei das Pendant zum Gesellschaftsanzug.

»Wählen Sie Kleidung, die Ihre Persönlichkeit unterstreicht!«, lautet der Standardtipp der Imageberater zum dritten Kriterium für angemessenes Outfit, nämlich *der eigenen Person.* Wer in Kleidungsfragen unsicher ist, dem ist damit leider wenig geholfen. Im Interview mit Imageberaterin Sabine Schwind von Egelstein auf Seite **27 ff.** bohren wir nach. Wichtig ist in jedem Fall, dass Sie sich in Ihrem Outfit wohl fühlen. Das hängt einerseits vom Kleidungsstil ab (wenn Sie Kostüme hassen, tragen Sie eben einen eleganten Hosenanzug), andererseits sind aber auch Passform, Schnitt und Materialien entscheidend. Da so mancher Verkäufer auch die krumpelnde Hose oder das kneifende Jackett mit einem »Das trägt man heute so!« anpreist, hier die untrüglichen Indizien für gute Passform:

- Blazer oder Jackett werfen am Rücken keine Falten und engen bei der Armbewegung nicht ein.
- Die Ärmel enden knapp über dem Handrücken, an der Daumenwurzel, sodass die Hemdmanschette etwa einen Zentimeter herausschaut.
- Der Hosen- oder Rockbund kneift und spannt nicht.
- Die Hosenlänge ist richtig, wenn die Hose hinten bis an den Schuhabsatz reicht.

Für den richtigen Schnitt sind Körpergröße und Figur entscheidend. Wer eher klein ist, tut sich mit langen Jacken und großen Mustern keinen Gefallen; auch auffällige Accessoires wie breite Gürtel, große Taschen oder großzügig drapierte Tücher erdrücken eher. Ton in Ton gekleidet zu sein »streckt« eher als die Mischung verschiedener Farben. Große Menschen haben da mehr Freiheiten. Und auch wenn Sie lieber zehn Pfund leichter wären: Sie lösen das Problem nicht dadurch, dass Sie trotzdem tapfer eine Nummer kleiner kaufen. Schlanker macht das nicht, im Gegenteil.

Beim Material sollten Sie auf Naturfasern wie Wolle, Seide und Baumwolle, gegebenenfalls mit geringem Synthetikanteil, setzen. Reine Synthetikfasern wirken oft billig und sind nicht atmungsaktiv. Ob der Stoff zum Knittern neigt, können Sie feststellen, indem Sie ihn mit der Hand zusammenknautschen. Vom Leinenanzug werden Sie sich nach diesem Test schnell verabschieden: Denken Sie daran, dass Sie auch nach einem Sitzungsmarathon oder einer Bahnfahrt noch gut aussehen müssen.

Achten Sie also auf Qualität und geben Sie im Zweifelsfall lieber ein bisschen mehr Geld aus. Wenn Sie nicht auf jeden modischen Schnellzug aufspringen, werden Sie Ihre Business-Kleidung länger tragen können. Das traditionelle Business-Outfit ist ohnehin eher klassisch und »veraltet« nicht binnen Jahresfrist. Modische Akzente (etwa bei trendigen Farben) können Sie mit Accessoires wie Krawatten, Tüchern, Hemd oder Bluse setzen. Welche Patzer bei der Kleidung Sie als ambitionierte Nachwuchskraft noch vermeiden sollten, lesen Sie im folgenden Kasten.

Dass der Rest Ihrer Erscheinung zum gepflegten Outfit passen sollte, versteht sich von selbst – ich spare mir also Hinweise auf die tägliche Dusche, den regelmäßigen Friseurbesuch oder das dezente Make-up.

Business-Outfit

Wovor Sie sich hüten sollten …

Männer	**Frauen**
Tennissocken zum Anzug Socken oder Krawatten mit Disneyfiguren, Dinos oder »witzigen« Sprüchen	wilde Muster (Blumen, Karos) »niedliche« Applikationen (Bärchen, Blumen, Glitzersterne …)
abgelaufene oder ungeputzte Schuhe, offene Sandalen	abgelaufene oder ungeputzte Schuhe, offene Sandalen

Männer	Frauen
Tennisschuhe oder Sportschuhe mit dicken Kreppsohlen	Tennisschuhe oder hohe Plateausohlen
groß gemusterte Jacketts	tiefe Ausschnitte, durchscheinende Oberteile, Miniröcke
abgetragene Hemden oder Krawatten, die vor Jahren mal modern waren	nackte Beine und Sandalen (zumindest ab einer gewissen Position und im konservativen Umfeld)
klotzige Sportuhren zum Anzug	billiger Modeschmuck
auffällige Goldketten	sichtbare Piercings, Tattoos
sichtbare Piercings, Tattoos	aufdringliche Parfums
Rasierwasserwolken	

TIPP **Wenn Sie über diese allgemeinen Tipps hinaus an Ihrem Outfit feilen möchten, lohnt sich der Gang zur Image- oder Farbberatung. In der Farbberatung können Sie testen, welche Farbtöne Ihnen besonders gut stehen und welche eher unvorteilhaft wirken – etwa, weil Sie darin blass und müde wirken. Anlaufadressen finden Sie im Internet unter www.farbberatung.de und www.imageberater.de. Was eine gute Imageberatung leistet, lesen Sie im anschließenden Interview.**

Interview: »Entscheidend für den Erfolg ist die persönliche Ausstrahlung«

Ein Gespräch mit der Imageberaterin Sabine Schwind von Egelstein

Sabine Schwind von Egelstein ist seit 1995 Imageberaterin, Trainerin, Referentin und Coach mit dem Spezialgebiet »Überzeugendes Auftreten im Berufsleben«. Zuvor sammelte sie Erfahrung in Verkauf und Marketing, in der Medienbranche und als PR-Managerin eines international marktführenden Softwarehauses. Eine Trainerausbildung sowie Weiterbildungen in Psychophysiognomik, Rhetorik, Präsentations- und Moderationstechniken, Körpersprache, Stimmbildung, Visagistik runden ihr Profil ab und machen sie zu einer gefragten Expertin in den Medien. Informationen unter www.schwindvonegelstein.de.

Wer lässt sich von Ihnen beraten?

Schwind von Egelstein: Bei der Imageberatung im Business-Bereich kommen hauptsächlich Firmen und dadurch deutlich mehr Männer als Frauen auf mich zu – etwa 65 % meiner Kunden sind männlich. Dabei handelt es sich um Angehörige des mittleren bis oberen Managements, Top-Führungskräfte, Selbstständige und Personen der Öffentlichkeit. Diesen Menschen ist klar, dass Sachkompetenz oder gute Produkte nur einen Bruchteil des beruflichen Erfolgs ausmachen (Studien sprechen von 3 bis 7 %). Kompetent sind viele, gute Produkte haben auch viele – entscheidend für den Erfolg ist oft die persönliche Ausstrahlung.

Persönlichkeit unterstreichen – wie macht man das?

Schwind von Egelstein: Es geht bei der Beratung nicht ausschließlich darum, die »Persönlichkeit zu unterstreichen«, sondern um ein wirkungsvolles und doch authetisches Erscheinungsbild im Business. Wie will jemand im Beruf wirken? Was passt zur Firma? Geht es beispielsweise eher darum, Seriosität auszustrahlen, oder sind Innovation oder Kreativität gefragt? Diese Firmenanforderungen muss ich genauso berücksichtigen wie die angeborene Erscheinung und den persönlichen Stil des Menschen. Ist jemand eher groß oder klein, wirkt er eher streng oder lieb? Wie »tickt« jemand? All das gilt es für die gewünschte Wirkung optimal zu verbinden.

Welche Fehler machen Menschen, die bei Ihnen Rat suchen, am häufigsten?

Schwind von Egelstein: Die häufigsten Fehler, die gemacht werden, sind:

- sich Dinge bei anderen abzuschauen und auf sich zu übertragen, obwohl sie bei der eigenen Person nicht diese Wirkung haben;
- vorsichtshalber den allgemeinen Trends oder einfach dem althergebrachten klassischen Business-Look zu folgen, ohne sich zu individualisieren und die eigenen Stärken zu unterstreichen;
- einen Look zu wählen, der nicht der beruflichen Ebene entspricht. Wenn Ihnen optisch der »Biss« fehlt, etwa, weil Sie als Frau immer noch wie ein braves Schulmädchen gekleidet und frisiert sind, wird man Ihnen kaum ein Projekt anvertrauen, bei dem man auch einmal Ellenbogen zeigen muss.

Die Dresscodes in manchen Branchen (etwa in den Banken) sind ja recht streng. Wie »individualisiert« man da?

Schwind von Egelstein: Selbst ein strenger Dresscode – zum Beispiel Anzug in gedeckter Farbe – bietet noch eine Vielzahl von Variationsmöglichkeiten bei Materialien, Schnitt und Farbe. Es gibt sehr strenge Anzugformen und sehr modische, sehr konservative und sehr extravagante. Spielraum bieten auch Hemden und Krawatten in unterschiedlichen Mustern, Farben und Schnitten sowie Frisur und Accessoires.

Mein Budget ist begrenzt; trotzdem will ich gut aussehen. Was raten Sie?

Schwind von Egelstein: Setzen Sie auf Klasse statt Masse: wenige Teile in guter Qualität, Basisteile in dunkleren Neutralfarben. Akzente können Sie mit preiswerteren Ergänzungsteilen setzen. Und mit souveränen Umgangsformen, angenehmer Stimme und guter Körperhaltung lässt sich immer punkten.

Woran erkennt man eine gute Imageberaterin?

Schwind von Egelstein: Eine gute Imageberatung ist mehr als eine kurze Farb- und Stilberatung, bei der man Sie mit verschiedenen Tüchern vor einem Spiegel platziert. Eine Imageberatung geht wesentlich weiter und bezieht zumindest Körpersprache, Stimme, Haltung mit ein. Das setzt eine genaue Analyse, ein ausführliches Gespräch voraus. Schlüsselfrage ist dabei: Wie möchte jemand wirken? Achten Sie bei der Wahl einer Beraterin vor allem auf Berufserfahrung, professionelles Auftreten und überzeugendes Aussehen.

Menschen gewinnen: Smalltalk für alle Gelegenheiten

Im Flugzeug Frankfurt – Berlin. Vor mir beugt sich ein Passagier interessiert zu seiner attraktiven Nachbarin hinüber. »Fliegen Sie auch nach Berlin?« Wieder einmal ein Beleg dafür, dass gelungener Smalltalk zwar leichtfüßig daherkommen soll, aber alles andere als einfach ist. Berufliche Situationen, in denen Smalltalk gefragt ist, gibt es viele: Da sind die Pausen in Meetings, Seminaren oder Konferenzen; da ist der Kunde, Bewerber oder Geschäftspartner, der freundlich in Empfang genommen werden soll; da sind die informelleren Betriebsanlässe wie Empfänge, Jubiläen oder Feiern (vergleiche Seite 94 ff.). Erfolgreiches »Networking« ist ohne Einstiegs-Smalltalk ebenso wenig vorstellbar wie ein Sach- oder Fachgespräch in angenehmer Atmosphäre. Und die Kunst des Smalltalks besteht darin, unverfänglich, aber nicht inhaltsleer, unverbindlich, aber nicht floskelhaft aufeinander zuzugehen. Der Hinweis auf das Wetter taugt daher kaum als Allzweckwaffe. Was sind die Alternativen?

Vergegenwärtigen wir uns, welche Rolle das unverbindliche Geplauder im Allgemeinen spielt: Smalltalk dient entweder dem ersten gegenseitigen Abtasten (Lohnt sich ein näherer Kontakt zum Gesprächspartner?), dem Herstellen einer positiven Gesprächsatmosphäre, bevor man etwa bei geschäftlichen Besprechungen zum »eigentlichen« Thema übergeht, oder aber dem unverfänglichen Zeitvertreib bei informellen Anlässen. Damit eignet sich alles als Thema, was

- Interesse am Gesprächspartner beweist, ohne indiskret zu sein,
- die aktuelle Situation aufgreift, um locker ins Gespräch zu kommen, oder
- allgemeine Themen nutzt, ohne in nichts sagende Floskeln zu münden.

In die erste Kategorie fallen etwa unverbindliche Komplimente (zum Outfit, zur gelungenen Präsentation, zur Marketing-Kampagne für das Produkt X) oder freundliche Nachfragen zu Beruf, Hobby, Interessen. Im zweiten Fall kann beispielsweise ein Kommentar zum Vortrag, den man gerade gemeinsam gehört hat, zum üppigen Büfett oder zur gelungenen Architektur des Gebäudes, in dem man sich befindet, den Gesprächseinstieg bilden. Damit wird schon deutlich: Smalltalk als Kunst des »kleinen« Gesprächs dreht sich um weitgehend Erfreuliches, Positives oder Unverbindliches. Er überfällt den Gesprächspartner weder mit intimen Bekenntnissen, noch nötigt er ihn zu einer Stellungnahme in kontroversen oder schwer wiegenden Fragen. Damit ist das Feld geeigneter Smalltalk-Themen abgesteckt: Kultur, Reisen, Sport, aktuelle Veranstaltungen oder passende Anekdoten eignen sich hervorragend; bei Politik, Religion, Krankheit oder Tod bewegen Sie sich auf heiklem Terrain. Sich in einer Seminarpause über seine Lieblingsfilme auszutauschen bietet viel Stoff für entspanntes Geplauder, das Gespräch auf die aktuelle Steuergesetzgebung zu lenken ist hingegen riskant. »Ernsthafter« kann man immer noch werden, wenn man sich mit einem Gesprächspartner länger unterhalten hat und feststellt, dass man auf einer Wellenlänge liegt.

Sprache dient eben nicht nur dem sachlichen Informationsaustausch oder dem gegenseitigen Aushandeln von Interessen; Linguisten schreiben ihr daneben eine wesentliche soziale Funktion zu. Nehmen Sie Smalltalk als eine Art soziales Schmiermittel, bei dem es im Wesentlichen darum geht, dem anderen zu signalisieren: Ich nehme dich wahr, ich hoffe, du fühlst dich wohl.

TIPP

Achten Sie darauf, dass Sie ein für Sie selbst noch so spannendes Thema nicht zu Tode reiten. Nicht jeder interessiert sich in allen Details für den frühen Stummfilm oder die neuesten Trends im Golfsport. Alarmsignal: Sie monologisieren. Verwechseln Sie höfliche Aufmerksamkeit nicht mit echtem Interesse.

Wenn Sie selbst mit so einem Vielredner konfrontiert sind, sollten Sie geschickt das Thema wechseln. Lässt sich jemand partout nicht bremsen, verabschieden Sie sich am besten diplomatisch (»Ah, ich sehe drüben gerade einen Bekannten. Hat mich gefreut, Sie kennen zu lernen!«).

Benimmrepertoire: Von Begrüßen bis Vorstellen

Wer grüßt wen zuerst? »Darf« eine Frau einem Mann die Tür aufhalten? Muss der wiederum jeder Dame in den Mantel helfen? Steht man beim Begrüßen auf? Gibt's den Handkuss (außer in Rosamunde-Pilcher-TV-Dramen) heute noch? Sie ahnen es: Wir steuern auf eines der Lieblingsfelder traditioneller Etikette zu, das Grüßen, Begrüßen und Vorstellen. In klassischen Benimmbüchern kommunizieren hier eifrig »Damen« und »Herren«, »Ranghöhere« und »-niedrigere«. Für souveränes Auftreten im Beruf taugen solche Tipps oft wenig, sei es, weil die Zeit über sie hinweggegangen ist, sei es, weil berufliche Hierarchien und die klassische »Rangfolge«, nach der verheiratete (!) Frauen, Damen und Ältere bevorzugt zu behandeln sind, überkreuz liegen. Wie verhalten Sie sich zeitgemäß?

Wer grüßt zuerst?

Handeln Sie am besten nach der Devise: Wer den anderen zuerst sieht, grüßt zuerst. Das Grüßen streng nach »Rang«, dem zufolge Herren, Jüngere oder »Rangniedrigere« die Initiative ergreifen müssen, kommt langsam aus der Mode. Fraglich wäre nach dieser traditionellen Benimmregel beispielsweise, ob die junge Mitarbeiterin den älteren Kollegen zuerst grüßen müsste oder umgekehrt oder wie es sich etwa zwischen männlichem Vorgesetzten und weiblicher Mitarbeiterin verhalten würde. Ehe Sie sich in solchen Spitzfindigkeiten verstricken, grüßen Sie lieber. Und wenn das Vorstandsmitglied oder der Abteilungsleiter es bei einem auffordernden Blick belässt, ist es karrieretaktisch sicher klüger, nicht grußlos vorbeizuhasten …

TIPP

Es versteht sich von selbst, dass Gäste in der Firma (Geschäftspartner und Kunden) besonders zuvorkommend behandelt werden. Und das fängt beim Grüßen an ...

Wie (be-)grüßt man?

Ob Sie mit einem saloppen »Hallo!«, mit einem freundlichen »Guten Tag!« oder einem simplen Kopfnicken grüßen, hängt von der Situation und vom Gegenüber ab – je weniger vertraut der Umgang, desto förmlicher sollten Sie sein.

Übrigens: Jeder hört seinen Namen gern. Überlassen Sie diese Erkenntnis nicht den Telefonmarketing-Agenturen und Verkaufstrainern. Ein lächelndes »Gut Tag, Frau Müller!« stimmt selbst die strengste Chefsekretärin gnädiger. Vorsicht bei akademischen Titeln: Während Titelträger unter sich den »Doktor« oder »Professor« schon einmal weglassen, steht das anderen erst auf Aufforderung hin zu. Bleiben Sie also beim »Herrn Dr. Meier«, bis dieser Sie von der förmlichen Anrede entbindet.

Direkt aus der Mottenkiste dagegen kommen Floskeln wie »Gnädige Frau« oder gar »Gnädigste«. Dorthin gehört mittlerweile auch der Handkuss. Der stand früher nur verheirateten (und damit »höher gestellten«) Damen zu – und das auch nur in geschlossenen Räumen. Private Gärten und Bahnhöfe allerdings wurden kurzerhand ebenfalls als »geschlossen« definiert. Wenn Sie sich also nicht gerade steinalten Damen auf noblen Empfängen als idealer Schwiegersohn empfehlen wollen, verzichten Sie also besser auf die tiefe Verbeugung über den Handrücken (denn wirklich »geküsst« wird die Hand nur von Banausen).

Ob man es bei einem verbalen Gruß belässt oder sich die Hand gibt, hängt ebenfalls von der Situation ab. Im hektischen Berufsalltag werden Sie Kollegen, Mitarbeiter oder Vorgesetzte nur im Ausnahmefall mit Handschlag begrüßen – etwa nach längerer Abwesenheit oder zu einem wichtigen Gespräch. Beim Händeschütteln allerdings greift auch heute noch die »Rangregel«: Ihr Boss wird Ihnen die Hand anbieten, nicht Sie ihm. Sollten Sie sitzen, wenn Sie jemand mit Handschlag begrüßt, stehen Sie höflicherweise auf.

Auch Geschäftspartner und Kunden, die zu Besuch in Ihrem Haus sind, werden Sie mit einem Händedruck begrüßen – und zwar beginnend mit der »wichtigsten« Person (also beispielsweise in der Reihenfolge: Abteilungsleiterin → Assistentin). Sie müssen dabei als Mann auch nicht mehr abwarten, bis Ihnen eine Frau die Hand reicht.[6]

Ein Fauxpas bleibt allerdings, beim Händeschütteln die linke Hand lässig in der Hosentasche zu behalten oder den Blickkontakt zum Gegenüber zu vermeiden. Ganz schlimm: Sie geben dem einen die Hand und sehen dabei bereits den nächsten an. Auch den gefürchteten Schraubzwingengriff oder das andere Extrem, eine kraftlose »Hasenpfote«, sollten Sie vermeiden. Im letzten Fall wird man Sie für wenig dynamisch halten, im ersten angesichts der schmerzenden Finger nicht unbedingt für besonders sympathisch.

Wer stellt wen vor?

An dieser Stelle kommen wir nicht an klassischen Benimmregeln vorbei. Es gilt: Der »Rangniedrigere« wird dem »Ranghöheren« vorgestellt, sodass der in der Hierarchie weiter oben angesiedelte zuerst erfährt, wen er vor sich hat. Der Azubi wird also dem Vorgesetzten vorgestellt (»Herr Dr. Meier, dies ist Oliver Braun, unser neuer Auszubildender. Herr Braun – Herr Dr. Meier, Leiter unserer Marketingabteilung«), Mitarbeiter oder Mitarbeiterin dem Chef. Die private Faustregel, nach der Ältere und Damen höher angesiedelt sind, wird also durch die berufliche Hierarchie dominiert. Gäste und Kunden sind dabei per se »ranghöher«.

Auf eine Vorstellung mit »Angenehm!« oder »Hoch erfreut!« zu reagieren, wirkt arg verstaubt und erinnert an Hacken zusammenschlagende Operettenoffiziere; zeitgemäßer ist ein »Freut mich, Sie kennen zu lernen!« oder schlicht ein simples »Guten Tag!«.

TIPP

Wenn Sie in einem größeren Kreis (etwa bei einem externen Meeting) neu sind, gehen Sie am besten auf den Sitzungsleiter zu und nennen Ihren Namen und die Institution, die Sie vertreten. Er wird Sie dann in dem Kreis begrüßen und vorstellen.

Wann ist es Zeit für die Visitenkarte?

Zu Beginn einer geschäftlichen Verhandlung werden üblicherweise Visitenkarten ausgetauscht. Karten, die man Ihnen überreicht, sollten Sie nicht achtlos wegstecken, sondern kurz studieren, um sie anschließend sorgfältig in Ihren Unterlagen zu verstauen. Dass Sie genügend eigene Visitenkarten bereithalten, versteht sich eigentlich von selbst – »gerade keine Karte dabei« zu haben, wirkt unprofessionell. Verknickte oder angeschmutzte eigene Karten sollten Sie rechtzeitig entsorgen.

Das Überreichen von Visitenkarten signalisiert Interesse an einem weiteren Austausch. Bei informellen Anlässen wie Firmenempfängen, Seminar- oder Konferenzpausen sollten Sie Ihre Karte daher nicht wahllos unters Volk streuen, sondern sie jenen Gesprächspartnern überreichen, bei denen sich nähere Anknüpfungspunkte ergeben haben – also eher gegen Ende des Smalltalks. Eine Karte kommentarlos entgegenzunehmen, ohne die eigene zu zücken, ist grob unhöflich.

Wie verabschiedet man sich gekonnt?

Beim zufälligen Smalltalk genügt ein »Es hat mich gefreut, Sie kennen zu lernen!«, bevor Sie – etwa auf einem Stehempfang – weiterziehen.

Sie können je nach Situation auch einen weiteren unterhaltsamen Abend, einen interessanten Seminarnachmittag wünschen oder Gesprächsinhalte aufgreifen (»Dann alles Gute für Ihre Asienreise!«). Gäste im Unternehmen begleiten Sie höflicherweise zum Ausgang. Und auch wenn das traditionelle Türaufhalten und In-den-Mantel-Helfen unter entschiedenen Feministinnen in Verruf geraten ist: Beides bleibt eine höfliche Geste. Den Feministinnen zum Trost: Im Zuge der Gleichberechtigung können heute durchaus auch Frauen den Männern in den Mantel helfen, auch wenn mancher Kavalier der alten Schule das entrüstet ablehnen würde. Entscheiden Sie das als Businessfrau am besten situativ. Als Frau männlichen Gästen oder Geschäftspartnern die Tür aufzuhalten ist dagegen selbstverständlich. Ob Sie als Frau Ihrem Vorgesetzten die Tür aufhalten oder umgekehrt? Hier gibt es keine klare Regel, denn streng genommen kollidieren berufliche Hierarchie und traditionelle Ritterlichkeit. Normalerweise werden Sie Ihren Chef gut genug kennen, um zu wissen, ob es zum loriotverdächtigen Gerangel käme, wenn Sie versuchen würden, ihm den Vortritt zu lassen. Generell gilt: *Zu höflich* zu sein ist weitaus schwieriger, als den anderen zu brüskieren – entscheiden Sie sich also im Zweifelsfall lieber für die traditionelle Höflichkeitsgeste.

Grenzfälle: Sie treffen ein Vorstandsmitglied im Fahrstuhl?

»Bewege dich im Zentrum der Macht!«, lautet eine der goldenen Regeln, die Wolfgang Schur und Günter Weick den Lesern ihres satirischen Breviers »Wahnsinnskarriere« mit auf den Weg geben. Mancher Karriereaspirant verbringe allein deshalb viele Stunden auf der Vorstandstoilette, um von wichtigen Leuten wahrgenommen zu werden, so ihre Behauptung.[7]

Verlassen wir das Reich der Satire: Das Schicksal spielt Ihnen in die Hände, Sie betreten eines Morgens den Fahrstuhl und treffen dort tatsächlich auf den Big Boss himself. Was nun? Im ungünstigsten Fall erstarren Sie und stammeln ein unsicheres »Guten Morgen ...«. Ein freundlich-selbstbewusstes Lächeln und ein deutliches »Guten Morgen, Herr Dr. Oberboss!« sollten schon drin sein. Und damit Schluss? Das hängt sowohl von der Zahl der Stockwerke ab, die noch vor Ihnen liegen, als auch von der Reaktion Ihres Gegenübers. Auf einen freundlich-fragenden Gegengruß hin sollten Sie sich knapp vorstellen (»Silke Schneider, ich bin Marketingassistentin bei Frau Müller-Lüdenscheidt«). Und statt interessiert die Stockwerksanzeige oder die Fahrstuhldecke zu inspizieren, ist es allemal besser, mit einer unverbindlichen Bemerkung peinliche Pausen zu füllen.

Was Sie da sagen könnten, fällt Ihnen frühestens 24 Stunden später ein? Hängen Sie die Messlatte nicht zu hoch: Auch Oberbosse sind nur Menschen. Ob Sie den gelungenen Start eines neuen Produkts oder das Interview Ihres Gegenübers im letzten *manager magazin* ansprechen, ob Sie sich begeistert über die renovierte Lobby äußern oder nach einem Gemälde auf dem Vorstandsflur fragen, das Ihnen aufgefallen ist – solange der Anlass positiv ist und die Aussage nicht zu banal, machen Sie nichts falsch. Und in Zeiten, in denen soziale Kompetenzen karriereentscheidend sind, fallen Sie durch einen unverkrampften Umgang mit den Mächtigen positiv auf.

Detail am Rande: Beim Verlassen des Fahrstuhls haben hohe Tiere natürlich den Vortritt. Und was für Fahrstühle gilt, trifft natürlich auch auf Treppenhäuser, Konferenzpausen oder Firmenempfänge zu ...

Erster Eindruck: Die Do's und Don'ts auf einen Blick

Do's	Don'ts
Allgemeines Auftreten	
Das Bewusstsein, mit Kleidung, Körpersprache, Auftreten und Umgangsformen unweigerlich das Urteil über die eigene Person mitzubestimmen	Unsensibilität oder Gleichgültigkeit gegenüber der eigenen Außenwirkung
Höflichkeit, Eingehen auf das Gegenüber, freundliches Interesse	Distanzlosigkeit, deutliche Reserviertheit oder gar Unfreundlichkeit
Outfit	
Kleidung von guter Qualität und Passform, die auf die Situation abgestimmt ist	Kleidung, die nicht zur Umgebung, zur aktuellen Position oder zum Anlass passt
Klassische Mode, die die eigene Person vorteilhaft zur Geltung bringt	Kleidungssünden wie Blümchenmuster, Plastikschmuck, Tennissocken...
Tadellos gepflegte Kleidung	Ungepflegtes Outfit
Der erste Tag	
Gut mit Firmeninfos präpariert starten	Verzicht auf sorgfältige Vorbereitung
Respekt vor dem Bestehenden, höfliche Distanz, Interesse (fragen, fragen, fragen!), Engagement	Arroganz, Besserwisserei, Desinteresse, Vertrauensseligkeit

Do's	Don'ts
Smalltalk	
Eingehen auf das Gegenüber	Nichts sagende Floskeln oder Desinteresse
Unverfängliche Themen rund um Kunst, Kultur, Reisen, Hobbys …	Rücksichtsloses Monologisieren oder Herumreiten auf heiklen Themen
Grüßen & Vorstellen	
Freundlich und eventuell mit Namen grüßen	Partout zuerst gegrüßt werden wollen, Gruß nicht erwidern
Gäste und Geschäftspartner höflich mit Handschlag begrüßen	»Ranghöherem« unaufgefordert die Hand entgegenstrecken
Fester Händedruck mit Blickkontakt zum Gegenüber	Linke Hand in der Hosentasche beim Händeschütteln, kraftlose »Hasenpfote« oder aber »Schraubzwingengriff«
Dem Chef den Azubi zuerst vorstellen	Dem Azubi den Chef zuerst vorstellen
Die eigene Visitenkarte überreichen – zu Beginn eines geschäftlichen Gesprächs, im Verlauf eines interessanten Smalltalks	Visitenkarten anderer achtlos beiseite legen oder sich nicht mit einer eigenen Karte revanchieren

Am schnellsten kommt man auf dem
Steckenpferd des Vorgesetzten voran.
Rumänisches Sprichwort

Vorgesetzte: Chefs für sich gewinnen

Über nichts schimpft es sich so leicht wie übers Wetter und über den eigenen Chef. Kaum jemand ist uneingeschränkt zufrieden mit seinem Vorgesetzten: Er (oder sie, natürlich) ist zu autoritär, zu lasch, zu sprunghaft, zu festgefahren, zu impulsiv, zu abweisend … Am Chef vorbei kommt indes niemand – (fast) jeder hat einen, und viele Mitarbeiter verbringen angesichts langer Arbeitstage mehr Zeit mit dem Vorgesetzten als mit dem eigenen Ehepartner. Und für die Karriere ist der Chef schlicht die absolute Schlüsselfigur: Ohne seine Fürsprache geht in der Regel nichts. Zwei gute Gründe, mit den richtigen Umgangsformen und etwas strategischem Geschick die Basis für eine gute Chefbeziehung zu legen.

Chefmanagement: Zwischen Anpassung und Profilierung

Früher lagen die Dinge einfach: Der Chef hatte das Sagen, seine Mitarbeiter mussten folgen. Dieses System von Befehl und Gehorsam gehört glücklicherweise der Vergangenheit an, fast jedes Unternehmen schreibt heute den kooperativen Führungsstil auf seine Fahnen. Statt des autoritären Entscheidungsdiktats ist die Selbstverantwortung der Mitarbeiter gefragt; Entscheidungen sollen nicht mehr von oben verordnet, sondern je nach Sachebene delegiert, gemeinsam getroffen oder zumindest diskutiert werden. Damit sind die Ansprüche an »gute« Führungskräfte enorm gewachsen (vergleiche Seite 62 ff.), aber auch die Mitarbeiterrolle ist schwieriger geworden. Es gilt, Kompetenz zu demonstrieren, mit eigenen Vorschlägen aufzuwarten, Entscheidungen des Vorgesetzten nicht blind zu akzeptieren, sondern kritisch zu würdigen. Wie schafft man das, ohne seinem Chef auf die Zehen zu treten?

Auch wenn Chefrolle und Mitarbeiterrolle sich gewandelt haben, sollten Sie sich eines vor Augen halten: Der Boss bleibt der Boss. So sehr er sich Eigenverantwortung, Eigeninitiative und Kreativität von Ihnen wünschen mag – sobald Sie seinen Status als Vorgesetzter direkt oder indirekt infrage stellen, wird er äußerst empfindlich reagieren. Kaum ein Chef ist so tolerant, dass er beispielsweise massiven Widerspruch vor Dritten oder grundsätzliche Zweifel an seiner Kompetenz in bestimmten Fragen duldet. Begehen Sie also nicht den Fehler, sich von gleich zu gleich, quasi auf einer Augenhöhe, mit ihm auseinander setzen zu wollen. »Im Bereich Datenbanken fehlen Ihnen einfach die Grundkenntnisse!« oder »Diesen Vorschlag werde ich so nicht akzeptieren!« – diese Form der Unverblümtheit ist schon gegenüber Kollegen ungeschickt, dem Vorgesetzten gegenüber ist sie schlicht unangebracht (es sei denn, Ihr weiteres Fortkommen ist Ihnen gänzlich gleichgültig und Ihre Position bombensicher).

Lassen Sie sich dabei auch von offiziösen Beteuerungen, man »könne doch über alles offen reden« und hier sei »Ihre ehrliche Einschätzung« gefragt, nicht täuschen. Bei jeder Äußerung werden neben Sachbotschaften so genannte Beziehungsbotschaften ausgetauscht. *Was* Sie sagen und *wie* Sie es sagen, vermittelt Ihrem Gegenüber nicht nur bestimmte Inhalte; Sie geben gleichzeitig einen Kommentar dazu ab, wie Sie die wechselseitige Beziehung sehen. Wer seinem Chef allzu rigoros die Meinung sagt, signalisiert unterschwellig Dinge wie: »Eigentlich haben Sie doch keine Ahnung!«, »Schlimm genug, dass ich mir von Ihnen überhaupt etwas sagen lassen muss!« So subtil solche Beziehungsbotschaften in Tonfall, Körpersprache oder Wortwahl verschlüsselt sind – Ihr Gegenüber versteht Sie intuitiv und reagiert entsprechend.

Das bedeutet nicht, dass man auch heute nur mit Katzbuckeln und bedingungslosem Jasagen weiterkommt. Es bedeutet allerdings, dass auch im Zeitalter der Kooperation hierarchische Unterschiede nicht vollkommen eingeebnet sind. Ihre Meinung und Ihre Vorschläge als »mündiger Mitarbeiter« sind gefragt; nur sollten Sie sorgfältig überlegen, wie Sie sie formulieren und wo Sie sie anbringen.

TIPP **Kritik – auch Kritik am Chef – gehört in ein Vieraugengespräch (vergleiche Seite 48 ff.), ebenso wie inhaltliche Grundsatzdiskussionen oder Zweifel an bereits getroffenen Entscheidungen. Und bei Wortwahl und Tonfall ist das eigene Empfinden ein zuverlässiger Seismograph: Ein Verhalten, das Sie selbst schwer schlucken ließe, macht Ihrem Vorgesetzten kaum weniger zu schaffen.**

Chefs sind – allen hehren Ansprüchen an Führungskompetenz und Souveränität zum Trotz – auch nur Menschen mit persönlichen Eitelkeiten, Empfindlichkeiten und Schwächen. Und ein Teil unserer Reibung am Vorgesetzten geht schlicht auf das Konto überzogener Erwartungen: Qua Beförderung wird niemand automatisch zum Supermenschen, der gleichermaßen fachkompetent, belastbar, »konsequent und standfest«, kritikfähig, »offen und verständnisvoll« ist und überdies »ein Herz für seine Mitarbeiter« hat (so der »Traumchef« laut einer *Forsa*-Umfrage, die das Wirtschaftsmagazin *Bizz* vor einigen Jahren in Auftrag gab[8]). Man kann sich des Eindrucks nicht erwehren, dass in dieser Lichtgestalt manchmal ein idealer Vaterersatz gesucht wird.

Dass es daneben wahre Problemchefs gibt, bei denen Ihr ganzes strategisches Geschick gefordert ist, soll damit nicht bestritten werden (vergleiche Seite 49 ff.). Generell gilt jedoch: Wer Fairness und Kooperativität von seinem Vorgesetzten erwartet, muss diesem selbst fair und kooperativ begegnen. Sachlichkeit, Ehrlichkeit, Respekt vor der Person und Akzeptanz der Chefrolle gehören dazu. Wenn Sie mit den letzten beiden Punkten aktuell massive Schwierigkeiten haben, suchen Sie sich mittelfristig besser einen neuen Chef.

Die Anerkennung der Chefautorität allein wird indes nur extrem schwache Führungspersonen für Sie einnehmen. Ihr Vorgesetzter hat Sie zur Erreichung bestimmter Sachziele eingestellt und erwartet von Ihnen entsprechende Leistungen. Mit Dienst nach Vorschrift, Ausbremsen oder Unterlaufen beschlossener Vorhaben, flüchtiger Arbeit oder langen privaten Telefonaten bzw. Internetausflügen während der Bürozeiten unterlaufen Sie diesen berechtigten Anspruch.

Juristisch gesehen kann Ihr Vorgesetzter private Telefonate oder das Surfen im Internet sogar verbieten oder dafür bestimmte Regelungen treffen (etwa die gesonderte Abrechnung von Privattelefonaten über eine gesonderte Vorwahl). Existieren solche Vorgaben, halten Sie sich besser daran, sonst riskieren Sie die fristlose Kündigung. TIPP

Wenn Ihr Arbeitsgebiet oder Ihre Leistungsziele schwammig definiert sind, sollten Sie die Initiative ergreifen und Ihren Vorgesetzten um ein klärendes Gespräch bitten. Zauderer bewegen Sie dabei am ehesten durch eigene konkrete Überlegungen und Vorschläge zu einer Präzisierung. Denn damit Sie sich positiv profilieren können, muss Ihnen klar sein, wo die Messlatte überhaupt liegt.

Fragt man Vorgesetzte, worauf Sie bei ihren Mitarbeitern neben der Arbeitsleistung am meisten Wert legen, steht die Loyalität an erster Stelle. Ihr Chef will sich auf Sie verlassen können. Sachliche Fehler macht jeder und Fehler werden in der Regel toleriert, sofern man sich offen zu ihnen bekennt und sich nicht als Wiederholungstäter in Misskredit bringt. Loyalitätsbrüche dagegen verzeiht kaum ein Vorgesetzter. Mehr dazu im Kapitel »Fettnäpfe« ab Seite 46.

Fazit: Mit Leistung, Loyalität und dem Signal, dass Sie Ihren Chef in seiner Rolle als Vorgesetzter grundsätzlich anerkennen, legen Sie die Basis für eine gute Beziehung zum Vorgesetzten.

Selbstbehauptung: Kritik üben und ertragen

Sind Sie kritikfähig? Offiziell wird kaum jemand diese Frage verneinen, gehört Kritikfähigkeit in Zeiten demokratischer Führungsmodelle doch fest zum Katalog gefragter Softskills. In der Praxis tun wir uns mit dem Akzeptieren und Üben von Kritik allerdings kaum leichter als unsere Großväter. Was empfinden Sie, wenn Ihr Vorgesetzter Ihnen eröffnet, Ihre Präsentation sei nicht überzeugend und müsse überarbeitet werden? Ärger, Schrecken, Trotz? Mit Gleichmut oder gar Dankbarkeit für den nützlichen Hinweis reagieren jedenfalls die wenigsten, eher schon mit einem pauschalen Gegenangriff (»Bei dem Zeitdruck hier ist nicht mehr drin!«) oder mit zornigem Rückzug (»Und das ist nun der Dank!«).

Kritik wirkt immer persönlich und mobilisiert zwangsläufig Emotionen: »Die Angst vor Kritik ist die Angst vor der Vernichtung. Gemeint ist natürlich nicht die physische Vernichtung, sondern die Vernichtung meines Selbstwertes«, unterstreichen die Psychologinnen Claudia Harss und Karin Maier.[9] Wir alle sind zudem geprägt durch unsere ersten Erfahrungen mit Kritik – Eltern, die uns maßregeln, Lehrer, die uns abkanzeln. Wer kritisiert, tut das aus einer dominanten Position heraus, schwingt sich zum Richter über uns auf. Das macht das Kritisiertwerden schwer erträglich. Und zudem erschwert diese Erfahrung uns, bei eigener Kritik am Vorgesetzten den richtigen Ton zu treffen.

Dennoch wird es immer wieder Anlässe geben, wo Sie Ihrem Chef die Meinung sagen wollen, etwa weil Abstimmungsprozesse nicht klappen, weil Sie in Sachfragen anderer Ansicht sind oder weil Sie mit seinem Führungsstil hadern. Tun Sie's, aber stellen Sie es richtig an:

- Bleiben Sie sachlich.
- Formulieren Sie Ihr Anliegen ganz konkret.
- Warten Sie nicht, bis Ihnen endgültig der Kragen platzt, sondern sprechen Sie heikle Punkte zeitnah an.

Verbindlich im Ton und klar in der Sache – so verhindern Sie am ehesten, dass Ihr Vorgesetzter viel mehr damit beschäftigt ist, sein (Chef-) Gesicht zu wahren, als sich mit den Inhalten Ihrer Aussagen auseinander zu setzen. Vermeiden Sie Pauschalangriffe (»Die Abteilungsorganisation klappt überhaupt nicht!«) und persönliche Attacken (»Sie sind chaotisch!«), damit drängen Sie Ihr Gegenüber in die Defensive und verhindern eine konstruktive Auseinandersetzung. Hängen Sie Ihre Kritik am konkreten Einzelfall auf und stellen Sie die negativen Auswirkungen für den Arbeitserfolg in den Vordergrund: »Die Vorgaben für die Produktkonzeption waren so kurzfristig, dass ich große Mühe hatte, den Zeitplan einzuhalten. Mit etwas mehr Spielraum könnte ich bessere Ergebnisse erzielen.«

TIPP

Statt reflexhaft mit »Sie sind ...«, »Sie haben ...« oder ähnlichen Formulierungen Ihr Gegenüber anzugreifen, ist es wirksamer, die eigene Situation zum Ausgangspunkt zu nehmen (»Mir macht xy Probleme, weil ...«). Psychologen sprechen hier von Ich-Botschaften, die einer Verhärtung der Fronten vorbauen.

Und was, wenn Sie selbst kritisiert werden? Auch Führungskräfte vergreifen sich nicht selten im Ton. Bemühen Sie sich trotzdem um eine souveräne Reaktion: Atmen Sie tief durch, zählen Sie notfalls im Geiste bis fünf. Fordern Sie Ihren Chef auf, Pauschalkritik zu präzisieren (»Was meinen Sie mit unzuverlässig?«), klären Sie, an welchen Erwartungen Sie gemessen werden (»Was macht für Sie eine überzeugende Präsentation aus?«). Wenn Sie Ihrem Vorgesetzten insgeheim Recht geben müssen, räumen Sie Ihr Versäumnis ein und leiten Sie zu konstruktiven Vorschlägen über.

So berechtigt Kritik sein mag: Wüste Ausbrüche sollten Sie nicht widerspruchslos hinnehmen. »Ich verstehe, dass Sie aufgebracht sind, aber in diesem Ton lasse ich mich nicht beschimpfen!« – auch wenn Ihnen das Herz bei solchen Erwiderungen im Halse schlägt, sollten Sie deutlich machen, dass respektvoller Umgang für Sie keine Einbahnstraße ist. Lassen Sie sich zu sehr deckeln, wird man Sie in Zukunft kaum ernst nehmen.

Fettnäpfe: Was Ihnen kein Chef verzeiht

Paul Simon hat vor Jahren »50 ways to lose your lover« verraten. Hier fünf sichere Methoden, den eigenen Vorgesetzten dauerhaft zu vergrätzen:

1. Kommunikationswege nicht einhalten

Wichtiges erfährt der Chef zuerst: Dass der Schlüsselkunde xy abgesprungen ist, sollte er nicht von diesem selbst hören; dass Ihre Quartalszahlen hervorragend sind, nicht erst von der Geschäftsleitung. Gefährden Sie eine vertrauensvolle Zusammenarbeit nicht dadurch, dass Sie den Eindruck erwecken, Sie streuten anderswo gezielt Informationen oder hielten entscheidende Fakten bewusst zurück.

2. Schlecht über den Chef reden

Auch wenn es sich herrlich über den eigenen Boss jammert: Klatsch und Tratsch passen nicht zu einer ambitionierten Fachkraft; neben anderen sozialen Tugenden erwartet man von Ihnen auch Diskretion. Dass ein wichtiges Projekt gescheitert ist, weil Ihr Vorgesetzter es nicht geschafft hat, rechtzeitig die nötigen Ressourcen bereitzustellen, oder dass Sie Ihren Chef für eine fachliche Null halten, können Sie Ihrem Lebenspartner im Vertrauen erzählen. Im Büro wird fast jedes Siegel der Verschwiegenheit früher oder später gebrochen, und mit etwas Pech landet Ihre Äußerung direkt beim Betroffenen.

3. Schlecht über das Unternehmen reden

Auch Nörgelei über den eigenen Arbeitgeber verletzt das Loyalitätsprinzip. Wenn Sie unzufrieden sind, versuchen Sie zu ändern, was Sie stört. Fehlt Ihnen dazu der Mut, müssen Sie sich notgedrungen arrangieren oder das Unternehmen verlassen. Bei Dritten werden Sie zwar meist ein offenes Ohr finden, wenn Sie sich über Unzulänglichkeiten der eigenen Firma ausbreiten, schließlich ist die menschliche Neugierde fast unbegrenzt. Ihrem eigenen Ansehen tun Sie damit keinen Gefallen, erweisen Sie sich doch als Plaudertasche oder als jemand, der offensichtlich keine Alternativen zum angeblich miesen Unternehmen hat. Absoluter Fauxpas: Gegenüber Kunden die eigene Firma schlechtreden.

4. Sich auf höherer Ebene beschweren

Die Beschwerde beim Boss vom Boss macht eine weitere Zusammenarbeit mit Ihrem unmittelbaren Vorgesetzten in der Regel unmöglich. Diesen Weg sollten Sie nur beschreiten, wenn eine Auseinandersetzung mit dem eigenen Chef ergebnislos bleibt und wenn Sie wirklich drastische Gründe haben (etwa: Ihr Vorgesetzter ist in kriminelle Machenschaften verwickelt; er beteiligt sich am Mobbing gegen Sie). Und auch in solchen Fällen müssen Sie einkalkulieren, dass die Unternehmensleitung eher ein Mitarbeiter-Bauernopfer bringt, als das hierarchische Grundprinzip infrage zu stellen. Daneben hängt der Ausgang solcher Machtkämpfe sowohl von der Machtposition Ihres Vorgesetzten als auch von der Unternehmenskultur ab (Steht Ihr Chef ohnehin auf der Abschussliste? Nimmt man Mitarbeiteranliegen überhaupt ernst?).

5. Die öffentliche Konfrontation suchen

Stellen Sie sich einmal folgendes Szenario vor: Ein wichtiges Meeting; Ihr Chef erläutert der Geschäftsführung zukünftige Abteilungsstrategien. Sie melden sich zu Wort und zweifeln die Umsetzbarkeit bestimmter Teilziele an. Oder: Sie verhandeln gemeinsam mit einem Kunden; Ihr Vorgesetzter schlägt eine Übereinkunft vor. Sie widersprechen energisch, da der Vorschlag sich absolut nicht rechne. Selbst wenn Sie sachlich gesehen Recht haben, erweisen Sie sich einen Bärendienst. Ihr Chef wird alles tun, um das Gesicht zu wahren, und Ihnen kaum verzeihen, dass Sie ihm »in den Rücken gefallen« sind. Will er seine Chefrolle wahren, kann er Ihnen vor Dritten nicht zustimmen. Im Zweiergespräch stünden Ihre Chancen weit besser, dass er seine Meinung revidiert.

Ein kurzes Fazit zum Schluss: Erwerben Sie durch Loyalität das Vertrauen Ihres Vorgesetzten, zeichnen Sie sich durch Diskretion und Zuverlässigkeit aus.

Problemchefs: Strategien für den täglichen Umgang

»Mindestens 200 E-Mail-Mitteilungen« bekommt der amerikanische Cartoonist und »Dilbert«-Erfinder Scott Adams eigener Aussage nach täglich von Angestellten, die ihn mit Stoff zum Thema unfähige Chefs versorgen.[10] Auch in den Büros diesseits des Atlantiks ist die Lage ernst und häufig geprägt von einem resignativen »*Den* ändern Sie nicht mehr!«. Darum geht es allerdings auch gar nicht. Welcher erwachsene Mensch lässt sich schon völlig umkrempeln? Sie etwa? Und zur »Erziehung« Ihres Vorgesetzten hat man Sie mit Sicherheit nicht eingestellt. Versuchen Sie also lieber erst gar nicht, Ihren Problemchef zu »ändern«, setzen Sie sich ein bescheideneres Ziel: Versuchen Sie, die Zusammenarbeit mit ihm produktiver zu gestalten. Wie Sie das anstellen können, hängt von der Ausgangslage ab. Vielleicht erkennen Sie Ihren Vorgesetzten in einem der folgenden (natürlich stark typisierten und damit fiktiven) Charaktere wieder.

Der Ahnungslose

Das Problem: Sie verzweifeln an der fachlichen Inkompetenz Ihres Chefs. Ad-hoc-Entscheidungen und Fehleinschätzungen machen Ihnen das Leben schwer. Oft haben Sie das Gefühl, Arbeitserfolge erzielen Sie eher gegen Ihren Chef als dank seiner Vorgaben. Holt er in Meetings zu Rundumschlägen aus, befürchten Sie das Schlimmste; plant er ein neues Projekt, machen Sie sich im Geiste schon auf die nötige Schadensbegrenzung gefasst.

Die Strategie: Mobilisieren Sie Ihr eigenes Wissen, ohne Ihrem Vorgesetzten Fehler oder Unkenntnis unter die Nase zu reiben. Steuern Sie ihn sanft, aber unbeirrbar. Machen Sie also Vorschläge, bringen Sie »ergänzende Ideen« an, präsentieren Sie Kurskorrekturen als bloße Konkretisierung der Chefvorgaben.

Tabu: Offenes Kompetenzgerangel, unverblümte Hinweise auf Inkompetenz. Damit stellen Sie seine Chefposition insgesamt infrage – mit den oben (Seite 40 ff.) beschriebenen Folgen.

Übrigens: Sind Sie vielleicht ein wenig streng? Ihr Chef muss nicht in allen Fachfragen einen Wissensvorsprung haben – das kann er ab einer bestimmten Abteilungsgröße gar nicht mehr. Wofür hat er denn Sie?

Der Choleriker

Das Problem: Ihr Vorgesetzter neigt zu Wutausbrüchen, selbst aus nichtigen Anlässen. Dann hagelt es Vorwürfe und persönliche Angriffe, der Lärmpegel ist beträchtlich, ein sachliches Gespräch unmöglich.

Die Strategie: Bevor Sie mit einem Wüterich »vernünftig« reden können, muss der erst einmal seine Wut los werden. Bei einem akuten Anfall bleibt Ihnen daher nur, ruhig abzuwarten. Vermeiden Sie jedoch Demuts- und Unsicherheitsgesten, die Ihr Gegenüber als Schuldeingeständnis wertet (ausweichender Blick, hängende Schultern oder gar Tränen). Verliert Ihr Chef völlig die Contenance, lassen Sie ihn stehen (»Wir können gern über die Angelegenheit reden, wenn Sie sich wieder beruhigt haben. So aber nicht!«). Machen Sie sich klar, dass Choleriker häufig irgendein Ventil suchen. Wenn Sie sich stark einschüchtern lassen, haben Sie große Chancen auf den Platz des Lieblingsopfers.

Tabu: Zurückbrüllen – damit gießen Sie nur Öl ins Feuer. Dass Ihr Chef einen Mangel an Umgangsformen beweist, sollten Sie zudem nicht zum Anlass nehmen, ihm nachzueifern.

Der Karrierist

Das Problem: Sie haben das Gefühl, Ihr Chef geht über Leichen – notfalls auch über Ihre. Sein beruflicher Ehrgeiz ist enorm. Dabei legt er nicht nur großen Wert auf einschlägige Statussymbole (den schnellsten Dienstwagen, das begehrte Eckbüro ...), sondern scheut auch vor dem energischen Ausfahren der Ellenbogen, Intrigen und Ideenklau nicht zurück.

Strategie: Karrieristen wollen bewundert werden, tun Sie ihm also hin und wieder den Gefallen und hören Sie andächtig zu, wenn er mit seinen Erfolgen prahlt. Verhindern Sie geschickt, dass er sich mit Ihren Federn schmücken kann: Plaudern Sie eine geniale Idee nicht gerade unter vier Augen aus, sondern in größerem Rahmen; formulieren Sie bestimmte Ansätze schriftlich, erweitern Sie Ihren Verteiler …

Tabu: Vertrauensseligkeit. Gerade besonders arglose Naturen lassen sich hervorragend ausbeuten oder als Sündenbock missbrauchen.

Der Patriarch

Das Problem: Ihr Vorgesetzter ist ein Chef alter Schule, einerseits väterlich-fürsorglich, andererseits jedoch äußerst empfindlich, wenn man seine Meinung nicht teilt. Innovative Ideen wischt er unter Hinweis auf die eigene Erfahrung schon mal als modischen Schnickschnack vom Tisch.

Die Strategie: Erkennen Sie seinen Erfahrungsschatz an! Viele Managementmoden von heute sind morgen schon vergessen (oder füllen nur »angejahrten« Wein in neue Schläuche). Geben Sie Ihrem Vorgesetzten nicht das Gefühl, er sei ohnehin von gestern. Hören Sie ihm geduldig zu, bevor Sie eigene Ideen präsentieren. Kleiden Sie diese nicht in modischen Jargon, sondern sprechen Sie die Sprache Ihres Chefs.

Tabu: Offen am Sockel rütteln. »Das ist doch völlig überholt!« – mit solchen Äußerungen verhärten Sie nur die Fronten. Ihr Chef wird am ehesten dann zu sachlichen Zugeständnissen bereit sein, wenn er sich als Autorität akzeptiert fühlt.

Der Pedant

Das Problem: Im Geiste titulieren Sie Ihren Chef regelmäßig als Erbsenzähler oder Oberkontrolletti? Hier nimmt jemand die Dinge sehr genau und ist daher als Vorgesetzter zwangsläufig in einem Dilemma – schließlich kann er nicht alles selbst machen. Also kontrolliert er gerne mal nach, kreidet Ihnen penibel jeden kleinen Fehler an und tut sich enorm schwer, Verantwortung zu delegieren.

Die Strategie: Hinter Pedanterie stecken Unsicherheit und ein hohes Sicherheitsbedürfnis. Ihr Chef wird am ehesten die Zügel locker lassen, wenn er das Gefühl hat, bei Ihnen bestehe wenig Grund zur Sorge. Arbeiten Sie also penibel, halten Sie ihn über wesentliche Entwicklungen unaufgefordert auf dem Laufenden. Dehnen Sie Ihren Freiraum langsam, aber sicher aus, indem Sie konkrete Vereinbarungen zur Rücksprache treffen (»Ich schlage vor, ich gebe Ihnen in zwei Wochen einen ersten Zwischenbericht«).

Tabu: Flüchtig oder unkonzentriert arbeiten, »weil der Chef ja eh alles kontrolliert.« So geraten Sie in einen Teufelskreis und provozieren nur noch mehr Kontrollmaßnahmen.

Der Unnahbare

Das Problem: Ihr Chef ist ein kühler Technokrat, unnahbar, verschlossen. Auf ein persönliches Wort warten Sie schon seit Jahren, gelobt wird schon gar nicht. Manchmal wundern Sie sich, dass er Sie überhaupt mit Namen anspricht – Sie fühlen sich wie eine wandelnde Personalnummer.

Die Strategie: Finden Sie sich mit diesem sehr nüchternen Umgang ab; Ihr Chef kann nicht aus seiner Haut. Gefühlskälte oder Verschlossenheit haben tief sitzende Ursachen, Sie sind Mitarbeiter und nicht Therapeut. Ihr Bedürfnis nach »Nestwärme« stillen Sie besser privat, berufliche Bestätigung sollten Sie in Form von sachlichem Feedback einklagen (»Sind Sie mit dem Entwurf zufrieden? Oder haben Sie Änderungsvorschläge?«). Bleiben Sie freundlich-höflich.

Tabu: Gefühlsausbrüche, emotionale Vorstöße, private Bekenntnisse. Ihr Vorgesetzter wird bestenfalls befremdet sein.

Der Workaholic

Das Problem: Ihr Chef lebt, um zu arbeiten. Er kommt morgens zeitig, geht dafür abends später und nutzt das Wochenende, um wichtige Dinge aufzuarbeiten. Während Sie schon unter der Last der Arbeit stöhnen, hagelt es weiter »dringende« Aufträge von ihm. Er gehört mit Haut und Haaren der Firma und erwartet dasselbe von Ihnen.

Die Strategie: Die Ansprüche Ihres Vorgesetzten sind grenzenlos; also müssen Sie selbst Grenzen setzen. Allgemeines Gejammer (»Ich weiß gar nicht, wie ich das schaffen soll!«) oder pauschale Hinweise auf Ihr Überstundenkonto bringen Sie dabei nicht weiter. Fordern Sie Prioritäten ein (»Wenn ich x mache, muss ich y zurückstellen«); lassen Sie notfalls schon mal einen Termin platzen. Informieren Sie Ihren Chef dann aber vorher, dass x bis übermorgen nicht zu leisten ist.

Tabu: Larmoyanz und allgemeine Vorwürfe. Reden Sie nicht über »Ausbeutung«, reden Sie über konkrete Projekte.

Ausnahmesituation: Private Einladung beim Chef

Eine Einladung zu sich nach Hause ist in jedem Fall eine besondere Auszeichnung durch Ihren Vorgesetzten. Mag sein, dass er Ihre Partnerin/Ihren Partner kennen lernen möchte – etwa im Vorfeld eines Auslandseinsatzes oder einer Beförderung, nach der Sie das Unternehmen stärker als bisher in der Öffentlichkeit repräsentieren. Möglicherweise möchte er aber einfach nur seine Wertschätzung ausdrücken. Hinter Einladungen an das gesamte Team steckt in der Regel eine ähnliche Motivationsabsicht.

Den Anlass als »rein private« Veranstaltung einzustufen wäre daher ein grobes Missverständnis. Bewusst oder unbewusst stehen auch hier Ihre Umgangsformen, Ihr Auftreten, Ihre Persönlichkeit auf dem Prüfstand. Zu vorgerückter Stunde, womöglich unter dem Einfluss von Alkohol, aus der Rolle zu fallen, dürfte Ihnen später Leid tun. Und diese Rolle lautet: höflicher Gast, angenehmer Gesprächspartner, souverän auch außerhalb beruflicher Meetings. Wie hinterlassen Sie also den besten Eindruck? Das Wichtigste in Stichworten:

Pünktlichkeit

Sie erscheinen weder vor der Zeit noch mit Verspätung. Im kleinen Kreis ist zu spätes Erscheinen eine grobe Unhöflichkeit und ein Signal der Missachtung Ihres Gastgebers. Vergessen Sie also das »akademische Viertel«. Nur wenn zu einem großen Empfang die ganze Firma geladen ist, können Sie das etwa laxer sehen.

Gastgeschenke, Mitbringsel

Mit einem sorgfältig gewählten Blumenstrauß für Ihre Vorgesetzte oder die Ehefrau des einladenden Chefs machen Sie nichts falsch. Lautet die Einladung: »Meine Frau und ich würden uns freuen …«, wird dies schon fast erwartet. Tabu sind dabei rote Rosen (als traditionelles Zeichen der Liebe) oder weiße Lilien (die manche/r als Totenblume empfindet). Sträuße in Folie überreichen Sie eingepackt; Papierverpackungen entfernen Sie. Den zerknüllten Papierball werden Ihnen Gastgeberin oder Gastgeber normalerweise abnehmen, sonst können Sie darum bitten.

Weitere konventionelle Geschenke sind ein guter Wein, Bücher, CDs. Wenn Sie persönliche Interessen Ihres Vorgesetzten kennen, zeugt eine passende Auswahl von besonderer Aufmerksamkeit. Ist Ihr Chef allerdings ausgewiesener Experte (etwa für Wein oder Opern), weichen Sie lieber auf ein ungefährliches Terrain aus, als daneben zu liegen.

TIPP

Schenken Sie weder zu protzig noch zu knauserig, also lieber das kleine Weinbrevier als den teuren Bildband und auf jeden Fall einen sorgfältig gebundenen Strauß, nicht fünf traurige Blümchen mit ein bisschen Zierspargel.

Begrüßung

Sind weitere Kollegen eingeladen, gilt: Zuerst wird die Gastgeberin begrüßt, dann der Gastgeber und erst anschließend die übrigen Anwesenden. In größerer Runde brauchen Sie nicht allen die Hand zu geben, dem/den Einladenden selbstverständlich schon. Stellen Sie dabei Ihren Ehepartner oder Lebensgefährten vor (zum Thema Vorstellen vergleiche Seite 34 f.).

Das Essen

Gastgeber oder Gastgeberin eröffnen die Tafel und heben sie auch wieder auf, sie erheben als Erste das Glas, greifen als Erste zum Besteck. Ansonsten glänzen Sie natürlich durch makellose Tischmanieren (vergleiche die einschlägigen Hinweise im Kapitel »Geschäftsessen«). Komplimente zur Kochkunst kommen immer gut an. Trinken Sie nur so viel Alkohol, dass Sie sich jederzeit vollkommen im Griff haben.

Der Gesprächsstoff

Gefragt ist gepflegter Smalltalk – Austausch über Hobbys und Interessen, kulturelle Ereignisse, regionale Neuigkeiten, eventuell auch Interessantes aus der Branche. Driften Sie jedoch nicht in Fachsimpelei, Klatsch und Tratsch oder spezielle Firmeninterna ab. Werden Sie nicht zu privat-vertraulich und versuchen Sie schon gar nicht, Fragen Ihrer persönlichen Karriere zu thematisieren. Bemühen Sie sich vielmehr, auch anwesende Ehepartner einzubeziehen.

TIPP **Ihr Gesprächserfolg hängt an zwei Fäden – Interesse zeigen und Zuhören können. Damit wecken Sie im Regelfall mehr Sympathie als durch krampfhafte Profilierungsversuche.**

Der Aufbruch

Wann dürfen Sie sich verabschieden? Inge Wolff, langjähriges Mitglied des Arbeitskreises »Umgangsformen International« nennt als ratsame »Verweildauer« bei Brunch, Mittagessen oder Kaffeetrinken 2 bis 2,5 Stunden, beim Abendessen 3 bis 4 Stunden.[11] Spätestens gegen Mitternacht sollten Sie aufbrechen. Länger zu bleiben ist allenfalls am Wochenende denkbar und wenn die Gastgeber nicht durch verstohlenes Gähnen oder Blick auf die Uhr freundliche Beteuerungen (»Ach, Sie wollen schon gehen?«) Lügen strafen.

TIPP **Eine traditionelle Benimmregel rät, weder als Erster noch als Letzter zu gehen. Gleich nach dem Dessert aufzubrechen, ist genauso ein Fauxpas, wie seine Gastgeber durch dickes Sitzfleisch zu strapazieren.**

Grenzfälle: Sie möchten kündigen?

Wenn Sie kündigen, ist das eine bittere Pille für Ihren Vorgesetzten – schließlich geben Sie ihm indirekt zu verstehen, dass es Ihnen anderswo besser gefallen könnte. Mancher Chef reagiert da wie ein gekränkter Liebhaber. Das zeigt er nicht immer offen (denn Emotionen haben im Geschäftsleben vermeintlich nichts verloren), es schlägt sich eher in einem mäßigen Arbeitszeugnis oder in abschätzigen Bemerkungen gegenüber Dritten nieder (»So gut war der x dann auch wieder nicht!«). An beidem werden Sie kein Interesse haben. Gehen Sie die Angelegenheit daher diplomatisch an.

Dass Sie sich an die formalen Vorschriften halten – nämlich schriftlich zu kündigen und im Rahmen der vereinbarten Kündigungsfrist –, versteht sich von selbst. Was darüber hinaus zu einem souveränen Abgang gehört, verrät die langjährige Personalleiterin und Unternehmensberaterin Maren Lehky im folgenden Interview.

TIPP

Für die erforderliche schriftliche Kündigung reicht eine E-Mail nicht aus – hier fehlt Ihre Unterschrift. Schreiben Sie besser einen kurzen Brief und lassen Sie sich den Empfang der Kündigung von der Personalabteilung quittieren. Am einfachsten geht das auf einer Kopie Ihres Schreibens.

Interview: »Schreiben Sie keinen eiskalten Dreizeiler!«

Ein Gespräch mit der Unternehmensberaterin Maren Lehky

Maren Lehky, Soziologin M.A., war mehr als zehn Jahre als Personalleiterin tätig, unter anderem in einem Medienkonzern und in einem internationalen Industrieunternehmen. Inzwischen hat sie mit *Lehky Consulting* ihr eigenes Unternehmen gegründet und berät Firmen in strategischen Personalmanagementfragen, begleitet als Projektmanagerin vor Ort zum Beispiel Restrukturierungen oder wird als Personalleiterin auf Zeit eingesetzt. Infos unter www.lehky-consulting.de.

Aus Ihrer Erfahrung als langjährige Personalleiterin: Wie reagieren Vorgesetzte auf Eigenkündigungen ihrer Mitarbeiter?

Lehky: Ganz unterschiedlich – aber erstaunlich oft beleidigt. Viele Vorgesetzte nehmen Kündigungen sehr persönlich, vor allem, wenn sie jemanden aktiv gefördert haben oder wenn gerade eine Beförderung oder Gehaltserhöhung erfolgt ist. Natürlich gibt es auch Fälle, wo der Chef eher erleichtert ist, wenn jemand geht, aber das wird er normalerweise nicht offen zeigen.

Und den Ärger, zeigen enttäuschte Vorgesetzte den?

Lehky: Oft. Da wird dann dem Mitarbeiter Undank vorgeworfen oder versucht, ihm ein schlechtes Gewissen zu machen, weil es doch so schwierig sei, jemand Neues zu finden, oder weil jetzt die Stelle in Gefahr sei.

Wie verhält man sich als Mitarbeiter da am geschicktesten?

Lehky: Auf jeden Fall sollten Sie alles vermeiden, was den Ärger noch schürt. Versuchen Sie, dem Chef den Wind aus den Segeln zu nehmen, indem Sie Anteilnahme demonstrieren. »Die Entscheidung ist mir nicht leicht gefallen« oder »Ich verstehe, dass das zu diesem Zeitpunkt sehr ungünstig für Sie kommt« – solche Sätze glätten die Wogen.

Was sollte man beim Kündigen auf jeden Fall vermeiden?

Lehky: Noch mal ordentlich auf den Tisch zu hauen. Wer die Kündigung zur Abrechnung nutzt, schadet sich, denn man sieht sich im Leben immer zwei Mal. Vielleicht kennt der Chef jemanden in der neuen Firma, Sie treffen sich in irgendwelchen Arbeitskreisen oder brauchen Jahre später eine Referenz. Außerdem möchten Sie ja auch noch ein Zeugnis.

Was raten Sie, wenn ein gekränkter Vorgesetzter sich mit einem schlechten Zeugnis rächt?

Lehky: Gegen ein ungerechtfertigt schlechtes Arbeitszeugnis sollte man sich auf jeden Fall wehren, denn Zeugnisse sind für den Erfolg schriftlicher Bewerbungen sehr wichtig. Erster Schritt: das Gespräch mit dem Vorgesetzten suchen. Wenn das nichts fruchtet, kann man im zweiten Schritt einen schriftlichen Gegenvorschlag formulieren. Oft ist der erste Ärger zu diesem Zeitpunkt schon wieder verraucht und der Vorgesetzte gesprächsbereiter. Nützt auch das nichts, sollte man einen Fachanwalt für Arbeitsrecht einschalten.

Ihr Tipp für einen guten Abgang?

Lehky: Schreiben Sie keinen eiskalten Dreizeiler, wenn Sie kündigen. Stellen Sie sich vor, Sie haben jahrelang mit jemandem zusammengearbeitet, und bekommen dann einen lapidaren Brief, der aus einem Satz besteht (»Hiermit kündige ich mein Arbeitsverhältnis fristgerecht zum …«). Danken Sie für die gute Zusammenarbeit oder für die Förderung durch den Vorgesetzten. Leiten Sie den Brief eventuell etwas persönlicher ein: »Sehr geehrter Herr Meier, dieses Schreiben fällt mir nicht leicht ...« Bereiten Sie den Chef möglichst persönlich auf die Kündigung vor, vereinbaren Sie einen Termin. Auf jeden Fall sollte Ihr Vorgesetzter als Erster von der Kündigung erfahren. Ist er auf Reisen und die Zeit drängt, erreichen Sie ihn bestimmt per Handy. Denken Sie daran, dass Sie oft noch Monate im Unternehmen sein werden.

Das heißt in der Summe: Rücksicht auf die Gefühle des Chefs nehmen, aber eigenen Ärger, eigene negative Gefühle nicht zeigen?

Lehky: Genau.

Vorgesetzte: Die Do's und Don'ts auf einen Blick

Do's	Don'ts
Chefmanagement	
Fairness und Kooperativität	Den Vorgesetzten in seiner Chefrolle infrage stellen
Loyalität und Leistungsbereitschaft	Illoyales Verhalten (öffentliche Konfrontation, üble Nachrede, Übergehen des Chefs)
Strategisch kluge »Chefführung« (zum Beispiel Erfahrung von Patriarchen respektieren, Pedanten durch Sorgfalt beeindrucken, Workaholics bewusst Grenzen setzen)	Unreflektiertes Verhalten (zum Beispiel Überlegenheit ausspielen bei Ahnungslosen, Demutsgesten bei Cholerikern, Vertrauensseligkeit bei Karrieristen ...)

Do's	Don'ts
Umgang mit Kritik	
Kritik am Chef üben: sachlich, konkret, Zielorientiert	Pauschalangriffe, persönliche Attacken, Wutausbrüche
Bei Kritik durch den Chef: nachhaken, um Präzisierung bitten	Bei unsachlicher Kritik durch den Chef: widerspruchslos hinnehmen, zurückbrüllen
Zu Gast beim Boss	
Wohlüberlegte Mitbringsel	Protzige oder armselige Gastgeschenke
Gepflegter Smalltalk, Eingehen auf Interessen der Gesprächspartner	Vertraulichkeit, reine Fachgespräche, zu viel Alkohol
Pünktlich kommen, rechtzeitig gehen	Als Letzter eintreffen und gleich nach dem Essen oder erst spät in der Nacht gehen
Kündigung	
Die Kündigung mit Dank für Förderung oder gute Zusammenarbeit verbinden	Die Kündigung zur Generalabrechnung nutzen
Der Vorgesetzte erfährt es als Erster	Der Vorgesetzte erfährt es durch Dritte
Kündigung im persönlichen Gespräch vorbereiten	Rein schriftliche Kündigung mit knappem Dreizeiler

Wer die erste Geige spielen will,
muss immer den richtigen Ton treffen.
Gerhard Uhlenbruck

Mitarbeiter: Autorität erarbeiten

Menschen zu führen ist eine heikle Aufgabe, die Sie im Zeitalter kooperativer Führung und gut qualifizierter Mitarbeiter nur dann erfolgreich bewältigen, wenn es Ihnen gelingt, sich den Respekt und die Kooperationsbereitschaft Ihrer Leute zu sichern. Anders formuliert: Führungserfolge sind nur zu einem Bruchteil Ihrer Fachkompetenz und Ihrem inhaltlichen Engagement geschuldet; mindestens ebenso wichtig ist der richtige Umgang mit den Menschen. Was das im Einzelnen bedeutet, lesen Sie in diesem Kapitel.

Premiere: Neu auf dem Chefsessel

Endlich Chef? Glückwunsch! Denn mit der ersten Führungsverantwortung ist ein entscheidender Karriereschritt geschafft. Gleichzeitig betreten Sie als neuer Vorgesetzter unweigerlich das glatte Parkett unausgesprochener Mitarbeitererwartungen und heimlicher Konkurrenz um das nächste Treppchen auf der Karriereleiter. Damit Sie auf neuem Terrain nicht ausrutschen, einige Verhaltensempfehlungen.

Denken Sie an die Symbolkraft »erster Handlungen«

Dass der erste Eindruck immer der stärkste ist und sich nachträglich nur schwer korrigieren lässt, zählt zu den Binsenweisheiten. Rechnen Sie also damit, dass Ihre ersten Amtshandlungen besonders aufmerksam registriert werden. Insbesondere Ihre neuen Mitarbeiter wollen möglichst schnell wissen, mit wem sie es zu tun haben. Wenn Sie sich in den ersten Tagen zum Aktenstudium in Ihrem neuen Büro vergraben, werden Sie rasch zum Eigenbrötler gestempelt; tauschen Sie sich vorrangig mit Vorstand und Führungskollegen aus, gelten Sie schnell als karrieregeil.

Das Engagement Ihrer Mitarbeiter sichern Sie sich am ehesten, indem Sie sie ernst – und wichtig – nehmen. Dafür gibt es ein simples Rezept: Reden Sie mit ihnen, lernen Sie sie kennen, interessieren Sie sich für ihre Aufgaben, ihre Anregungen. Und tun Sie das nicht zwischen Tür und Angel, sondern nehmen Sie sich Zeit für jeden Einzelnen. Ein Team-Meeting, in dem Sie sich vorstellen und Ihrer Hoffnung auf gute Zusammenarbeit Ausdruck verleihen, ersetzt solche Einzelgespräche nicht.

TIPP

Wer sich auf die Kunst des Zuhörens versteht, erfährt nicht nur mehr, sondern gewinnt in der Regel auch die Sympathie des Zuhörers. Bombardieren Sie Ihre Mitarbeiter also nicht mit Fragen, lassen Sie sie erzählen.

Nehmen Sie die Chefrolle an

Mit der Position des Vorgesetzten exponieren Sie sich automatisch stärker, Sie verlassen den Schutz des Teams. Sie fällen Entscheidungen, geben Richtung vor, tragen Verantwortung – das wollten Sie schließlich, als Sie sich um diese Position bewarben. (Wenn Sie vor allem Titel und Gehalt wollten, sind Sie etwas naiv gestartet!) Die logische Konsequenz: Stehen Sie zu Ihren Entscheidungen – auch zu Ihren Fehlern. Nichts ist für Ihr Ansehen unter den Mitarbeitern verheerender, als eigene Fehler den Mitarbeitern in die Schuhe zu schieben (oder umgekehrt: Mitarbeitererfolge für sich selbst zu reklamieren). Reden Sie die Dinge auch nicht schön: Die meisten Menschen reagieren gereizt, wenn sie sich unterschätzt oder gar »für dumm verkauft« fühlen. Und einen Fehler zuzugeben, ist allemal souveräner, als die Verantwortung anderswo zu suchen.

TIPP **Auch rein äußerlich sollten Sie die Chefrolle akzeptieren. Verabschieden Sie sich von Ihrer bisherigen Bürokleidung, wenn sie dem Business-Look Ihrer Führungskollegen nicht entspricht. Achten Sie auch bei Accessoires von der Uhr bis zur Aktentasche auf repräsentatives Auftreten.**

Treten Sie aus dem Schatten Ihres Vorgängers

»Frau Müller-Lüdenscheidt hat das aber anders gehandhabt!« oder »Herr Dr. Klöbner wollte das so!« – manche Vorgänger werfen lange Schatten, sei es, weil sie besonders beliebt waren, sei es nur, weil viele Menschen Gewohnheitstiere sind. Hören Sie sich ruhig an, was Frau Müller-Lüdenscheidt oder Herr Dr. Klöbner (angeblich) sagten oder taten, und treffen Sie dann Ihre eigenen Entscheidungen. Begründen Sie diese sachlich, aber vermeiden Sie eines: Diskussionen darüber, warum Ihr Weg der bessere ist und wo Ihre Vorgänger Mist gebaut haben. Negative Kommentare zu Führungsstil oder Sachentscheidungen Ihres Vorgängers verhärten nur die Fronten.

Rechnen Sie außerdem damit, dass der Führungsstil Ihres Vorgängers die Mitarbeiter geprägt hat. War er sehr autoritär, haben sich womöglich Unselbstständigkeit und Resignation breit gemacht; war er Anhänger des Laisser-faire, fehlt es vielleicht an gegenseitiger Abstimmung und Zielorientierung. Gehen Sie Ihren eigenen Weg und stellen Sie sich darauf ein, dass Ihre Mitarbeiter sich erst einmal an Ihren Stil gewöhnen müssen. Irritationen und Reibungen in der Anfangsphase sind da unvermeidlich.

Atmen Sie die dünnere Luft mit Bedacht

»Nach oben wird die Luft dünner« – diesen Spruch kennen Sie wahrscheinlich. Was konkret damit gemeint ist, werden Sie rasch verstehen, wenn Ihnen der erste Führungskollege in der Abteilungsleiterrunde Kompetenz abspricht, wenig später ein zweiter in Ihr Gebiet hineinzuregieren versucht und schließlich ein dritter Sachentscheidungen blockiert, weil ihn das Mitarbeiter kosten würde. Die meisten Menschen, die aufsteigen, bringen Wettbewerbsorientierung und Aufstiegswillen mit – Karrieren »passieren« nicht einfach. Mit allzu großer Vertrauensseligkeit tun Sie sich daher keinen Gefallen. Rechnen Sie damit, dass andere ihre Interessen verfolgen, und zwar umso energischer, je schwieriger die Unternehmenssituation ist.

Selbst wenn Sie in ein wahres Haifischbecken geraten sind, bedeutet das allerdings nicht, dass Sie sämtliche Regeln guten Benehmens vergessen sollten. Die Zähne kann man schließlich auch lächelnd zeigen ... Vermeiden Sie also Wutausbrüche, unfaire Attacken und persönliche Angriffe (à la »Sie haben doch nicht mal Ihre eigene Abteilung im Griff und wollen mir hier Ratschläge geben!?«). Schlimmstenfalls setzt sich so der Eindruck fest, Sie hätten sich wohl nicht im Griff oder seien mit der aktuellen Aufgabe überfordert. Langfristig kommen Sie mit sachlicher Hartnäckigkeit am weitesten.

TIPP

Sie brauchen Verbündete im Unternehmen. Finden Sie heraus, wem Sie trauen können, und verwechseln Sie solche Interessengemeinschaften nicht mit persönlichen Freundschaften. Funktionierende Netzwerke basieren auf dem Prinzip der Gegenseitigkeit.

Wahren Sie Ihre persönliche Integrität

Gerade in wirtschaftlich schwierigen Zeiten schwört mancher auf härtere Bandagen. Ein Mitarbeiter bringt nicht die erwartete Leistung? Statt teure Abfindungen zu zahlen, lässt er sich vielleicht billiger wegmobben. Ein Kollege konkurriert mit Ihnen um die Abteilungsleitung? Gezielt gestreute Gerüchte schwächen seine Ausgangsposition. Die Abteilungsziele sind dieses Jahr nicht zu erreichen? Vielleicht könnten Sie die Zahlen kreativ schönen.

Kurzfristig mögen Ihnen solche »Maßnahmen« Erfolg bescheren. Mittelfristig tun Sie sich in der Regel keinen Gefallen. Mobbing und Bossing zerstören das Unternehmensklima und mindern Ihre Arbeitserfolge; wird jemand als Intrigant entlarvt, zahlt man es ihm in gleicher Münze heim; Unregelmäßigkeiten fliegen früher oder später auf. Denken Sie auch daran, was solche Handlungen mit Ihnen selbst anstellen – Manager, die Ängste und Selbstekel irgendwann im Alkohol ertränken, gibt es schon genug.

TIPP **Dass ein schlechtes Betriebsklima die Produktivität hemmt und damit bares Geld kostet, bestätigen Studien immer wieder. Und ein gutes Klima schaffen Sie nicht durch üppige Incentives oder Boni, sondern durch respektvollen Umgang mit den Mitarbeitern. Nur wer Achtung und Wertschätzung erfährt, wird sich am Arbeitsplatz wohl fühlen.**

Feuertaufe: Chef der Exkollegen

So schwierig der Rollenwechsel zur Führungskraft sein mag, er wird noch heikler, wenn er sich quasi auf offener Bühne vollzieht – dann nämlich, wenn Sie zum Chef Ihrer bisherigen Kollegen befördert werden. Einerseits bewegen Sie sich auf bekanntem Terrain und haben damit einen Startvorteil, andererseits müssen Sie mit Neid, Missgunst und überzogenen Erwartungen der Exkollegen rechnen. Wie umgehen Sie hier die häufigsten Fettnäpfe?

Fettnapf 1: »Zwischen uns bleibt alles beim Alten!«

Hüten Sie sich vor der voreiligen Versicherung, es werde sich nichts ändern. So verständlich Ihr Anliegen ist, das gute Einvernehmen zu erhalten: Die Beziehung zu Ihren Exkollegen kann gar nicht dieselbe bleiben. Ihre Interessen als Vorgesetzte(r) sind andere, und das wird sich spätestens bei der ersten unpopulären Maßnahme (wie Überstunden, Urlaubssperre oder im Kritikgespräch aufgrund von Arbeitsmängeln) zeigen. Dann stehen Sie als Schaumschläger da.

Fettnapf 2: »Jetzt werden andere Seiten aufgezogen!«

Das andere Extrem: im Bemühen, die neue Position mit Leben zu füllen, den Chef (allzu) deutlich herauskehren – etwa dem Kollegen X mitzuteilen, dass seine dauernden Privatgespräche nun ein Ende hätten, die Kollegin Y zu einem Excel-Kurs zu verdonnern und der ganzen Mannschaft mitzuteilen, dass die wöchentliche Abteilungsbesprechung ab sofort am Dienstagmorgen stattfinde, und zwar, bitteschön, pünktlich (!) um 8:30 Uhr. Wundern Sie sich nicht, wenn Sie sich plötzlich einer geschlossenen Mitarbeiterfront gegenübersehen. Autorität gewinnen Sie nicht durch autoritären Befehlston, sondern durch gute Sacharbeit und Kooperationsangebote.

Fettnapf 3: Kronprinzen hätscheln

Zum ein oder anderen Ihrer Exkollegen werden Sie vielleicht ein engeres, freundschaftliches Verhältnis haben. Dann beginnt für Sie jetzt eine schwierige Gratwanderung. Räumen Sie diesem Kollegen irgendwelche Sonderrechte ein oder sehen Sie über Unzulänglichkeiten großzügig hinweg, demotivieren Sie den Rest der Abteilung.

Geben Sie Ihren früheren Kollegen ein wenig Zeit, sich an die neue Situation zu gewöhnen – manche Irritation erledigt sich nach einigen Wochen von selbst. Beziehen Sie Ihre Abteilung in anstehende Änderungen mit ein, lassen Sie jedoch keinen Zweifel daran, dass Sie nun unter anderen Gesichtspunkten handeln und entscheiden als früher. Sabotiert jemand hartnäckig Ihre Arbeit, weil er sich mit Ihrer neuen Rolle nicht anfreunden kann (etwa, weil er sich selbst Chancen auf Ihre Position ausgerechnet hatte), müssen Sie deutlich werden.

TIPP **Konfrontieren Sie Ihren Widersacher unter vier Augen mit seinem Verhalten. Fruchtet das nichts und Sie müssen sich weiterhin mit Arbeitsverweigerung oder übler Nachrede herumschlagen, sollten Sie ernsthafte Konsequenzen ins Auge fassen – von der Abmahnung bis zur Kündigung. Sichern Sie sich dafür vorab die Rückendeckung Ihres Vorgesetzten.**

Auf Dauer wird sich unweigerlich mehr Distanz zu Ihren früheren Kollegen einstellen. Wundern Sie sich nicht, wenn man Sie beim abendlichen Kneipengang nicht unbedingt dabeihaben will (das geht Ihnen mit Ihrem Chef kaum anders). Akzeptieren Sie, dass sich mit dem Positionswechsel auch Ihr Beziehungsnetz ändern wird – schließlich haben Sie nun Gleichgesinnte auf einer anderen Ebene.

Beziehungskiste: Chef sehr viel älterer Mitarbeiter

Die Chefrolle assoziieren die meisten von uns mit einem Erfahrungsvorsprung, mit Sachkompetenz und persönlicher Autorität. Am ehesten ist diese Rolle vielleicht der Vaterrolle verwandt. Das würde jedenfalls erklären, warum neben Frauen (siehe Seite 116 ff.) auch deutlich jüngere Vorgesetzte häufig mit Akzeptanzproblemen zu kämpfen haben. Jemandem, der einem an Jahren deutlich voraus ist, beugt man sich leichter als einem Youngster, der es mit 30 bereits weiter gebracht hat als man selbst mit 50 Jahren. Denn Kooperativität hin oder her: Der Vorgesetzte ist einem nun einmal vorgesetzt. Rechnen Sie also mit negativen Emotionen älterer Mitarbeiter, die sich zu allem Überfluss womöglich noch von Kollegen, Freunden oder Ehepartnern spöttisch fragen lassen müssen, wie sich der junge Chef denn so macht.

Dem Grunddilemma – Ihr Status als jüngerer Vorgesetzter kratzt am Ego des anderen – begegnen Sie am ehesten, indem Sie die Erfahrung lang gedienter Mitarbeiter honorieren. Fragen Sie sie nach ihrer Meinung, holen Sie ihren Rat ein. Tun Sie also gar nicht erst so, als wüssten Sie alles besser. Indem Sie nach Erfahrungen fragen und den Ausführungen in Ruhe zuhören, vermitteln Sie Wertschätzung und Respekt. Das bedeutet keineswegs, dass Sie Ratschläge ungeprüft übernehmen müssen.

Akzeptieren Sie außerdem, dass ältere Mitarbeiter manchmal etwas langsamer oder weniger wendig sein mögen, dies aber durch Routine und wertvolles Erfahrungswissen ausgleichen. Die Amerikaner definieren »Team« als Abkürzung für »Together everybody achieves more«. So betrachtet können Sie von der Zusammenarbeit unterschiedlicher Charaktere als Vorgesetzter nur profitieren – ein gleichförmig besetztes Team aus lauter »dynamischen«, jungen Mitarbeitern wird einer (funktionierenden) bunteren Gruppe ebenso unterlegen sein wie eines mit lauter »alten Hasen«.

Verbündete: Eine gute Sekretärin

Neben einem Dienstwagen, dem Eckbüro mit mehr Fensterfläche oder der Firmenkreditkarte gehört auch sie zu den äußeren Insignien des Aufstiegs – die eigene Sekretärin. Das ist jedoch nicht der einzige

Grund, sich über eine solche Mitarbeiterin zu freuen: Eine kompetente Sekretärin kann Ihren Arbeitsalltag ungeheuer erleichtern. Neben klassischen Sekretariatsaufgaben wie Terminmanagement und Korrespondenz können Sie von ihr Unterstützung bei der Vorbereitung wichtiger Meetings, bei der Erstellung von Unterlagen für Präsentationen, beim Verfassen von Protokollen, beim Organisieren von Tagungen erwarten. Weitere Aufgaben werden Ihnen bei guter Zusammenarbeit zweifellos einfallen. Und das genau ist der Punkt: Sichern Sie sich diese gute Zusammenarbeit.

Wenn Sie beim Antreten einer Führungsaufgabe Ihre Sekretärin nicht für sich gewinnen, machen Sie sich Ihren Start unnötig schwer. Denn einerseits können Sie gerade in den anstrengenden ersten Monaten jede Unterstützung gebrauchen, andererseits vergraulen Sie womöglich eine Beraterin, die sich im Unternehmen (jedenfalls zurzeit noch) besser auskennt als Sie selbst. Dies gilt insbesondere, wenn Sie von Ihrem Vorgänger eine erfahrene Fachkraft »erben«. Sie ist nicht nur mit den offiziellen Dienstwegen im Unternehmen vertraut, sondern kennt auch die geheimen Trampelpfade und kann Sie vor manchem Fettnapf bewahren – zum Beispiel, weil sie weiß, dass man Vorstandsmitglied X mit akribischem Zahlenmaterial schnell auf die Nerven geht oder dass man Geschäftsführerin Y am besten von Neuerungen überzeugt, wenn man sie schon vor der »offiziellen« Sitzung ins Boot holt.

Ihre Sekretärin ist also eine wichtige Stütze – und nicht etwa eine Kraft zweiter Klasse oder gar die »Tippse«. Sie hat den gleichen Anspruch auf Respekt und Wertschätzung wie alle anderen Mitarbeiter. Ihre tagtägliche enge Zusammenarbeit wird am ehesten reibungslos funktionieren, wenn sie von Freundlichkeit, Höflichkeit und professioneller Distanz getragen ist. Als versierte Führungskraft werden Sie es außerdem verstehen, souverän mit den Eigenheiten Ihrer Mitarbeiterin umzugehen. Eine Sekretärin »alten Stils«, die seit 20 Jahren im Unternehmen ist, können Sie möglicherweise mit klassischen Höflichkeitsgesten (gelegentlichen Komplimenten, Tür aufhalten) für sich gewinnen; eine dynamische »Office Managerin« Anfang 20 wird für effiziente Kooperation und Wertschätzung Ihrer PC-Qualifikationen wahrscheinlich eher empfänglich sein. Konfliktstoff bergen in der Praxis vor allem folgende Konstellationen:

Die lang gediente Sekretärin trauert ihrem »alten« Chef nach

Gestehen Sie Ihrer Mitarbeiterin ein paar Wochen Trauerphase zu und verkneifen Sie sich explizite Kritik am Arbeitsstil Ihres Vorgängers. Fragen Sie, wie bestimmte Dinge gehandhabt wurden und ob sich das in der Praxis bewährt hat. Bilden Sie sich Ihr eigenes Urteil und ändern Sie erst dann das, was nötig scheint. Bleiben Sie unbeirrt sachlich-freundlich, auch bei spitzen Untertönen. Schleift sich die Zusammenarbeit auf die Dauer nicht ein, müssen Sie deutlicher werden.

Eine unerfahrene Sekretärin genügt Ihren Ansprüchen nicht

Lokalisieren Sie gemeinsam die Knackpunkte und vereinbaren Sie konkrete Gegenmaßnahmen. Die können von einschlägigen Weiterbildungen über das Einholen von Tipps bei erfahrenen Kolleginnen durch Ihre Mitarbeiterin bis zur Erarbeitung von organisatorischen Routinen gehen. Verkneifen Sie sich demotivierende Pauschalkritik (»Unglaublich, mit was man sich hier abgeben muss!«), strahlen Sie eher ein »Ziehen am selben Strang« aus. Das ändert allerdings nichts an Ihren Leistungsansprüchen: Möglichst zügig muss Ihre Mitarbeiterin Ihr Büro souverän managen. Versuche der Rückdelegation (»Mit PowerPoint kennen Sie sich doch viel besser aus!«) sollten Sie daher nicht akzeptieren.

Schlüsselfähigkeiten: Lob & Kritik

Mitarbeiter wollen wissen, wo sie stehen. Verweigern Sie ihnen ein klares Feedback, schüren Sie Unsicherheit oder fördern Fehleinschätzungen. Das bedeutet für Sie als Führungskraft: Sich direkt mit anderen Menschen auseinander zu setzen ist fester Bestandteil Ihres Jobs. Dabei genügt es nicht, Rückmeldungen auf das Jahresgespräch zu vertagen und sich dort in einen standardisierten Beurteilungsbogen zu flüchten. Genauso verheerend: Fehlentwicklungen nicht zeitnah zu thematisieren, sondern einem Mitarbeiter im Oktober vorhalten, was er im Februar versäumt hat.

Worauf es beim Kritisieren ankommt – nämlich zeitnah, konkret und sachlich zu reagieren, persönliche Angriffe und Pauschalurteile zu vermeiden – können Sie im Kapitel »Selbstbehauptung« ab Seite 44 nachlesen.

TIPP **Menschen reagieren unterschiedlich sensibel auf Kritik. Während bei einem Mitarbeiter schon der knappe Hinweis auf Mängel im Arbeitsergebnis oder Verhalten Bestürzung hervorruft, hat der Kollege im Nachbarbüro womöglich das sprichwörtliche dicke Fell und reagiert erst auf stärkere Signale. Dosieren Sie die Deutlichkeit Ihrer Kritik entsprechend.**

Wesentlich ist, dass Sie Ihre Erwartungen an die Mitarbeiter klar formulieren. Nur wenn jedem bewusst ist, wo die Messlatte liegt, ist das Verfehlen dieser Messlatte legitimer Anlass zur Kritik. Insofern ist angemessene Kritik eng mit der Schlüsselaufgabe des Delegierens verknüpft. Tabu sind in jedem Fall unkontrollierte Ausbrüche. Jeder Wutanfall ist ein kommunikativer Supergau: Wer angebrüllt wird, setzt sich bestimmt nicht mit Ihren Argumenten auseinander, sondern ist vor allem damit beschäftigt, die Fassung zu wahren. Sollten Sie sich dennoch einmal im Ton vergreifen, entschuldigen Sie sich bei den Mitarbeitern. Deren Achtung werden Sie nicht gewinnen, indem Sie den fehlerlosen Superboss spielen (das nimmt Ihnen ohnehin kein erwachsener Mensch ab), sondern durch Fairness und Souveränität.

Dass (Negativ-)Kritik nicht leicht fällt, leuchtet ein. Paradoxerweise fällt es vielen Menschen ähnlich schwer, ein Lob über die Lippen zu bringen. Etliche Vorgesetzte scheinen nach der schwäbischen Devise zu verfahren: »Net g'schimpft ist g'nug g'lobt!« Dabei wirkt ein ehrlich gemeintes, überzeugendes Lob auf die meisten Menschen ungeheuer motivierend – und kostet Sie als Führungskraft viel weniger als alle von der Personalabteilung ausgetüftelten formalen Prämiensysteme.

Was macht ein überzeugendes Lob aus? Kurz gesagt: ein angemessener Anlass und das Fehlen von Hintergedanken. Mit Hintergedanken meine ich die bitteren Pillen, die wir allzu oft mit einem Lob versüßen – da wird Herr Meier in den höchsten Tönen gelobt, um ihm dann eine Zusatzaufgabe aufzubrummen, oder Frau Schulze gar die Kündigung nach einer Lobrede auf ihre langjährigen Verdienste um das Unternehmen präsentiert. Solch ein instrumentelles Lob hat einen schalen Beigeschmack und wird von den Betroffenen zu Recht als wertlos empfunden. Ähnlich ist es mit überschwänglichem Lob für Kleinigkeiten. Die Devise sollte also nicht lauten: »Haben Sie Ihre Mitarbeiter heute schon gelobt?«, sondern: »Haben Sie Ihre Mitarbeiter für gute Leistungen gelobt?« Wenn Sie von einer Leistung angetan sind, sagen Sie es. So einfach ist das. »Ihre Präsentation gestern hat mir wirklich gut gefallen – inhaltlich überzeugend und hervorragend präsentiert. Kompliment!« Wenn Sie dem Betroffenen nicht über den Weg laufen, schicken Sie ihm eben eine Mail. Und für umfangreiche Leistungen – etwa den termingerechten Abschluss eines schwierigen Projektes – nehmen Sie sich die Zeit für einen Dankesbrief.

TIPP

Wie Negativkritik sprechen Sie auch ein Lob am besten unter vier Augen aus. Den meisten Menschen ist es eher peinlich, vor anderen gelobt zu werden. Außerdem liegt manchmal der Verdacht nahe, primär als »leuchtendes Vorbild« missbraucht zu werden.

Grenzfälle: Fusion oder Geschäftsübernahme stehen an?

Unsere Väter und Großväter hatten gute Chancen, in ihrem Ausbildungsbetrieb beim Sektempfang mit einer goldenen Uhr feierlich in den Ruhestand verabschiedet zu werden. Heute wagt kaum jemand eine Prognose, ob seine Firma in zwei Jahren noch existieren wird. Trendforscher singen das hohe Lied der Flexibilität und setzen zahlreiche Job- und sogar Berufswechsel als selbstverständlich voraus. Dabei übersehen sie, dass viele Menschen auf neue Situationen mit Angst und Abwehr reagieren. Für Sie als Führungskraft bedeutet das: Sie werden immer wieder Veränderungen begleiten (und vertreten!) müssen. Wie verhalten Sie sich, wenn eine Firmenübernahme oder Fusion zur Diskussion steht? Wenn die Kündigungsangst umgeht und wilde Gerüchte kursieren?

Am besten lassen Sie es gar nicht erst so weit kommen, lautet der Rat des Führungskräfte-Trainers Jürgen Goldfuß. Eine funktionierende Chef-Mitarbeiter-Beziehung ist durch Vertrauen und gegenseitigen Respekt bestimmt. Wenn Sie sich in Krisenzeiten von diesen Prinzipien verabschieden, wird das Engagement Ihrer Leute rapide sinken. Und gerade in schwierigen Situationen brauchen Sie dieses Engagement mehr denn je. Verschweigen, vertuschen, verharmlosen sind also Kardinalfehler. Wenn Ihre Mitarbeiter aus der Zeitung erfahren, dass ihr Unternehmen ein Übernahmekandidat ist, können Sie diesen Vertrauensverlust nur schwer wieder gutmachen.

TIPP **Unterschätzen Sie die Intelligenz Ihrer Leute nicht. Im Arbeitsalltag erwarten Sie Bestleistungen und kritisches Gespür; wenn es um die Zukunft des Unternehmens geht, hingegen Vertrauen in vage Sonntagsreden und Beschwichtigungen? Das passt nicht zusammen.**

Interview: »Hüllen Sie sich nicht in Schweigen!«

Ein Gespräch mit dem Führungskräfte-Trainer Jürgen W. Goldfuß

Jürgen W. Goldfuß ist selbstständiger Trainer für Führungskräfte und hält Vorträge und Seminare in Deutschland, Österreich und der Schweiz. In seinem Buch »Trouble-Shooting für den ersten Führungsjob« (Campus Verlag 2002) gibt er praktische Hilfestellung für den Führungsalltag. Informationen unter www.goldfuss.com. Sein neuestes Buch »Schluss mit Mobbing! Über Motive, Methoden und den Mut zur Gegenwehr« (Lexika Verlag 2002) analysiert unter anderem die Rolle der Führungskräfte in Mobbingsituationen.

Unternehmensfusionen oder -übernahmen sind heute an der Tagesordnung. Bei den Mitarbeitern löst dies oft Ängste und Unsicherheit aus. Welche Fehler machen Vorgesetzte in dieser Situation häufig?

Goldfuß: Der häufigste Fehler ist, sich in Schweigen zu hüllen und aus vermeintlicher Fürsorge heraus nichts zu sagen. Das führt dazu, dass die Mitarbeiter sich selbst etwas zusammenreimen. Und im Zweifelsfall sind diese Spekulationen immer negativer als die Wirklichkeit. Eine solche Gerüchteküche kommt übrigens sehr schnell in Gang; deshalb müssen Sie als Führungskraft schnell reagieren. Es ist also besser, mit einer Teilinformation auf seine Leute zuzugehen (und diese auch als vorläufige Info zu kennzeichnen), als in typisch deutscher Manier erst zu reagieren, wenn alle Fakten bekannt sind. Letztlich kommt es darauf an, den Faden zu den Mitarbeitern nicht abreißen zu lassen, das Vertrauen zu erhalten.

Das klingt gut, aber wie verhalte ich mich als Chef, wenn jemand fragt, wie es weitergeht, und ich darf auf Anordnung von oben keine Auskunft geben?

Goldfuß: Sie sprechen die Sandwich-Position an, in der man Druck von oben *und* von unten bekommt. Mein Rat: Man kann auch über solche Dinge reden, ohne etwas Konkretes zu sagen. Das heißt, machen Sie die Angelegenheit trotzdem zum Thema, berufen Sie ein Meeting ein, in dem die möglichen Folgen einer Fusion diskutiert werden. Wenn die Mitarbeiter selbst die Alternativen durchspielen, werden ihnen auch mögliche positive Auswirkungen bewusst. Auf jeden Fall müssen Sie als Führungskraft aktiv werden – eben *führen*, denn die Gefahr in einer solchen Situation ist eindeutig: Die Besten gehen immer zuerst – und gerade in Krisenzeiten können Sie auf solche Mitarbeiter kaum verzichten.

Nehmen wir einmal an, die Auswirkungen sind zunächst doch eher negativ: Ich muss der Hälfte meiner Leute kündigen. Wie schaffe ich das, ohne die andere Hälfte zu demotivieren?

Goldfuß: Legen Sie die Fakten auf den Tisch und versuchen Sie, das Problem menschlich fair zu lösen. Schauen Sie also, welches Budget Sie zur Verfügung haben, um denjenigen, die gehen müssen, den Übergang zu erleichtern – beispielweise durch Seminare, die ihre Chancen auf dem Arbeitsmarkt verbessern. Wie ein solcher Prozess bewältigt wird, hängt im Übrigen stark damit zusammen, ob es Ihnen als Führungskraft schon vorher gelungen ist, Bewusstsein für die Unwägbarkeit der Berufswelt zu schaffen. Gerade langjährige Mitarbeiter denken oft, ihnen könne praktisch nichts passieren. Schon bevor der Ernstfall eintritt, sollte man daher als Führungskraft in Mitarbeitergesprächen thematisieren, wie stark sich ein Mitarbeiter entwickelt hat (oder nicht) und was das für seine Chancen auf dem Arbeitsmarkt bedeutet.

Im Führungsalltag sicher häufig: Ich muss unpopuläre Maßnahmen verkünden (Streichung von Prämien, Umzug in kleinere Büros ...). Wie mache ich das am besten?

Goldfuß: Auch da rate ich zur Offenheit. Wenn die Mitarbeiter die Zahlen, die Umsatzsituation kennen, sind solche Maßnahmen nachvollziehbarer. Ich plädiere eindeutig für mehr Transparenz, denn sonst sucht sich jeder seine eigene Wahrheit oder fällt auf simple Parolen herein. Außerdem sollten Sie Verbesserungsvorschläge von den Mitarbeitern einfordern. Vielleicht findet man ja gemeinsam eine kreative Lösung?

Ihr genereller Rat für Krisensituationen?

Goldfuß: Krisensituationen sind ein Testfall für das Betriebsklima und ein Härtetest für die Qualität einer Führungskraft. Hat da jemand die Führungsaufgabe wirklich angenommen? Oder sitzt er nur aufgrund seiner langen Firmenzugehörigkeit auf seinem Stuhl oder weil er mehr verdienen wollte? Wer die Führungsaufgabe schon vorher ernst genommen hat – nämlich als Aufforderung, gemeinsam mit Menschen ein Ziel zu erreichen –, wird auch Krisen besser meistern.

Mitarbeiter: Die Do's und Don'ts auf einen Blick

Do's	Don'ts
Stellenantritt	
Sich Zeit für die neuen Mitarbeiter nehmen, sie kennen lernen	Sich hinter Sachaufgaben verschanzen
Zuhören können	Mitarbeiter mit Fragen bombardieren
Führungsrolle annehmen (Outfit, Auftreten), eigenen Führungsstil finden	Entscheidungen und Führungsstil des Vorgängers kritisch kommentieren
Bei interner Beförderung: freundliche Distanz zu Exkollegen	Bei interner Beförderung: Kumpanei mit Exkollegen Kronprinzen züchten, Boss rauskehren
Führungsverhalten	
Persönliche Integrität	Intrigen und Mobbing
Menschlicher Respekt	Missachtung, autoritäres Auftreten
Für eigene Fehler gerade stehen	Mitarbeitern Fehler zuschieben
Klares Feedback: Kritik & Lob	Verzicht auf eindeutige Rückmeldung

Do's	Don'ts
Sekretärin als wichtige Stütze	Sekretärin als »Tippse«
Netzwerke im Kollegenkreis aufbauen	Blinde Vertrauensseligkeit
Krisensituationen	
Offene Informationspolitik	Verschweigen, vertuschen, verharmlosen
Früh reagieren	Warten, bis es in der Zeitung steht
Alle Mitarbeiter auf dem gleichen Stand halten (gemeinsames Meeting)	Informationen unterschiedlich streuen (Einzelgespräche)

Eine gewonnene Diskussion
ist ein verlorener Freund.
Anonym

Kollegen: Sich den Rücken freihalten

Ihren Chef können Sie sich meist noch aussuchen (obwohl erstaunlich viele Menschen im Vorstellungsgespräch gerade das übersehen), bei den Kollegen wird das schon schwieriger. Meist müssen Sie auf Gedeih und Verderb mit Ihren Büronachbarn auskommen. Moderne Arbeitsprozesse sind zudem immer stärker vernetzt: Kaum jemand arbeitet noch einsam an seinem Schreibtisch »Vorgänge« ab, gemeinsame Projekte sind die Regel. Gleichzeitig nimmt die Arbeitsbelastung zu, der wirtschaftliche Druck steigt. Kein Wunder, dass Teamfähigkeit zu den Lieblingsfloskeln der Stellenanzeigen gehört. Doch was heißt das konkret? Wie viel Nähe ist gut, wie viel Distanz ratsam? Welche Spielregeln gibt es, welche ungeschriebenen Gesetze?

Wo bin ich? Die Rolle der Unternehmenskultur

Wer neu in einem Unternehmen startet, stellt sich oft die bange Frage: Packe ich das fachlich? Viel seltener fragen Neueinsteiger: Passe ich ins Team? Dabei wird der zweite Punkt während der Probezeit genauso scharf beobachtet wie Ihre fachliche Kompetenz und ist für Ihr berufliches Fortkommen ebenso wichtig. Fachleute sprechen von der Unternehmenskultur, um zu beschreiben, wie in einem Unternehmen miteinander umgegangen wird. Damit umreißen sie ein Geflecht von

Einstellungen, Normen und Werten, das (ausgesprochen oder unausgesprochen) das Verhalten der Mitarbeiter untereinander und die Kommunikation zwischen Mitarbeitern und Vorgesetzten bestimmt.

Jedes Unternehmen pflegt seine eigene Kultur, die langjährige Betriebsangehörige einfach als gegeben voraussetzen. Und genau da liegt die Schwierigkeit bei einem Jobwechsel: Niemand weiht Sie offiziell in die Spielregeln ein, sie werden einfach als Normalfall betrachtet (während Sie selbst wahrscheinlich einen ganz anderen »Normalfall« gewöhnt sind). Drastisch bewusst wird das all jenen, die etwa von einem kleinen oder mittelständischen Unternehmen in einen Konzern wechseln. Wer (im positiven Fall) kurze Wege, einen persönlichen Umgangston und relativ offene Kommunikation schätzen gelernt hat, wird angesichts der stärker arbeitsteiligen Prozesse, der langwierigen bürokratischen Abläufe, des formelleren Umgangstons und der komplizierteren taktischen Manöver leicht verzweifeln. Schnell kann es Ihnen da passieren, dass Sie selbst Angelegenheiten lediglich zügig regeln wollen, Ihr neues, größeres Umfeld das jedoch als anmaßend und voreilig empfindet.

Aber auch zwischen Unternehmen der gleichen Größe und Branche kann es beträchtliche Unterschiede geben, etwa darin, welche Abteilung den größten Einfluss hat (zum Beispiel Entwicklungsabteilung oder Vertrieb), wie freundlich man miteinander umgeht (eher nett-persönlich oder eher knapp bis ruppig), wie stark Hierarchien in der Praxis gelebt werden oder wie groß das Commitment der Mitarbeiter ist (Wie engagiert wird gearbeitet? Wie verlässlich sind beispielsweise Zusagen?).

Die nebulöse Redeweise von der »Chemie, die nicht gestimmt habe«, lässt sich oft auf Probleme mit der Unternehmenskultur zurückführen. Wer anders ist, wer Spielregeln immer wieder verletzt, eckt zwangsläufig an. Um in einem Unternehmen erfolgreich zu arbeiten, müssen Sie deshalb erst einmal die dort herrschenden Spielregeln verstehen.

TIPP **Setzen Sie nichts – buchstäblich gar nichts – als selbstverständlich voraus, wenn Sie ein neues Unternehmen betreten. Das ist leichter gesagt als getan, weil wir alle neue Situationen vor dem Hintergrund unserer bisherigen Erfahrungen verarbeiten. Dennoch: Fahren Sie die Antennen aus und beobachten Sie sorgfältig, was um Sie herum vorgeht.**

Das offizielle Leitbild eines Unternehmens, seine Selbstdarstellung im Internet sind mögliche Indizien für die Unternehmenskultur. Wie viel »Innovativität« tatsächlich herrscht und ob wirklich »kreative Köpfe« gefragt sind (oder doch eher bequeme Jasager), erweist sich erst in der Praxis. Gute Infoquellen, um möglichst rasch zu verstehen, wie es im Unternehmen läuft, sind:

- *das Verhalten der Kollegen und Vorgesetzten in Meetings* (Wie geht man miteinander um? Wer hat überhaupt Zugang zu welchen Foren? Wie viel Gehör wird dem Einzelnen geschenkt?),
- *der Umgangston auf dem Flur, in der Kantine, am Kopierer …* (Plaudert man freundlich oder geht jeder zugeknöpft seiner Wege? Wird viel Zeit vertratscht oder herrscht ein engagiertes Arbeitsklima? Steht man zum eigenen Unternehmen oder regieren Frust und Unzufriedenheit?),
- *die Informationskultur* (Wer erfährt was? Regelt man viel mündlich oder schickt man sich Hausmitteilungen? In welchem Ton sind schriftliche Mitteilungen verfasst?),
- *der Führungsstil* (Tatsächlich »kooperativ« oder eher autoritär bis chaotisch? Professionell mit regelmäßigen Feedbackgesprächen und Zielvereinbarungen?).

Müssen Sie sich der herrschenden Kultur bedingungslos anpassen? Jein. Dauerhaft gegen den Strom zu schwimmen kostet enorm viel Kraft und ist selten von Erfolg gekrönt. Als Einzelkämpfer werden Sie aus einem behäbigen Familienunternehmen keine wendige Organisation machen und aus einer wettbewerbsorientierten Agentur mit rauem Umgangston keinen Hort der Harmonie. Und jemand, der nicht passt, wird kaum befördert (»findet keine Akzeptanz«, heißt das dann im Personalerjargon). Selbst ganz oben an den Schalthebeln der Macht kann man an der Unternehmenskultur scheitern, wie das Beispiel des Ex-Bertelsmann-Vorstandes Thomas Middelhoff beweist, der aus einem traditionsreichen Medienkonzern einen innovativen Global Player mit Börsennotierung machen wollte und aufgrund massiver Widerstände der Gründerfamilie und Führungskollegen im Spätsommer 2002 seinen Sessel räumen musste.

Andererseits sollten Sie nicht bei jeder »Unkultur« mitspielen: Gerade in einem ruppigen Klima können Sie mit Höflichkeit und Fairness positive Akzente setzen. Als Führungskraft kommt Ihnen zudem eine wichtige Vorbildfunktion zu: Wie die Mitarbeiter Ihrer Abteilung miteinander umgehen, hängt auch davon ab, was Sie Ihnen vorleben. Und mancher Kollege wird heilfroh sein, wenn ihm im firmeninternen Haifischbecken auch mal ein etwas freundlicher Fisch entgegenschwimmt (wobei »freundlich« wiederum nicht mit »harmlos« zu verwechseln ist ...).

Zur ersten Orientierung ein Grobüberblick über verschiedene Unternehmenskulturen. Die Typen 1 bis 4 beschreibt die Unternehmensberaterin Hedwig Kellner in Ihrem Buch »Karrieresprung durch Selbstcoaching«.[12]

Unternehmenskulturen

Womit Sie in verschiedenen Strukturen rechnen müssen ...

Gründerkulturen

Junge Unternehmen mit weitgehend chaotischen Strukturen, informellem Umgangston, langen Arbeitszeiten und der Chance auf stürmisches Wachstum ebenso wie der Gefahr, von heute auf morgen vor dem Nichts zu stehen.

Tipp: Sie sind gewissenhaft bis penibel, älter als 35 oder legen Wert auf eine Balance zwischen Beruf und Privatleben? Dann überlegen Sie, ob Sie hier richtig aufgehoben wären.

Wachstumskulturen

Erfolgreiche Gründerkulturen – das Unternehmen wächst, das Chaos bleibt. Die Anonymität wird größer, der Konkurrenzkampf härter. Wie in der Gründerkultur besteht die Chance auf eine schnelle Karriere – Ellenbogen und gute Beziehungen zum Gründer vorausgesetzt.

Tipp: Achten Sie auf einen guten Draht zur »Gründerclique« – und darauf, am nächsten Tag noch in den Spiegel sehen zu können.

Konzernkulturen

Eher bürokratische, streng hierarchische Kulturen, in denen es für alles und jedes Vorschriften gibt. Der Schwerfälligkeit des Systems stehen relative (!) Sicherheit und Planbarkeit des Karrierewegs gegenüber.

Tipp: Konzernkarrieren machen Menschen, die reibungslos funktionieren. Am Sockel des Systems zu rütteln, zahlt sich nicht aus (auch wenn offiziell »Querdenker« gefragt sind).

Megakulturen

… die durch Konzernfusionen entstehen – um den Preis noch größerer Unübersichtlichkeit von Machtstrukturen und Entscheidungsprozessen, aber mit dem Vorteil umfassender internationaler Karriereperspektiven.

Tipp: Beobachten Sie sorgfältig, wer wie welchen Weg macht. Wo sitzen die Entscheider? Welche Positionen sind Karrieresprungbrett? Hier ist emotionsloses Kalkül gefragt.

Mittelstandskulturen

… die im besten Fall das Chaos der Gründerkultur hinter sich gelassen haben, ohne der Bürokratisierung einer typischen Großorganisation zu unterliegen. Eigentümergeführte Unternehmen hängen allerdings stark von der Flexibilität und Innovativität der Führungsperson ab.

Tipp: Wer gerne Verantwortung übernimmt, ist hier in den meisten Fällen richtig. Profilieren Sie sich durch gute Sacharbeit und Engagement!

Mikrokulturen/ kleine Familienunternehmen

In Kleinstunternehmen mit 5 bis 20 Mitarbeitern herrscht meist ein eher familiärer Unterton – mit allen positiven und negativen Begleiterscheinungen: Das Unternehmen bietet möglicherweise viel »Nestwärme«; andererseits können persönliche Probleme der dort Arbeitenden (etwa eine Ehekrise des Chefs) das Klima unerträglich belasten.

Tipp: Lassen Sie sich nicht zu eng in die »Zweitfamilie« verstricken. Auch wenn man hier sehr persönlich miteinander umgeht, sollten Sie Ihr Herz nicht auf der Zunge tragen. Spätestens im Konfliktfall werden Sie es bereuen.

Gretchenfrage: »Du« oder »Sie«?

Am Du scheiden sich die Geister. Während das *Handelsblatt* in angelsächsisch oder skandinavisch geprägten Unternehmen sogar auf ein von der Geschäftsleitung für alle Mitarbeiter verordnetes Du stieß, empfiehlt die Benimmexpertin Rosemarie Wrede-Grischkat: »Am besten sind die Leute beraten, die sich innerhalb der Firma grundsätzlich mit niemandem duzen – die sind immer auf der sicheren Seite.«[13] Es gibt also keine goldene Regel, sondern unterschiedliche Branchengepflogenheiten und Meinungen. Die einen setzen auf einen kollegialeren und unkomplizierteren Umgang durch das *Du*, die anderen warnen, Konflikte seien mit etwas mehr Distanz – also per *Sie* – leichter auszutragen. Beide Argumente sind bedenkenswert, wobei die Lebenserfahrung allerdings lehrt, dass in manchem jungen Start-up oder mancher Werbeagentur unter dem Deckmantel des Du die Ellenbogen ganz schön ausgefahren werden und dass in etlichen konservativeren Unternehmen die Konflikte per Sie unter den Teppich gekehrt werden.

Welche Konsequenz sollten Sie daraus ziehen? Wenn die Firmenkultur eine Variante bevorzugt und diese womöglich noch durch eine offizielle Handlungsanweisung sanktioniert wird, tun Sie gut daran, einfach mit dem Strom zu schwimmen. Als Duzer in einer »Sie-Kultur« werden Sie ebenso anecken wie als hartnäckiger Siezer in einem Umfeld, in dem man sich duzt. Man wird Ihnen wahlweise mangelnde Umgangsformen und Distanzlosigkeit oder Arroganz und Vorgestrigkeit unterstellen. Allerdings sollten Sie nicht dem Irrtum aufsitzen, mit dem (automatischen) Du würden hierarchische Unterschiede tatsächlich eingeebnet. Auch ein »Du, Klaus«-Chef wird äußerst empfindlich reagieren, wenn Sie seine Chefrolle infrage stellen (vergleiche Seite 40 ff.). Lassen Sie sich außerdem durch das Du auch gegenüber Kollegen nicht zu Vertrauensseligkeit oder Distanzlosigkeit hinreißen – wenn sich alle unterschiedslos duzen, verliert das Du seinen ursprünglichen Wert als Indiz einer engeren persönlichen Beziehung.

Viele Unternehmen lassen ihre Mitarbeiter in punkto Duzen oder Siezen nach eigener Fasson selig werden. Das führt oft dazu, dass man sich mit vielen siezt und mit einigen duzt. Das Du wird damit wieder zu einer persönlichen Auszeichnung – und Sie sollten sich gut überlegen, wem Sie diese Auszeichnung gewähren. Ihr Umfeld registriert in jedem Fall, mit wem Sie sich duzen – und ordnet Sie prompt bestimmten »Fraktionen« zu. Wenn Sie aufstiegsorientiert sind, ist es daher nicht gerade förderlich, wenn Sie sich mit notorischen Querulanten und Drückebergern duzen – und das vielleicht nur, weil Ihnen hier ein oder zwei Leute in der ersten Woche im Unternehmen schon das Du angeboten haben.

TIPP

Man kann ein Du auch freundlich ablehnen – etwa mit der Begründung, dass man sich im Berufsleben generell lieber siezt, oder mit dem Hinweis, dass man sich aus Ihrer Sicht für ein Du eigentlich nicht gut genug kenne. Gleich die Notbremse zu ziehen, ist allemal besser, als sich Tag für Tag zu verbiegen oder gar irgendwann ein Du zurückzuziehen. Der Gesichtsverlust für den anderen ist dann erheblich. Einzige Ausnahme von dieser goldenen Regel: Ihr Vorgesetzter bietet Ihnen das Du an. Auch wenn Sie das wenig professionell finden, sollten Sie sich eine Zurückweisung gut über legen – Ihr Chef ist schließlich die Schlüsselfigur für Ihr weiteres Fortkommen.

Dafür, im Job besser beim Sie zu bleiben, spricht außerdem, dass es manchen Menschen schwer fällt, mit dem Du in schwierigen Situationen eine professionelle Haltung zu wahren. Da kann es Ihnen passieren, dass Sie einem Kollegen aus sachlichen Gründen widersprechen und dafür ein »Ich hätte nie gedacht, dass du mir das antust!« ernten.

Heikel ist auch das Duzen über berufliche Hierarchien hinweg. Zum einen hebt es in schwierigen Situationen die hierarchischen

Unterschiede keineswegs auf, zum anderen verführt es den ein oder anderen Mitarbeiter zum (Irr-)Glauben, der Chef nehme es sicher nicht so genau. Und wenn es darum geht, aus dem Kollegenkreis heraus befördert zu werden, wird mancher Vorgesetzte skeptisch, wenn Ihre Nähe zu den Nochkollegen sehr groß und der Rollenwechsel damit schwieriger ist.

Wer bietet wem das Du an? Eine alte Benimmregel verbietet es deutlich Jüngeren, »Rangniedrigeren« und »Damen« jeweils Älteren, Ranghöheren und Herren das Du zu offerieren. Die ersten beiden Hinweise haben ihre Gültigkeit bewahrt, der dritte ist inzwischen überlebt: Auch Frauen können also problemlos einem Mann das Du anbieten, während der Mitarbeiter, der das bei seinem Chef tut, oder der 25-Jährige, der einen Kollegen jenseits der Vierzig damit überfällt, mit beiden Füßen im Fettnapf steht.

Zusammenarbeit: Von Kooperation bis Konkurrenz

Teamfähigkeit hin oder her: Befördert werden immer noch Einzelpersonen, nicht Teams. Auf der anderen Seite haben knallharte Einzelkämpfer in den wenigsten Unternehmen eine Chance (es sei denn, die Unternehmenskultur propagiert ungeniert das Recht des Stärkeren). »Der macht uns das Team kaputt!« oder »Für den müssen wir einen Schreibtisch suchen, an dem er wenig Schaden anrichten kann!«, sind typische Vorgesetztenäußerungen über Mitarbeiter, die Konkurrenzkämpfe mit harten Bandagen austragen – keine Empfehlung für den Posten des Team- oder Gruppenleiters. Gefragt ist eine schwierige Gratwanderung von Kooperation und Konkurrenz: Wer seine Kollegen immer wieder brüskiert, kommt ebenso wenig vorwärts wie jemand, der es nicht versteht, sich positiv aus der Gruppe herauszuheben. Wie man bei diesem Seiltanz die Balance behält? Einige Hinweise:

Kooperation heißt …	Kooperation heißt nicht …
… höflich miteinander umzugehen:	*… sich Unhöflichkeiten bieten zu lassen:*
vom simplen »Bitte«/«Danke« bis zum Grüßen, von der sachlichen Kritik bis zur Vermeidung von Beschimpfungen und Herabsetzungen	Wenn man Sie übergeht, unfair behandelt oder gar beschimpft, müssen Sie sich wehren, sonst gelten Sie rasch als durchsetzungsschwach.
… die Meinung des anderen gelten zu lassen:	*… die eigene Position kampflos aufzugeben:*
ihn/sie ausreden zu lassen, ihm zuzuhören, sich mit seinen Argumenten auseinander zu setzen	Diskutieren Sie hartnäckig, aber fair; kämpfen Sie für Dinge, von denen Sie überzeugt sind.
… Informationen fair auszutauschen:	*… seine besten Ideen gedankenlos auszuplaudern:*
Geben Sie Ihr Wissen weiter, füllen Sie Ihre Rolle in Projekten engagiert aus, stehen Sie Kollegen mit Ihrem Rat zur Seite.	Achten Sie darauf, wo Sie Ihre Ideen preisgeben. Das Abteilungsmeeting ist geeigneter als das Zweiergespräch mit einem ehrgeizigen Kollegen.

Kooperation heißt …	**Kooperation heißt nicht …**
… Netzwerke zu bilden:	*… sich auf Kosten anderer zu profilieren:*
Knüpfen Sie Kontakte über Ihre eigene Abteilung hinaus, profitieren Sie vom professionellen Austausch mit ambitionierten Kollegen anderer Bereiche.	Abfällige Bemerkungen über Abwesende, Intrigen oder Ideenklau fallen negativ auf Sie selbst zurück.
… das eigene Karriereziel im Auge zu behalten:	*… die potenzielle Konkurrenz der Kollegen zu übersehen:*
Melden Sie Ihre Ansprüche an, wenn es um die Besetzung attraktiver Positionen geht.	Seien Sie nicht erstaunt, wenn andere ebenfalls Karriere machen wollen.
… fair miteinander umzugehen.	**… Harmonie um jeden Preis.**

Teamfähigkeit bedeutet also weder, sich jeder Mehrheitsmeinung automatisch unterzuordnen, noch, seine eigenen Ambitionen aus den Augen zu verlieren. Funktionierende Teamarbeit ist allerdings ohne einen respektvoll-höflichen Umgang miteinander kaum vorstellbar. Wer eine gute Kinderstube beweist und gleichzeitig seine Sache engagiert zu vertreten weiß, hat nicht nur in anspruchsvollen Personalauswahlverfahren wie etwa Assessmentcentern die Nase vorn: Er (oder sie, natürlich) überzeugt auch im Unternehmensalltag und empfiehlt sich für weitere Aufgaben.

Härtetest: Konflikte

Konflikte lassen sich im Berufsalltag nicht vermeiden: Sie entstehen zwangsläufig überall dort, wo unterschiedliche Charaktere und unterschiedliche Interessen zusammenkommen. Viele Menschen gehen Konflikten aus dem Weg, oft, weil sie von allen gemocht werden wollen. Andere handeln genau entgegengesetzt und leben nach dem fragwürdigen Motto: »Viel Feind, viel Ehr.« Der goldene Weg liegt wie so oft in der Mitte: Konflikte möglichst *sachlich* auszutragen; *fair* zu bleiben, auch wenn man unterschiedlicher Meinung ist; *Kompromisse* anzustreben, wo dies machbar ist. Es lohnt sich: Erfolgreich ausgehandelte Kompromisse spalten nicht, sie festigen eine Beziehung. Und Kollegenbeziehungen, die von Respekt für Ihre Person getragen werden, sind allemal tragfähiger (und nebenbei auch karrierefördernder) als solche, die auf einem hohlen Harmonieverständnis basieren.

In der Praxis ist dieser hehre Anspruch allerdings schwer umzusetzen. Woran liegt das? Nehmen wir ein banales (aber realistisches) Beispiel: Sie teilen sich das Büro mit einem Kollegen, der sehr viel Wert auf Frischluft legt. Er arbeitet häufig bei offenem Fenster, lüftet über Nacht und dreht die Heizung herunter. Sie selbst sind sehr empfindlich gegen Kälte und Zugluft. Betontes Frösteln und indirekte Hinweise (»Hu, ist das kalt hier drin!«) haben nichts gefruchtet. Irgendwann sind Sie erkältet – und Ihnen platzt der Kragen: Was sich der Kollege eigentlich einbilde? Er sei so was von rücksichtslos! Und schließlich sei es auch Ihr Büro! Ihr Kollege zahlt mit gleicher Münze zurück: Wie Sie denn mit ihm reden würden?! Und wie man so mimosenhaft sein könne? Frische Luft täte Ihnen ganz gut! Nach diesem Wortgefecht entspinnt sich ein wahrer Kleinkrieg um das Thema Fenster auf/Fenster zu, der rasch auf andere Felder übergreift. Wieso sollen Sie eigentlich ans Telefon gehen, wenn Ihr Kollege gerade nicht da ist? Der wiederum zuckt bei PC-Problemen plötzlich nur noch die Achseln, obwohl er sonst in deren Beseitigung recht firm war …

Kurz gesagt: *Konflikte eskalieren,*

- weil wir zu spät reagieren (nämlich dann, wenn unser Ärger schon groß ist),
- weil wir gleich moralisierend oder anklagend auftreten, statt die Sache selbst zu thematisieren (Wir konstatieren: »Das gehört sich nicht!« oder »Wie können Sie nur so rücksichtslos sein!«, statt erst einmal unsere Beweggründe deutlich zu machen: »Ich bin sehr zugempfindlich und möchte mich nicht erkälten«),
- weil wir selten bereit sind, dem anderen wirklich zuzuhören (Warum legt Ihr Kollege so viel Wert darauf, die Fenster fast ständig geöffnet zu halten? Vielleicht stellt sich heraus, dass er wegen eines Medikamentes sehr leicht schwitzt und nicht unangenehm riechen will ...),
- weil wir übersehen, dass aus einem Interessenkonflikt längst ein Machtkampf geworden ist, in dem die Ursprungsfrage nur noch eine untergeordnete Rolle spielt.

TIPP **Rechtzeitig handeln und den eigenen Standpunkt sachlich auf den Punkt bringen, sich die Argumente seines Gegenübers ruhig anhören – damit betreiben Sie die beste Konfliktprophylaxe. Sagen Sie »ich«, wenn Sie »ich« meinen; flüchten Sie sich nicht in ein moralisierendes »man«. Auf den erhobenen Zeigefinger reagiert fast jeder allergisch. Psychologen empfehlen daher, konsequent mit Ich-Botschaften zu arbeiten, nach dem Grundmuster: »Ich habe ein Problem mit x, weil ...«**

Ist der Konflikt bereits eskaliert, gibt es zwei Möglichkeiten, aus der Konfliktspirale auszusteigen:

1. *Entwaffnen Sie Ihr Gegenüber mit einer Entschuldigung.* »Es tut mir Leid, dass ich gestern laut geworden bin. Ich habe mich da wirklich im Ton vergriffen. Ich möchte gerne noch einmal in Ruhe

mit Ihnen über das Problem reden.« Wenn die Situation noch nicht völlig verfahren ist, schaffen Sie damit eine Basis für eine gemeinsame Lösungsfindung.

2. *Nehmen Sie die Unterstützung eines Moderators in Anspruch.* Das kann ein fähiger Vorgesetzter sein, ein Mitarbeiter des Unternehmens, der sich im Bereich Konfliktmediation weitergebildet hat, oder auch ein externer Moderator, der psychologisch geschult ist. Alle drei werden dafür sorgen, dass jede Partei ihren Standpunkt in Ruhe vorbringen kann, bevor beide gemeinsam nach einer Lösung suchen.

Wesentlich für alle schwierigen Gespräche ist, dass die Beziehungsebene stimmt. Über Sachfragen lässt sich erst dann produktiv diskutieren, wenn Unstimmigkeiten und Groll auf der persönlich-emotionalen Ebene bereinigt sind. Wer den anderen ernst nimmt, ihm aufmerksam zuhört, die Bereitschaft signalisiert, verschiedene Lösungsmöglichkeiten gemeinsam abzuwägen, und sich für persönliche Ausrutscher entschuldigt, schafft dafür die besten Voraussetzungen. Sachargumente dringen erst dann durch, wenn die explosive Gewitterstimmung abgebaut ist.

Übrigens: Auch wenn das Recht eindeutig auf Ihrer Seite ist – etwa weil Ihr rauchender Kollege Ihren juristischen Anspruch auf einen rauchfreien Arbeitsplatz verletzt[14] –, sollten Sie versuchen, die Angelegenheit mit einer persönlichen Bitte auszuräumen, bevor Sie die rechtliche Keule zücken. Wer gleich ein schweres Geschütz auffährt, muss damit rechnen, dass die andere Seite ebenfalls aufrüstet. Und: Mancher Erfolg im Rahmen von Konflikten entpuppt sich als Pyrrhussieg. Wenn Sie Ihre Interessen ohne Rücksicht auf Verluste durchgesetzt haben, müssen Sie immer damit rechnen, dass der »Besiegte« auf Rache sinnt. Den hart erkämpften Firmenparkplatz sehen Sie womöglich im anderen Licht, wenn Ihr Mitbewerber Ihnen von nun an einen Knüppel nach dem anderen zwischen die Beine wirft. Wägen

Sie also ab, wofür es sich zu streiten lohnt und wen Sie sich möglicherweise zum Feind machen.

Feiern: Von Ausstand bis Weihnachten

Neujahrsempfang, Sommerfest, Firmenjubiläum, Betriebsausflug, Abteilungskegeln, Weihnachtsfeier – in den meisten Organisationen wird das Unternehmensjahr immer wieder unterbrochen durch »zwanglose« Feiern. Manche Mitarbeiter sehen diesen Anlässen verordneter Fröhlichkeit mit Skepsis entgegen und würden sich am liebsten davor drücken; andere freuen sich, mal richtig einen draufzumachen. Für Ihr Image im Unternehmen indes ist systematisches Fernbleiben genauso riskant wie hemmungslose Feierlaune. Wenn Sie just zum Betriebsausflug jedes Jahr im Urlaub sind, machen Sie sich als Außenseiter und arroganter Zeitgenosse verdächtig. Lassen Sie dagegen »die Sau raus« und benehmen sich völlig ungeniert, wird man an Ihrer Eignung für anspruchsvolle Aufgaben zweifeln, weil Sie sich offensichtlich nicht im Griff haben.

TIPP **Verwechseln Sie ein Firmenfest nicht mit einer Familienfeier. Ihre Kollegen und Vorgesetzten beobachten Sie schärfer als jede sittenstrenge Erbtante. Gleichgültig, ob Sie einen über den Durst trinken, ob Sie dem anderen Geschlecht sehr zugetan sind, ob Sie geschmacklose Witze erzählen oder Ihrem Abteilungsleiter jovial auf die Schulter klopfen – all dies wird mit Sicherheit sorgfältig registriert. Und sollte es dem ein oder anderen tatsächlich entgangen sein, erfährt er es mit Sicherheit über den Flurfunk.**

Fallen Sie also nicht aus der Rolle; rechnen Sie damit, dass insbesondere Ihre Vorgesetzten sehr genau registrieren, wie geschickt Sie sich auf dem sozialen Parkett bewegen. Tragen Sie aktiv zum Erfolg des Festes bei: Plaudern Sie, erzählen Sie harmlose Anekdoten, absolvieren Sie zumindest ein paar Pflichttänze, wenn getanzt wird, geben Sie sich heiter-gelassen – aber verlieren Sie niemals die Kontrolle über sich.

In den meisten Unternehmen sind Feste, Empfänge oder Ausflüge übrigens eine gute Gelegenheit, auch einmal mit dem Boss vom Boss oder anderen einflussreichen Leuten ins Gespräch zu kommen. Die strenge Firmenhierarchie ist hier gelockert; schließlich geht es ja darum, ein Wir-Gefühl zu zelebrieren. Wenn einer der Vorstände am Büfett neben Ihnen steht oder mit am Tisch sitzt, schweigen Sie also nicht verlegen, sondern geben Sie sich unverkrampft. Da die meisten Menschen weit lieber selbst reden, als anderen zuzuhören, genügt oft schon ein kleiner Anstoß, um sich als »überaus interessanter Gesprächspartner« zu profilieren. Ob dieser Anstoß die Vorliebe des Big Boss für das Golfspiel ist oder ob Sie die Geschäftsführerin auf ihre Teilnahme an einer hochkarätig besetzten Podiumsdiskussion ansprechen, von der Sie in der Mitarbeiterzeitung gelesen haben, bleibt Ihrem Erfindungsreichtum überlassen.

TIPP

Seien Sie auf der Hut, wenn ein Führungsmitglied Sie gezielt anspricht. Möglicherweise geht es hier nur vordergründig darum, ein wenig zu plaudern, und in Wahrheit will sich da jemand im Kontext personalpolitischer Überlegungen einen Eindruck von Ihrer Person verschaffen. Im Klartext: Vielleicht führen Sie ein Bewerbungsgespräch, ohne es zu merken? Spätestens, wenn die Rede auf fachliche Dinge kommt, sollten Sie hellwach und hochkonzentriert sein.

Und noch etwas: »Ich bin der Hans!« – Verbrüderungen dieser Art kommen auf jedem Fest vor. Auch wenn Sie zu später Stunde nichts dabei fanden, sollten Sie es nicht gleich für bare Münze nehmen. Viele Duzbruderschaften werden von den Beteiligten am nächsten Tag stillschweigend revidiert (man macht einfach beim Sie weiter). Warten Sie also erst einmal ab – insbesondere, wenn Ihr Chef Ihnen das Du angetragen hat. Und wenn Sie selbst eine Verbrüderung bereuen: Ehe Sie sich völlig verbiegen (und Ihnen ungewollt sowieso das Sie weiter herausrutscht), sprechen Sie die Frage einfach direkt an (zum Duzen vergleiche auch Seite 86 ff.).

Anders als organisierte Firmenfeste hängen so genannte Einstände und Ausstände von Ihrer Eigeninitiative ab. Dennoch passen Sie sich am besten den Firmengepflogenheiten an: Wenn es üblich ist, bei Stellenantritt und beim Ausscheiden aus dem Unternehmen »einen auszugeben«, sollten Sie sich nicht ausschließen. Doch warten Sie mit dem Einstand bis zum Ablauf der Probezeit, alles andere könnte als selbstgefällig oder zumindest keck interpretiert werden. In welchem Rahmen solche Ereignisse gefeiert werden – ob mit einem kurzen Umtrunk in der Mittagspause oder in einem Extraraum nach Dienstschluss, ob mit einem Imbiss und Getränken oder nur mit einem Gläschen Orangensaft oder Sekt, ob für die ganze Abteilung oder nur für Ihre Arbeitsgruppe –, können Ihnen als Neuling die Abteilungssekretärin oder ein wohlmeinender Kollege verraten. Protzen Sie nicht mit teuren Häppchen, seien Sie aber auch nicht knickerig. Von einem gut bezahlten Marketingleiter erwartet man hier mehr als von der neuen Marketingassistentin.

Auch wenn Sie insgeheim froh sind, das Unternehmen hinter sich zu lassen, sollten Sie sich einen guten Abgang verschaffen. Zum einen können Ihre Kollegen nichts dafür, wenn Sie mit Ihrem Chef oder Ihrer Aufgabe gehadert haben; zum anderen ist ein Ausstand eine gute Gelegenheit, positiv in Erinnerung zu bleiben und das Interesse an einem weiteren lockeren Kontakt zu betonen. Und der alte Spruch, man sähe sich im Leben immer zwei Mal, bewahrheitet sich mit schöner Regelmäßigkeit. Weinen Sie beim Abschied also keine Krokodilstränen, lassen Sie sich aber auch nicht zu einer Generalabrechnung hinreißen (vergleiche hierzu auch das Kapitel zur Eigenkündigung, Seite 57 ff.). Wenn Sie ein paar Worte sagen (und das erwartet man eigentlich von Ihnen), konzentrieren Sie sich einfach auf die Dinge, die positiv waren und die Sie wahrscheinlich vermissen werden – und davon gibt es an den meisten Arbeitsplätzen dann doch ein paar!

Techtelmechtel: Büroflirts

Ein Thema mit vielen Facetten: Schätzungen zufolge lernt sich mehr als die Hälfte aller Paare über den Job kennen; gleichzeitig sehen viele Arbeitgeber Paarbeziehungen am Arbeitsplatz kritisch und fürchten privaten Sand im Getriebe. Einerseits kann ein netter Flirt einen trüben Arbeitstag spürbar aufhellen, andererseits werden die Grenzen zur dummen Anmache oder gar sexuellen Belästigung tagtäglich überschritten, was zahlreichen Frauen das (Berufs-)Leben vergällt. Und auch wenn das mit Flirten oder gar »Liebe« rein gar nichts mehr zu tun hat, verschanzen sich viele Täter hinter einem vermeintlich »schmeichelhaften« Annäherungsversuch.[15]

Dass es auch einmal knistert, wo Männer und Frauen zusammenarbeiten, kann man kaum vermeiden. Warum sollte man auch? Solange beide Seiten Spaß am kleinen Flirt haben und die Sacharbeit nicht leidet, ist wenig dagegen einzuwenden. Allerdings sollte Ihnen klar sein, dass Sie dem Firmentratsch womöglich reichlich Stoff liefern. Kalkulieren Sie außerdem ein, dass nicht jeder Kollege einen locker-spielerischen Umgang und Fachkompetenz »zusammendenken« kann: Wenn Sie fachlich noch Terrain gewinnen müssen (etwa in einer neuen Position), sollten Sie es sich deshalb lieber zweimal überlegen, ob Sie einen Flirt riskieren. Wenn Sie weiblich sind und gut aussehen, wird das Spiel noch riskanter: Die Unterstellung, Sie würden Sachargumente durch weibliche Reize ersetzen, ist ebenso bösartig wie schnell bei der Hand.

Der Knackpunkt aber liegt im gegenseitigen Einverständnis; und was die (oder der) eine noch als kesses Kompliment akzeptiert, ist für jemand anderen schon eine grobe Anmache. Banales Beispiel: »Meine Güte, dieses Dekolletee zieht mir ja glatt die Schuhe aus!« Eine selbstbewusste Frau mag das mit einem ironischen »Na, ich hoffe, es bleibt bei den Schuhen!« parieren; eine zurückhaltendere Kollegin reagiert peinlich berührt. Und: Es ist ein Unterschied, ob ein solcher frecher Spruch unter Kollegen fällt, die ein gutes (Arbeits-!)Verhältnis haben und generell einen eher lockeren Umgangston pflegen, oder ob der Abteilungsleiter und Vorgesetzte die neue Sachbearbeiterin damit in Verlegenheit bringt. Im Klartext: Wenn die berufliche Hierarchie mit ins Spiel kommt, wird es heikel, weil Abhängigkeiten und Machtstrukturen die persönliche Ebene überlagern. Wo sie einem Kollegen noch über den Mund fahren kann, wird manche Frau beim Chef säuerliche oder sogar gute Miene zum bösen Spiel machen – mit dem Ergebnis, dass sich solche Bemerkungen häufen.[16]

TIPP **Frauen als »zickig«, »überempfindlich« oder auch als »blöde Emanze« zu diffamieren, weil sie sich vermeintlich harmlose Anzüglichkeiten verbitten, ist ebenso verbreitet wie selbst entlarvend. Wehren Sie sich als Frau trotzdem: Auf die Dauer lebt es sich als »Zicke« immer noch angenehmer denn als Freiwild. Maßgeblich ist Ihre persönliche Grenzziehung und nicht etwa, was die Männerwelt als »ganz normal« definiert hat.**

Hoffen Sie dabei nicht darauf, peinlich berührtes Schweigen allein würde den Anmacher abschrecken. Machen Sie ihm unmissverständlich deutlich, dass er zu weit gegangen ist. Verbale Angriffe sollten Sie verbal kontern (»Verschonen Sie mich mit diesen Geschmacklosigkeiten!«), wird jemand gar handgreiflich, setzen Sie sich aktiv zur Wehr. Den Anfängen wehren ist das beste Mittel.

Führungskräften hingegen kann man daher nur raten, Mitarbeiter(inne)n gegenüber auf höfliche Distanz zu setzen und zweideutige Signale zu vermeiden. Für Ihre Lust am Flirt finden Sie im Kolleg(inn)enkreis sicher ein ebenbürtiges Gegenüber. Aber auch dort gilt: Zur viel beschworenen Führungskompetenz passt ein Ruf als

Womanizer schlecht. Wenn Sie aufsteigen möchten, sollte man im Unternehmen über Ihre Arbeitserfolge reden, nicht über Ihre neueste Eroberung.

Und wenn Amor doch einmal gnadenlos zuschlägt: Reden Sie sich nur nicht ein, in der Firma würde man »schon nichts merken«. Die Liebe als »privates Weltereignis« (Alfred Polgar) lässt sich nun einmal schlecht verbergen. Während Sie sich noch als Meister der Konspiration wähnen, schließen die lieben Kollegen wahrscheinlich schon Wetten über die Dauer der Beziehung ab.

Arbeitet der oder die Auserwählte in einer anderen Abteilung, können Sie Ihr Glück unbeschwert genießen – schließlich lässt es sich problemlos auf den Feierabend vertagen. Sitzen Sie Tür an Tür, wird es schon schwieriger: Verfahren Sie möglichst nach der alten Devise, die Dienst Dienst und Schnaps Schnaps sein lässt. Und vollends schwierig ist es, wenn Sie sich ausgerechnet in Ihre Mitarbeiterin oder Ihren Mitarbeiter, Ihre Vorgesetzte oder Ihren Chef vergucken mussten. Der Schwächere in so einer Beziehung riskiert zwangsläufig, irgendwann nicht nur als Partner, sondern auch als Mitarbeiter abserviert zu werden. Außerdem wird sein Verhältnis zu den Kollegen fast zwangsläufig leiden, wenn diese plötzlich einen »Spion« in ihrer Mitte vermuten. Für einen unverkrampften Umgang untereinander wie im Kollegenkreis sollte einer der Betroffenen daher ernsthaft über Versetzung oder Stellenwechsel nachdenken.

Grenzfälle: Bei Ihnen wird gemobbt?

Wenn Kollege A mal nicht grüßt oder Kollegin B ein Gerücht über Sie verbreitet, ist das noch kein Mobbing: Davon sprechen Psychologen erst, wenn Kollegen und/oder Vorgesetzte einem einzelnen Mitarbeiter kontinuierlich und über einen längeren Zeitraum (etwa ein halbes Jahr) zusetzen – etwa durch systematische Isolierung, bösartige Verleumdungen, gezielte Sabotierung der Arbeit, im Extremfall sogar durch körperliche Angriffe.

Mobbingattacken bedeuten die völlige Verabschiedung von jeder Form höflichen, mitmenschlichen Umgangs und können daher in einem Business-Knigge nicht übergangen werden. Überdies handelt es sich nicht um eine Ausnahmeerscheinung: Nach einer Schätzung des DGB sind rund 1,5 Millionen Arbeitnehmer in Deutschland betroffen.[17] Ebenso erschreckend: Experten gehen davon aus, dass jeder Opfer – und Täter! – werden kann. Die neue Sekretärin des Geschäftsführers, die exzellente Fremdsprachen- und EDV-Kenntnisse mitbringt und von den lang gedienten Abteilungssekretärinnen erbarmungslos ausgegrenzt wird; der Buchhalter, der seit 25 Jahren im Unternehmen ist und um seinen Job fürchtet, weil er plötzlich als »altmodisch« und »umständlich« gilt; der junge Unternehmensberater, dem seit Monaten kein Projekt mehr übertragen worden ist und der als fragwürdiger Kostenfaktor attackiert wird – drei typische Beispiele. Wie die Mobbinglawine in Gang kommt und in welchen Situationen Sie besonders auf der Hut sein sollten, schildert die Expertin Ulla Dick im Interview auf der nächsten Seite.

Der Vorgesetzte spielt in vielen Fällen eine unrühmliche Rolle: Oft mobbt er mit; vielfach sind Führungsfehler (unklare Kompetenzen, permanente Arbeitsüberlastung, mangelhafte Organisation der Arbeit) Mitursache.[18] Mobbing gedeiht am besten in einem schlechten Arbeitsklima: Hoher Arbeitsdruck, Angst vor Arbeitsplatzverlust oder anderweitig verursachter Frust finden ein Ventil in der Aggression gegen einen Einzelnen. Und: Mobbing ist nur möglich, weil viele mitmachen oder wegschauen. Deshalb sollten wenigstens Sie bewusst hinschauen, wenn möglich gegensteuern, zumindest aber nicht mitmachen, wenn in Ihrer Abteilung jemand zum Sündenbock gestempelt wird.

Als Vorgesetzter gehört es zu Ihren wichtigsten Führungsaufgaben, Konflikte rechtzeitig anzusprechen und den Parteien bei der Suche nach einer Lösung zur Seite zu stehen. Eine gesunde Streitkultur, ein offenes Klima sind daher die beste Vorbeugung gegen Mobbing. Wenn Sie selbst betroffen sind, liegt Ihre einzige Chance in der rechtzeitigen Bereinigung des Grundkonflikts. Reagieren Sie sensibel auf Alarmsignale, suchen Sie das Gespräch mit der Gegenseite. Wenden Sie sich an Ihren Vorgesetzten, wenn Sie allein nicht weiterkommen, schalten Sie den Betriebsrat ein. Sprechen Sie ein Betriebsratsmitglied an, dem Sie vertrauen, und bitten Sie um ein Beratungsgespräch. Sie müssen nicht befürchten, allein damit schon vollendete Tatsachen zu schaffen: »Offiziell« aktiv wird der Betriebsrat erst auf Ihre Bitte hin.

TIPP

So sehr Sie sich auch malträtiert fühlen: Vermeiden Sie im Gespräch mit Kollegen und Vorgesetzten das Reizwort »Mobbing«. Steht dieser Vorwurf erst einmal im Raum, verhärtet er die Fronten. Thematisieren Sie vielmehr konkrete Probleme und Vorfälle und unterstreichen Sie Ihr Interesse an einer einvernehmlichen Zusammenarbeit.

Interview: »Hoffen Sie nicht, es werde von selbst besser!«

Ein Gespräch mit der Psychologin und Mobbingexpertin Ulla Dick

Ulla Dick beschäftigt sich seit 1993 mit dem Thema Mobbing. Sie arbeitet bundesweit als Trainerin für Führungskräfte und Betriebsräte (Mobbingprävention), berät Unternehmen und Verwaltungen, hält Vorträge und führt Mediationen – eine spezielle Form der Konfliktbewältigung – durch. Praxisnahe Hilfestellung gibt sie auch in ihrem Buch »Keine Angst vor Mobbingfallen« (Eichborn Verlag 2001). Kontakt: ulla.dick@t-online.de.

Gibt es typische Situationen oder Verhaltensweisen, die Mobbing herausfordern?

Dick: Mobbing entsteht immer aus einer bestimmten Personenkonstellation heraus. Eine Person kann im Betrieb A völlig unauffällig sein und im Betrieb B plötzlich Probleme bekommen, weil ihr Verhalten nicht gut ankommt. Gefährdet sind Menschen, die sich sehr vom Rest der Belegschaft unterscheiden, zum Beispiel durch Dialekt, Kleidung, Lebensstil oder Alter – also der Sachse in Schleswig-Holstein oder der Ältere in einem Betrieb mit sehr junger Belegschaft. Nach meiner Erfahrung – und die wird auch durch die Mobbingstudie des Bundesamtes für Arbeitsschutz (2002) bestätigt – sind daneben junge Arbeitnehmer, Berufseinsteiger und ältere Mitarbeiter ab etwa 55 überproportional betroffen; die Jungen oft, weil sie die geheimen Spielregeln im Unternehmen nicht erkennen, die Älteren, weil man ihnen unterstellt, sie nähmen Jüngeren den Arbeitsplatz weg.

Kann ich als Betroffener erkennen, dass ein Mobbingprozess in Gang kommt?

Dick: Alarmsignal ist, wenn sich im Arbeitsumfeld deutlich und anhaltend etwas verändert, wenn ich beispielsweise anhaltend nicht gegrüßt werde, als Einziger von niemandem eingeladen werde, plötzlich mit Arbeit überhäuft werde oder umgekehrt als Einziger keine Arbeit mehr bekomme. Ein wichtiger Indikator kann zudem sein, wenn Sie den Eindruck haben, dass wesentliche Informationen an Ihnen vorbeigeschleust werden.

Was raten Sie jemandem, der gemobbt wird?

Dick: Gehen Sie in die Offensive, sprechen Sie die Mobber an. Hoffen Sie nicht, es werde von selbst besser. Das wird es nicht. Dabei sollten Sie Kollegen oder Vorgesetzte nicht mit Vorwürfen überhäufen oder gar klagen, Sie würden gemobbt: Fragen Sie besser offen nach den Gründen für bestimmte Verhaltensweisen. Vielleicht gibt Ihnen ein ehrlicher Kollege einen Tipp, wodurch Sie anecken. Manchmal hören die Angriffe auch auf, weil man merkt, es macht Ihnen etwas aus, Sie reagieren. Misstrauen ist angesagt, wenn das Problem geleugnet und behauptet wird, es sei doch nichts.

Wann ist ein Ausscheiden aus dem Unternehmen die beste Lösung?

Dick: Wenn Sie in einer sehr kleinen Firma ohne Mitarbeitervertretung arbeiten und vom Chef gemobbt werden, ist Ihre Situation sehr schwierig. Auch wenn Sie auf allen Seiten nur Fronten vorfinden, der Vorgesetzte und die Kollegen gegen Sie sind und der Betriebsrat Ihre Interessen nur halbherzig vertritt, sollten Sie sich überlegen, ob es sich zu kämpfen lohnt. Wenn Ihre Lebensqualität enorm leidet, ist das ebenfalls ein Grund zu gehen. Bedenken Sie, dass Sie sich in einem Kampf gegen Mobbing sehr verbrauchen – das kostet viel Energie. Außerdem besteht die Gefahr, dass Ihr Fall in der Branche bekannt wird und dass Sie sich auf die Dauer selbst verbrennen: Arbeitgeber werden zögern, Sie einzustellen, wenn Ihre Schwierigkeiten bekannt sind. Recht haben und Recht bekommen sind leider zwei Dinge.

Was kann ich tun, wenn ein Kollege gemobbt wird?

Dick: Ermuntern Sie den Betroffenen, sich zu wehren, sprechen Sie eventuell einzelne Mobber auf ihr Verhalten an und vor allen Dingen: Machen Sie nicht mit. Besonders wenn Ihr Chef mitmobbt, sollten Sie sich allerdings überlegen, wie weit Sie sich aus dem Fenster lehnen. Wenn Sie öffentlich Stellung beziehen, ist die Gefahr groß, selbst zwischen die Fronten zu geraten.

Kollegen: Die Do's und Don'ts auf einen Blick

Do's	Don'ts
Unternehmenskultur	
Die ungeschriebenen Spielregeln im Unternehmen kennen lernen und beherzigen	Das Umfeld ignorieren (»Ich bin, wie ich bin!«) oder Spielregeln der alten Firma einfach übertragen
Durch Höflichkeit und Fairness positive Akzente setzen	Als Einzelner eine Kultur umkrempeln wollen Unsitten (etwa einen ruppigen Umgangston) übernehmen
Du oder Sie?	
Wenn beides im Unternehmen üblich ist: Das Du nur wohldosiert anbieten (Welcher »Fraktion« treten Sie damit bei?)	In einer »Du-Kultur« siezen/ in einer »Sie-Kultur« duzen Vorgesetzten (»Ranghöheren«) oder deutlich Älteren das Du anbieten
Ein angebotenes Du höflich ablehnen, wenn es einem widerstrebt	Ablehnen, wenn einem der Chef das Du anbietet
Im Team	
Klassisches »gutes Benehmen« (Höflichkeit, Grüßen, Zuhören …)	Ideenklau, Intrigen, üble Nachrede
Die eigenen Interessen wahrnehmen (Karriereansprüche anmelden!)	Rücksichtslos die Ellenbogen ausfahren, »über Leichen gehen«

Do's	Don'ts
Sich gegen Unhöflichkeiten/ Intrigen wehren	Harmonie um jeden Preis
Konflikte	
Auf Unstimmigkeiten früh reagieren	Unstimmigkeiten unter den Teppich kehren
Probleme sachlich ansprechen	Persönliche Angriffe, Beschimpfungen, cholerische Ausbrüche
Sich für eigenes Fehlverhalten entschuldigen	Konflikte zum reinen Machtkampf eskalieren lassen
Firmenfeste & Feiern	
Gekonnter Smalltalk, zum Gelingen des Festes beitragen	Sich gehen lassen (zu viel Alkohol, hemmungslos flirten)
Netzwerken: mit Mitgliedern anderer Abteilungen oder der Führungsebene zwanglos ins Gespräch kommen	Sich ausschließen (Feste meiden) Verbrüderungen
Flirts	
Harmloser (auf Gegenseitigkeit basierender) Flirt unter Gleichrangigen	Ausnutzen von Abhängigkeiten

Do's	Don'ts
Plumpe Anmache entschieden zurückweisen (sich Anzüglichkeiten verbitten, verbal kontern)	Grenzüberschreitungen (plumpe Anmache oder gar sexuelle Belästigung)
Trennung von Job und Privatleben (Liebesbeziehungen in der Abteilung oder zum Vorgesetzten sind heikel!)	Als Mann: sich als Womanizer profilieren Als Frau: auf die eigenen weiblichen Reize setzen
Mobbing	
Bei ersten Anzeichen: Mobber auf ihr Verhalten ansprechen	Bei ersten Anzeichen: als Betroffener den Kopf in den Sand stecken
Konkrete Verhaltensweisen thematisieren, Interesse an guter Zusammenarbeit betonen	Der Gegenseite pauschal (und wörtlich) »Mobbing« vorwerfen
Wenn Mobbing eskaliert: Unterstützung bei Vorgesetzten und Betriebsrat suchen	Wenn Mobbing eskaliert: in ausweglosen Situationen verharren (geschlossene Front bei Kollegen, Vorgesetzten)
Gemobbten Kollegen ermuntern, sich zu wehren	Mitmobben
Einzelne Mobber auf ihr Verhalten ansprechen	Öffentliche Konfrontation mit dem Chef (wenn dieser einen Kollegen mobbt)

Eine gescheite Frau hat Millionen geborener Feinde
– alle dummen Männer.

Marie von Ebner-Eschenbach

Frauenfragen: Sich souverän behaupten

Wir leben im 21. Jahrhundert. Tatsächlich? Manche Frau beschleicht spätestens mit dem beruflichen Erfolg auch der Verdacht, seit den Zeiten von Marie Freifrau von Ebner-Eschenbach (1830–1916) habe sich so viel gar nicht geändert. Immer noch sind Frauen, die im Job »ihren Mann stehen« (!), vielen Männern und auch mancher Geschlechtsgenossin suspekt. Und die Benimmliteratur tritt bei Verhaltensempfehlungen für die berufstätige Frau zum Teil hilflos auf der Stelle: »Zu dominant und männlich sollte frau sich nicht verhalten, allerdings auch keineswegs kokett und betont weiblich. (…) Sie sollte sich elegant kleiden, ihre Kleidung sorgfältig auswählen, jedoch nie zu extravagant erscheinen. (…) Auch in schwierigen Situationen sollten Sie Ihren Charme behalten, Ihren Humor – und vor allem: Lächeln Sie! Zeigen Sie ruhig Emotionen, doch nicht zu viele – und schon gar keine negativen …«[19] – Na, dann viel Vergnügen bei diesem Eiertanz!
Klar ist: Als Frau haben Sie es im Job nach wie vor nicht leicht. Und sobald Sie traditionellen Frauenberufen den Rücken kehren, wird es noch schwerer. Tipps für weibliche Selbstbehauptung und angemessenes Auftreten finden Sie in diesem Kapitel.

Rollenklischees: »Und was sagt Ihr Mann dazu?«

»Was sagt denn Ihr Mann dazu, wenn Sie immer so lange arbeiten?«, wird die Personalleiterin eines großen Maschinenbau-Unternehmens regelmäßig gefragt. Schwer vorstellbar, dass man sich beim Marketingleiter im Nachbarbüro ähnlich mitfühlend nach der Meinung seiner Gattin erkundigt. Die hoch qualifizierte Bewerberin, die hartnäckig zur Betreuung ihres fünfjährigen Sohnes befragt wird; die promovierte Chemikerin, die vom Sitzungsleiter jovial mit »Na, da haben wir ja auch was Hübsches fürs Auge!« begrüßt wird, oder die für den Führungsnachwuchs zuständige Personalreferentin, die auf Jobmessen permanent Auskunft geben muss, »mit wem man(n) hier denn mal sprechen könnte« – alle Beispiele belegen: Naiv, wer glaubt, die alten Rollenmuster griffen nicht mehr.

Wie reagieren Sie als Frau auf platte Zumutungen dieser Art? Am besten mit Gelassenheit und Humor. Durch bissige Entgegnungen können Sie hartnäckigen Klischees kaum beikommen, durch Grundsatzdiskussionen zur Rolle der Frau werden Sie keinen hartgesottenen Macho bekehren, sondern allenfalls Zweifel an Ihrer Souveränität schüren.

TIPP **Denken Sie nüchtern: Wer Sie mit Vorurteilen zum weiblichen Geschlecht konfrontiert, ist entweder ewig-gestrig oder will Sie provozieren. Warum Diskussionsenergie an jemand Unbelehrbaren verschwenden oder einem Provokateur auf den Leim gehen? Reagieren Sie souverän, indem Sie – je nach Situation – das Thema wechseln, ironisch kontern (»Tja, mein Mann ist wirklich zu bedauern!«) oder die Angelegenheit mit einer unverbindlichen Erwiderung übergehen.**

Lassen Sie sich also erst gar nicht auf Diskussionen darüber ein, ob Frauen sich in technischen Branchen behaupten können, ob Sie nicht womöglich in ein paar Jahren »sowieso Kinder bekommen« oder ob Krippenbetreuung seelische Grausamkeit sei … Sie werten diese Fragen nur auf, wenn Sie ernsthaft darauf einsteigen. Nehmen Sie es positiv: Hier kommt die Diskriminierung wenigstens unverstellt daher. Viel schwerer zu greifen ist sie, wenn Frauen unter dem Deckmantel der Chancengleichheit subtil ausgebremst werden (vergleiche Seite 113 ff. zur »gläsernen Decke«.).

Karrierebremser: Selbst gebaute Stolperfallen

Wenn Sie als Frau im Job Erfolg haben wollen, sollten Sie Verhaltensweisen meiden, mit denen Sie sich selbst ein Bein stellen. Das Karrierespiel wird bis heute nach männlichen Spielregeln gespielt. Als Beleg genügt ein Blick in die Statistik: Nach einer Erhebung der Kienbaum Management-Consultants waren 2001 44,5 % aller Beschäftigten Frauen. Doch je höher es auf der Karriereleiter geht, desto drastischer sinkt ihr Anteil. Im mittleren Management sind im Westen gerade noch 8 % der Positionen mit Frauen besetzt (in Ostdeutschland immerhin 14 %), in der Geschäftsführung beträgt die Frauenquote gerade einmal 3 %. Und raten Sie mal, wie viele Frauen in den Vorständen der DAX-Unternehmen saßen? Richtig: keine einzige.[20] Da wundert es kaum, dass es nach Berechnung der internationalen Arbeitsorganisation in Genf bei Fortschreibung der gegenwärtigen Entwicklung noch 961 Jahre dauern würde, bis die Gleichberechtigung von Frauen und Männern im Beruf tatsächlich erreicht wäre.[21]

Heißt das, dass Sie männliche Verhaltensweisen kritiklos kopieren sollten? Nein. Es bedeutet allerdings, dass längst nicht alles, was in Elternhaus, Schule und Privatleben an Ihnen geschätzt wurde und wird, Sie auch im Beruf voranbringt. Liebes Mädel, fleißige Schülerin, verständnisvolle Partnerin: Wer sich an diesen Rollen orientiert, erfährt außerhalb des Firmentors Bestätigung, im Unternehmen selbst werden Sie damit nicht Abteilungsleiterin, sondern bestenfalls die beliebteste Sachbearbeiterin in der Abteilung. Bescheidenheit, Harmoniestreben und Perfektionismus sind die häufigsten Frauenfallen.

Bescheidenheit ist keine Zier

Männer prahlen mit ihren Erfolgen, Frauen wollen gelobt werden. Natürlich ist das holzschnittartig vereinfacht, aber deswegen nicht grundsätzlich falsch. Oder haben Sie schon einmal eine Frau ausgiebig erzählen hören, wie schwierig es war, den »total wichtigen« Kunden xy an Land zu ziehen? Und dass sie sich mächtig ins Zeug gelegt habe, was sich im Umsatz jetzt aber sechsstellig niederschlage? Nein? Was Frauen eher peinlich ist, verbuchen viele Männer unter der bewährten Maxime, dass Klappern zum Handwerk gehört.

Sich messen wollen, den eigenen Status wahren, andere übertrumpfen und beeindrucken, das lernen Jungen schon sehr früh. Mädchen dagegen bekommen mit auf den Weg, dass man sich nicht in den Vordergrund drängt, harmonische Beziehungen pflegt und mit Fleiß und Artigkeit Pluspunkte sammelt. Leider werden im Job keine Fleißkärtchen mehr verteilt, sondern Karrierechancen. Und deren Zuteilung richtet sich einerseits nach sichtbaren Arbeitserfolgen, andererseits aber auch nach Durchsetzungsvermögen und den Ansprüchen, die man überhaupt anmeldet.

TIPP **Wenn Sie weiterkommen möchten, sagen Sie das deutlich, zum Beispiel im Jahresgespräch mit Ihrem Chef oder in einer günstigen Situation, etwa wenn Sie ein Projekt erfolgreich abgeschlossen haben. Ein Vorgesetzter hat nur eine begrenzte Zahl von Aufstiegsmöglichkeiten zu verteilen und wird erst einmal auf die Mitarbeiter zugehen, die er halten will und die ihre Ambitionen klar signalisiert haben. Warum sollte er Sie fördern, wenn Sie als fleißige Arbeitsbiene mit dem Status quo offensichtlich ganz zufrieden sind?**

Verabschieden Sie sich außerdem von der Vorstellung, man werde schon merken, wie gut Sie sind. Damit man bei einer Beförderung an Sie denken kann, muss man schon vorher auf Sie aufmerksam geworden sein. Und wenn Sie von lauter Kollegen umgeben sind, die in Meetings regelmäßig die Werbetrommel für die eigenen Leistungen gedreht haben, fällt dem Vorstand Ihr Gesicht vielleicht gar nicht erst ein, wenn ein attraktiver Posten zu vergeben ist. Dafür brauchen Sie durchaus keinen Marktschreier-Schnellkurs zu besuchen, es genügt durchaus, wenn Sie Ihr Licht nicht länger unter den Scheffel stellen, zum Beispiel

- indem Sie sich in Sitzungen regelmäßig zu Wort melden und auf Ihre Arbeitsergebnisse hinweisen;
- indem Sie Zahlen, Daten und Fakten parat haben, die Ihre Erfolge unterstreichen;
- indem Sie auf Anerkennung und Lob nicht länger mit reflexhafter Abwehr (»Ach, das war gar nicht so schwierig!«) reagieren, sondern das Feedback annehmen und ihre Aufstiegsambitionen damit verknüpfen;
- indem Sie nicht nur bescheiden im Hintergrund bleiben, sondern auf Ihren Anteil pochen, wenn es um die Präsentation der Projektergebnisse geht.

Harmonie um jeden Preis?

Sicher, ein gutes Arbeitsklima ist wichtig. Genauso wichtig ist jedoch, dass Sie von Vorgesetzten, Geschäftspartnern und Kollegen respektiert werden. »Nett, aber harmlos« – diese Einschätzung bedeutet das Aus für Ihre Karriere: »Harmlosen« Leuten vertraut man keine verantwortungsvollen Aufgaben an, bei denen man entschieden auftreten muss. Fühlen Sie sich daher nicht für die allgemeine Abteilungsharmonie zuständig. Wenn Sie diejenige sind, die in Sitzungen immer vermittelt, die für jeden ein nettes Lächeln hat und die niemandem weh tun möchte, sollten Sie ins Grübeln kommen. Freundlichkeit, Rücksichtnahme und Fairness sind zweifellos wichtige Werte – Sie müssen im entscheidenden Moment aber auch die Zähne zeigen können, beispielsweise

- wenn jemand in Ihr »Revier« eindringt, Ihnen also Aufgaben streitig macht;
- wenn jemand Sie unfair attackiert, Ihre Kompetenz anzweifelt oder Ihr Anliegen lächerlich macht;
- wenn objektiv eine Konkurrenzsituation oder ein Interessenkonflikt besteht.

Argumentieren Sie kühl und sachlich, lassen Sie sich nicht zu Ausbrüchen hinreißen. »Vielen Dank für den Hinweis, Herr Schneider, aber ich komme gut allein zurecht!« – mit einer solchen Erwiderung fahren Sie besser als mit schrillen Tönen. Leider spielt den meisten Frauen die Stimme einen Streich, sobald sie laut werden. Reagieren Sie möglichst souverän, machen Sie jedoch deutlich, dass Sie nicht kampflos das Feld räumen werden.

TIPP **Ob Sie – etwa bei einer Konfrontation in einem Meeting – Ihren eigenen Standpunkt durchsetzen, ist nicht allein entscheidend. Ebenso wichtig ist, dass Sie Ihre Meinung überhaupt energisch verfochten haben. Tun Sie das nicht, haben Sie schnell das Image weg, mit Ihnen »könne man es ja machen«.**

Sie können nicht bei allen beliebt sein, und allen Recht machen werden Sie es aufgrund der objektiven Interessenunterschiede im Unternehmen auch nicht. Wichtiger sollte Ihnen sein, dass man Sie ernst nimmt.

Perfektionismus lohnt sich nicht (immer)

Sie kennen vermutlich die *80/20-Regel*, die Zeitmanagement-Experten Gestressten gern mit auf den Weg geben. Sie besagt, dass in 20 % der aufgewendeten Zeit gemeinhin 80 % des Ergebnisses produziert werden. Die restlichen 80 % des Aufwandes gehen für eine weitere Perfektionierung drauf. Denken Sie an die letzte Präsentation, die Sie erstellt haben: Inhalt und Struktur standen vermutlich nach überschaubarer Zeit, doch es kostete Sie Tage, bis jede einzelne Folie wirklich »perfekt« war.

Frauen müssten einfach besser sein, um das Gleiche zu erreichen – so wird ein hoher Grad an Gewissenhaftigkeit oft gerechtfertigt. Das ist leider schwer von der Hand zu weisen (nicht ohne Grund behaupten Spötter, wirkliche Gleichberechtigung sei erst dann erreicht, wenn unfähige Frauen genauso häufig befördert würden wie inkompetente Männer). Andererseits ist Perfektionismus so kräftezehrend, dass Sie ihn klug dosieren sollten. Bei Ihrer ersten Präsentation vor der Geschäftsleitung lohnt es sich vermutlich, noch den kleinsten Satzfehler auszumerzen und den Auftritt sorgfältig zu proben. Bei der wöchentlichen Abteilungsrunde sieht das schon ganz anders aus.

Denken Sie außerdem daran, dass Sie mit Fachkompetenz allein keineswegs die Fahrkarte nach oben in der Tasche haben. Kluges Selbstmarketing und gute Kontakte sind mindestens ebenso wichtig. Während Sie über wichtigen (?) Details brüten, knüpft Ihr Kollege bei einer Fortbildung oder beim Mittagessen mit dem Verkaufsleiter vielleicht gerade die entscheidenden Fäden.

Strukturen: Die »gläserne Decke«

Woran liegt es, dass der Frauenanteil spätestens in der zweiten Führungsebene dramatisch sinkt? Lässt man die Frauen nicht – oder wollen sie vielleicht gar nicht, wie die Journalistin Barbara Bierach in ihrem Buch »Das dämliche Geschlecht«[22] provokant behauptet? Wer Anglistik studiere und sich mit Mitte 30 in die Kindererziehung verabschiede, werde nun einmal nicht Vorstand, so Bierachs These.

Wie meist, greifen einseitige Erklärungsmuster auch beim Thema Frauen und Karriere zu kurz. Weniger Karrierekalkül in der Studienwahl, andere – nicht einseitig auf den Job ausgerichtete – Lebensprioritäten, schlechtes Selbstmarketing und Berührungsängste zur Macht (vergleiche den Abschnitt »Frau und Führung«, Seite 116 ff.), geschlechtsspezifische Vorurteile und systematische Benachteiligung von Frauen: All das kommt vermutlich zusammen und wird im Einzelfall mal weniger, mal stärker eine Rolle spielen. Ob es im Unternehmen eine »gläserne Decke« gibt, die Frauen ab einer bestimmten Karrierestufe den Aufstieg verwehrt, lässt sich sinnvoll daher nur im konkreten Fall beantworten.

Wie finden Sie das für sich heraus? Das Tückische an der Glasdecke ist ja, dass sie unsichtbar bleibt: Offiziell herrscht selbstverständlich (die im Grundgesetz verankerte) Gleichberechtigung, Stellen werden geschlechtsneutral ausgeschrieben, im Firmenleitbild ergeht man sich in hehren Beteuerungen zur Förderung von Frauen, niemand sagt Ihnen ins Gesicht: »Als Frau können Sie bei uns nichts werden!« Mögliche Indizien für eine strukturelle Benachteiligung von Frauen:

- Geschäftsführung und Abteilungsleitung sind eine frauenfreie Zone, trotz eines nennenswerten Frauenanteils auf der Ebene darunter.
- Ambitionierte Frauen verlassen das Unternehmen.
- Die Entscheidungsträger im Unternehmen schlagen Frauen gegenüber vorwiegend patriarchalisch-gönnerhafte Töne an (»Ja, ja, unsere Frau Müller ...«).
- Männern Ihrer Karrierestufe vertraut man anspruchsvollere Projekte an, mit denen sie sich für Höheres beweisen können.

- Männer mit gleicher oder geringerer Qualifikation ziehen locker an Ihnen vorbei.
- Ihre Branche gilt traditionell als eher konservativ (etwa Maschinenbau, Banken).

Was können Sie tun, wenn diese Bilanz für Sie als Frau eher negativ ausfällt? Die Diskriminierung offen zu thematisieren bringt in der Regel nichts, im schlimmsten Fall trägt es Ihnen sogar den Ruf einer »Emanze« ein. Damit drängen Sie die Männerwelt in die Defensive, und man(n) wird 100 andere Gründe finden, warum man Sie nicht befördern kann. Gäbe man Ihnen in dieser Situation nach, würde man ja eingestehen, dass ist, was offiziell gar nicht sein darf. Wenn Sie im Unternehmen bleiben wollen, müssen Sie also zähneknirschend das Männerspiel mitspielen. Und dessen offizielle Regel lautet: Wir sind alle rein sachorientiert, und es geht hier streng nach Kompetenz. Argumentieren Sie also ebenfalls sachorientiert, pochen Sie auf Ihre Qualifikation. Chancen werden sich Ihnen am ehesten eröffnen,

- wenn der Unternehmenswind sich ein wenig dreht und alte Entscheidungsträger plötzlich ihre Innovativität unter Beweis stellen wollen – da macht sich eine Frau in verantwortlicher Position gut;
- wenn neue Entscheidungsträger ins Haus kommen, die erkennbar verkrustete Strukturen aufbrechen wollen;
- wenn ein Himmelfahrtskommando ansteht, bei dem keiner der (männlichen) Karrierekonkurrenten sich die Finger schmutzig machen will (denken Sie an die Besetzung des CDU-Parteivorsitzes durch Angela Merkel vor dem Hintergrund der Schwarzgeldaffäre).

Was Sie erwartet, ist in keinem der Fälle ein Spaziergang. Spielt Ihnen die Gunst der Stunde nicht in die Hände, stoßen Sie sich an der Glasdecke die Nase blutig. Zögern Sie also nicht zu lange, wenn eine Beförderung längst überfällig ist: Der nächste Karriereschritt lässt sich dann eher in einem anderen Unternehmen machen.

TIPP **Bleiben Sie skeptisch, wenn Ihnen die alte Firma unter dem Druck Ihrer drohenden Kündigung plötzlich den bislang hartnäckig verwehrten Aufstieg eröffnet. An einer »erpressten« Beförderung (und darum handelt es sich in den Augen mancher Entscheider) haben Sie womöglich wenig Freude: Instinktiv wird man nach Indizien suchen, dass Sie es eben doch nicht packen.**

Widerstände: Frau und Führung

Allen Gleichberechtigungsbeteuerungen zum Trotz: Dass der *Boss eine Frau* ist, wird nach wie vor nicht als selbstverständlich akzeptiert. Natürlich sind die Zeiten vorbei, in denen man die berufliche Befähigung der Frauen unverblümt anzweifelte. Aber immerhin sind noch keine 90 Jahre vergangen, seit den Frauen das Wahlrecht zugesprochen wurde (1918), und noch keine 50, seit ihnen die volle Geschäftsfähigkeit zuerkannt wurde (1958).

Heute kommt die Diskriminierung subtiler daher. Die wenigen Frauen, die es bis ganz nach oben geschafft haben – von Margaret Thatcher über Angela Merkel bis Heide Simonis –, werden kaum direkt an ihren Worten und Taten gemessen, sondern meist an ihren Worten und Taten als Frau. Wie kann eine Frau so hart sein wie Maggie Thatcher? Wann findet Frau Merkel endlich einen fähigen Friseur? Und warum, um Gottes Willen, trägt Frau Simonis immer diese schrecklichen Hüte? Und dass eine Frau in den Vorstand der Taunus-Sparkasse (wohlgemerkt: nicht irgendeines Weltkonzerns) berufen wurde, war der *Frankfurter Rundschau* im Jahre 2001 n. Chr. immerhin einen halbseitigen Artikel im Wirtschaftsteil und die Headline

»Firmenkunden in Frauenhänden« (!) wert.[23] Bei einem Mann in Führungsposition fragt man sich vielleicht: »Packt er das?«, bei einer Frau fragt sich alle Welt: »Packt sie das als Frau?«

Das bringt Sie als Chefin in eine Situation, in der Sie unweigerlich anecken werden, denn weibliche Rollenerwartungen (zum Beispiel Verständnis, Zurückhaltung, Harmoniestreben) und die Vorgesetztenrolle (die mit Durchsetzungsvermögen, entschiedenem Auftreten und Konfliktstärke verbunden wird) kollidieren miteinander. Treten Sie zu feminin auf, »können Sie sich nicht durchsetzen«; machen Sie es den Männern nach, sind Sie ein »Mannweib« (siehe Maggie Thatcher). Aus diesem Dilemma führt kein Königsweg heraus. Doch je souveräner und selbstverständlicher sie die Führungsrolle für sich reklamieren, desto besser stehen die Chancen, Widerstände zu überwinden. Wie Sie reden, wie Sie auftreten und selbst, was Sie anziehen, spielt dabei eine wichtige Rolle.

Sprechen Sie die Sprache der Macht

»Frauen reden anders« hat die Exgeschäftsführerin und Trainerin Margit Hertlein ihr Buch überschrieben.[24] Sie greift damit Forschungsergebnisse der bekannten Soziolinguistin Deborah Tannen auf. Laut Tannen ist typisch für die Redeweise von Frauen, dass sie in Gesprächen

- mehr lächeln,
- ihre Unkenntnis offener eingestehen (Fragen stellen, ohne sich zu sorgen, ob sie das in eine »unterlegene« Position bringen könnte),
- Kritik abschwächen (»Könnte es sein, dass …?« Oder: »So ein Fehler kann bei der Hektik hier ja schnell passieren«),
- Meinungsäußerungen mit verbalen »Rückziehern« begleiten (»Ich persönlich denke, dass …« Oder: »Nur so eine Idee von mir: …«),

- die eigene Autorität oder Macht durch indirekte Anweisungen herunterspielen (etwa wenn die Chefin ihre Sekretärin »um einen Gefallen bittet«, statt sie direkt aufzufordern, dies oder jenes zu tun),
- lieber Vorschläge machen (»Sollten wir nicht ...?«), statt Forderungen zu stellen (»Wir müssen jetzt ...!«),
- sich »rituell« entschuldigen (also auch dann mit einem fast reflexartigen »Tut mir Leid!« reagieren, wenn der Fehler gar nicht bei ihnen (allein) liegt),
- sich in Verhandlungen zunächst nach den Wünschen anderer erkundigen, statt gleich die eigenen Präferenzen mitzuteilen.[24]

Das weibliche Rollenklischee ist in diesem Muster unschwer zu erkennen: Frau ist auf Ausgleich bedacht und bemüht, sich nicht zu sehr in den Vordergrund zu drängen. An sich ein durchaus sympathischer Wesenszug, in einer Führungsposition allerdings wenig erfolgsfördernd, denn Führen heißt (auch) Richtung weisen, vorangehen und sich durchsetzen. Wer führt, hat Macht: Selbst im Zeitalter des kooperativen Führungsstils sind Sie diejenige, die letztendlich entscheidet, ob ein Mitarbeiter die Probezeit übersteht, wer eine Gehaltserhöhung bekommt und ob die im Abteilungsmeeting diskutierte Geschäftsstrategie tatsächlich eingeschlagen wird. Und wer führt, muss sich gegen Widerstände behaupten: Aufgrund von Interessenkollisionen sind Konflikte mit Ihren Führungskollegen vorprogrammiert. Damit man Sie als Führungskollegin ernst nimmt, sollten Sie sich daher darin üben, Klartext zu reden.

Die Sprache der Macht
Wie Sie sich als Frau besser behaubten

Sagen Sie nicht …	Sagen Sie lieber …
»Ich habe zwar nicht viel Erfahrung auf diesem Gebiet, aber ich denke …«	»Zur Lösung des Problems schlage ich … vor. Die Vorteile dieser Maßnahme sind 1. …, 2. …, und 3. …«
»Meine persönliche Meinung zu dieser Frage ist …«	»Entscheidend bei dieser Frage ist …«
»Tut mir Leid, dass ich Sie so spät informiere, aber die Geschäftsleitung hat die Zahlen im Bereich … heute erst freigegeben.«	»Eben habe ich die Zahlen zum Bereich … bekommen. Der Stand der Dinge ist …«
»Frau Meier, ich weiß, es ist schon 16:00 Uhr, aber könnten Sie dieses Protokoll vielleicht noch tippen?«	»Frau Meier, dieses Protokoll brauche ich für die Sitzung morgen früh. Bitte schreiben Sie es noch heute.«
»Herr Schulze, Ihre Präsentation gestern – sehr schön. Das war sicher ganz schön viel Arbeit. Ich fand es nur ein bisschen verwirrend. Das nächste Mal sollten Sie vielleicht etwas mehr auf die Struktur achten.«	»Herr Schulze, vielen Dank für Ihre Präsentation gestern. Leider sind nicht alle Ihre guten Ideen angekommen, weil der Aufbau verwirrend war. Lassen Sie uns doch mal kurz drübergehen, wie sich das verbessern ließe.«

Sagen Sie nicht ...	Sagen Sie lieber ...
»Was meinen Sie denn, wann Sie mit dieser Aufgabe fertig sein könnten? Schön wäre, wenn es bis zum 15. klappt. Am 17. ist das Meeting in London, und da brauche ich die Ergebnisse eigentlich. Wenn Sie Probleme haben, können Sie auch jederzeit auf mich zukommen ...«	»Ich brauche die Ergebnisse bis zum 15. April. Ist das machbar für Sie?« – »Schön, wunderbar. Was halten Sie davon, dass wir uns am 3. April kurz treffen, um eventuelle Probleme zu klären?«

Freundlich im Ton, aber klar und eindeutig in der Sache, lautet die Empfehlung. Sie müssen wissen, was Sie wollen, und das auch deutlich formulieren, wenn Sie nicht als durchsetzungsschwach gelten oder missverstanden werden wollen. Und Sie tun sich keinen Gefallen damit, wenn Sie Kritik an Mitarbeitern so stark verklausulieren, dass die Botschaft kaum noch ankommt (wie im vorletzten Beispiel), oder wenn Sie Aufgaben nicht eindeutig delegieren (wie im letzten Beispiel). Spätestens, wenn Sie die erwarteten Ergebnisse nicht rechtzeitig bekommen, müssen Sie doch deutlich werden, und dann ist es weit unangenehmer – für Sie und für den Mitarbeiter.

TIPP **Üben Sie sich in klaren, sachlichen Statements: kurze Sätze, keine endlosen Nebensatzketten, keine ständigen Relativierungen wie »vielleicht« oder »ich denke«. Reden Sie nicht um den heißen Brei herum, das wirkt unsicher.**

Doch nicht nur, was Sie sagen, sondern auch, wie Sie es sagen, spielt eine wichtige Rolle. Sprachwissenschaftler betonen, dass nonverbale

Signale den sachlichen Inhalt einer Botschaft dominieren oder sogar ins Gegenteil verkehren können – beispielweise, wenn Sie jemanden warnen: »Nehmen Sie sich in Acht!«, dabei aber leise und stockend sprechen und seinem Blick ausweichen. Achten Sie deshalb darauf,

- laut und deutlich zu artikulieren,
- Statements nicht durch fragenden Unterton zu schwächen,
- Demutsgesten oder »Weibchen-Signale« (schief gelegter Kopf, Augenaufschlag, Haare zwirbeln) zu vermeiden,
- Blickkontakt zu halten.

Tragen Sie das Outfit der Macht

»Wenig Spitzen. Wenig Rüschen. Auf meiner Seite der Cheftür empfiehlt sich der eher strenge, schwarze Hosenanzug«, so Heide Simonis in einem Interview des Magazins *Stern* auf die Frage nach dem richtigen Outfit.[26] Riskant ist alles, was es der Umwelt leichter macht, Sie in das traditionelle Weibchen-Schema zu pressen – geblümte Stoffe, weiche Pastelltöne, tiefe Ausschnitte, hochhackige Pumps, baumelnder Glitzerschmuck. Es gibt Managerinnen, die zu wichtigen Sitzungen nur im Hosenanzug erscheinen, um interessierte Blicke auf ihre Beine abzublocken, und andere, die wie Simonis darauf schwören, sich farblich der Männerriege anzugleichen.

Natürlich kann man in der Rüschenbluse nicht schlechter denken als im blauen Blazer, doch die menschliche Wahrnehmung funktioniert anders: Mit Ihrer Kleidung steuern Sie unweigerlich, in welche Schublade man Sie steckt. Und mit der Schublade »selbstbewusste Karrierefrau« machen Sie sich das Leben einfach leichter. Dabei ist die Business-Mode für Frauen inzwischen so vielfältig, dass Sie darin nicht »unweiblich« oder extrem sportlich daherkommen müssen. Gut geschnittene Hosenanzüge und elegante, längere Röcke können sehr feminin wirken; farbliche Akzente lassen sich mit edlen Shirts oder Hemdblusen setzen.

Reklamieren Sie die Symbole der Macht

Büroalltag in Deutschland: Der neue Abteilungsleiter sorgt erst einmal dafür, dass die ganze Abteilung nach dem Bäumchen-wechsel-dich-Prinzip die Büros tauscht. Sinn der Übung: Dadurch wird das größte Eckbüro frei, das er als Platzhirsch selbstverständlich für sich beansprucht. Währenddessen schildert der Personalchef im Nachbarbüro einem Kandidaten für die Position des kaufmännischen Geschäftsführers, welche Wohltaten über das Gehalt hinaus mit der Position verknüpft sind: Geschäftskreditkarte und -handy, eigene Sekretärin, privat nutzbarer Dienstwagen eines renommierten bayrischen Autoherstellers – Modell bis x Euro nach eigener Wahl. Sie finden das albern? Meinetwegen, aber anmerken lassen sollten Sie sich das nicht.

Statussymbole sind die äußeren Insignien der Macht, auf die Sie nicht verzichten sollten. Eckbüro, Dienstwagen, persönlicher Parkplatz am Haupteingang, Ledercouch in der Besucherecke, Büro im obersten Stock – es gibt viele Möglichkeiten der Differenzierung, die in Großunternehmen häufig penibel in (Rang-)Listen festgehalten sind. Wenn Sie das an den Affenfelsen im Zoo erinnert, auf dem der Anführer seinen Platz ganz oben energisch verteidigt, liegen Sie so falsch sicher nicht. Und dennoch: Über den Dingen zu stehen und/oder solche Insignien gar abzulehnen, wäre töricht. Oder wollen Sie sich als Führungskraft zweiter Klasse einstufen lassen? Machen Sie also nicht den Fehler, auf den üblichen Dienstwagen zu verzichten und sich mit einem kleineren Modell zufrieden zu geben, weil das ja viel handlicher ist. Hier geht es nicht um Handlichkeit, sondern um Status. Solange Sie sich in einer Männerwelt bewegen – und das tun Sie fast zwangsläufig, wenn Sie aufsteigen –, sollten Sie die dort gebräuchlichen Signale souverän setzen. Dazu brauchen Sie nicht zu protzen, es genügt, wenn Sie das Übliche ganz selbstverständlich für sich reklamieren.

Postscriptum: Und was ist mit der verbreiteten These, den Frauen gehöre ohnehin die Zukunft, weil sie sensibler, kooperativer, teamfähiger … seien?[27] Skeptisch stimmt, dass dieses Loblied auf die weiblichen Softskills schon seit Jahrzehnten gesungen wird, umwälzende Änderungen in der Unternehmenspraxis bislang jedoch ausgeblieben sind. Zurzeit deutet wenig auf einen weiblichen EQ-Bonus hin.

Traditionen: Damen haben Vortritt?

Für den Kavalier alter Schule keine Frage: »Damen« hält man die Tür auf, man hilft ihnen in den Mantel, gibt ihnen Feuer, lässt ihnen beim Treppensteigen den Vortritt (ursprünglich, um sie notfalls aufzufangen, deshalb geht treppab traditionell der Herr voraus), betritt ein Lokal selbstverständlich als Erster (um die Dame zu »schützen«), wählt das Menü (in manch noblem Restaurant verzichtet die Damenkarte bis heute auf Preise), man richtet das Wort an den Kellner und zahlt schließlich für die Begleiterin …

Nicht zu Unrecht sind etliche dieser Benimmregeln seit den 60er-Jahren in Verruf geraten, da sie die Frauen in eine kindliche Abhängigkeit drängten: Selbstredend wendet sich eine Frau heute direkt an den Kellner, sie zahlt ebenso selbstverständlich wie ein Mann. Wenn sie die Einladende ist, wird sie sich eine normale Speisekarte kommen lassen und das Restaurant als Erste betreten. Viele alte Zöpfe sind inzwischen gekappt.

Darüber hinaus *dominiert* im Job die berufliche Hierarchie die traditionelle gesellschaftliche »Rangfolge«, nach der das weibliche Geschlecht per se bevorzugt zu behandeln ist. Auch wenn klassisch der Herr der Dame vorgestellt wird (also der Name des Mannes zuerst genannt wird), ist es daher im Unternehmen umgekehrt und die neue Sachbearbeiterin wird dem Geschäftsführer vorgestellt. Geschäftspartner und Kunden haben dabei grundsätzlich Vorrang vor Firmenangehörigen, seien sie nun männlich oder weiblich. Das bedeutet, dass Sie als Frau ganz selbstverständlich einem Kunden die Tür aufhalten, ihm Feuer geben oder ihm in den Mantel helfen. Und wenn Sie dem Gast im Unternehmen vorausgehen, sollten Sie das durchaus mit einem entschuldigenden »Ich darf vorausgehen ...« tun und ihm, am Konferenzraum angekommen, den Vortritt lassen.

Machen Sie jedoch kein starres Gesetz daraus: Spätestens beim Sich-in-den-Mantel-helfen-Lassen sträubt sich ein Teil der Männerwelt, tendenziell umso eher, je grauer die Schläfen. Und mancher Kunde mag Ihnen als Frau partout die Tür aufhalten wollen. Ehe es zu slapstickreifem Gezerre um Türklinke oder Mantel kommt, sollten Sie Signale in dieser Richtung deuten und gegebenenfalls mitspielen. Für Ihr berufliches Standing gibt es schließlich wichtigere Gradmesser als die leidige Mantel- oder Türfrage. Und zum Treppensteigen: Ist genügend Platz da, geht man heute schlicht nebeneinander, wenn nicht, entscheiden Sie situativ. Wenn Ihr eigener Chef sehr statusbewusst ist, wird er treppauf vermutlich voranstürmen, legt er Wert auf klassische Benimmregeln, gehen Sie voraus.

Kontakte: »Old Boys' Network« und Frauenfreundschaften

Kennen Sie das Krabbenkorb-Syndrom? So charakterisiert die niederländische Feministin Anja Meulenbelt das Verhalten von Frauen gegenüber ihren beruflich ambitionierten Geschlechtsgenossinnen. Krabbenkörbe brauchen keinen Deckel, denn jede Krabbe, die herauskrabbeln will, wird von den übrigen wieder nach unten gezogen.[28] Starker Tobak? Zweifellos. Aber doch eine ernst zu nehmende Warnung, bei der Karriere nicht auf automatische Geschlechtersolidarität zu setzen.[29] Überdies fällt auf, dass viele Männer (und zwar auch die, die privat ganz am sozialen Tropf der Ehefrau hängen) im Job mit großer Selbstverständlichkeit nützliche Kontakte pflegen. Von den Burschenschaften bis zum Lion's Club, vom Alumni-Verein bis zum Golfclub: Man kennt sich, man stützt sich beim Erklettern der Karriereleiter. Für viele Frauen hingegen sind soziale Kontakte stark mit persönlicher Sympathie verknüpft, ein instrumentelleres Verständnis der Kontaktpflege (Wer nützt mir beruflich?) löst Unbehagen aus und wird als »berechnend« empfunden.

»Es alleine schaffen zu wollen« klingt zwar wie ein hehrer Grundsatz, ist bei näherer Betrachtung jedoch ziemlich weltfremd: zum einen, weil Sie sich dabei die Möglichkeit verbauen, von professionellem Feedback zu profitieren; zum anderen, weil Sie dabei geradewegs der Mär aufsitzen, Fachkompetenz alleine werde sich schon durchsetzen. Um Sie zu befördern, muss man Sie erst einmal kennen und man muss sehen, dass Sie Kontakte herstellen und positiv gestalten können. Denn diese Fähigkeit brauchen Sie nicht nur zur Beförderung der eigenen Karriere, sondern gleichermaßen für Ihren Geschäftserfolg. Lernen Sie daher, zwischen privaten Freundschaften und einem beruflichen Netzwerk zu trennen – und pflegen Sie beides. Und verabschieden Sie sich von dem Gedanken, netzwerken bedeute den anrüchigen Einsatz von »Vitamin B«: Es geht nicht darum, sich mangels Kompetenz unberechtigte Vorteile zu erschleichen, sondern darum, die eigene Kompetenz wirkungsvoll einzusetzen.

Knüpfen Sie Verbindungen innerhalb wie außerhalb des Unternehmens. Im Unternehmen sollten Sie Kontakte zu ambitionierten Kolleginnen und Kollegen pflegen – auch solchen anderer Abteilungen. Gerade wenn kein unmittelbares Konkurrenzverhältnis besteht, können Sie unbelasteter um Rat und Einschätzung bitten. Dabei lebt richtiges Netzwerken vom Geben und Nehmen, und damit werden abteilungsübergreifende Kontakte erst recht interessant: Die IT-Fachfrau kann der Pressereferentin Rat in Sachen Datenbanken geben, die Pressefrau der IT-Expertin vielleicht Tipps für geschickteres Selbstmarketing. Erste Kontaktmöglichkeiten ergeben sich oft in abteilungsübergreifenden Projekten oder bei informellen Firmenveranstaltungen. Meiden Sie dabei die Fraktion der ewigen Jammerer und Verlierer, die sich regelmäßig die Ausweglosigkeit der Lage bestätigt. Solche Leute bringen Sie nicht weiter. Wenn Sie Dampf ablassen oder Frust loswerden müssen, treffen Sie sich lieber mit einer guten Freundin.

TIPP **Beschränken Sie sich beim Aufbau professioneller Kontakte nicht auf Frauen, beziehen Sie Kollegen bewusst in Ihr Netzwerk ein. Dass der Firmentratsch womöglich schon hochkocht, wenn Sie zweimal mit demselben Kollegen in der Kantine gesehen werden, sollte Ihnen dabei gleichgültig sein.**

Ob es Ihnen gelingen wird, sich in ausgesprochene Männerbündnisse einzuklinken, ist allerdings zweifelhaft. Politikerinnen verschiedener Parteien haben angesichts verschworener Seilschaften schon fraktionsübergreifende Frauennetze gegründet, die sich wöchentlich bei einem Frühstück austauschen. Setzen Sie lieber auf Einzelkontakte, wenn Sie merken, dass sich die Seile eines Old Boys' Network als Barriere erweisen. Und sollte ein Netzwerkkandidat zwar dankbar für Ihre Unterstützung sein, sich selbst jedoch vornehm zurückhalten, streichen Sie ihn aus Ihrer Liste.

Neben informellen Kontakten sind institutionalisierte berufliche Netzwerke nützlich. Infrage kommen Vereinigungen wie

- das *European Women's Management Development International Network* (www.ewmd.org),
- die *Vereinigung für Frauen im Management* (www.fim.de) oder
- berufsgruppenbezogene Netze (wie etwa die *Bücherfrauen*

oder der *Journalistinnenbund*, www.buecherfrauen.de, www.journalistinnen.de).

Einen Überblick existierender Frauenverbände finden Sie auf der Homepage des *Deutschen Frauenrates* (www.deutscher-frauenrat.de). Der Vorteil bei frauenbezogenen Vereinigungen: Sie bieten Kontakte zu Frauen, die bereits dort stehen, wo Sie vielleicht noch hinmöchten. Denn wenn es stimmt, was die PR-Expertin Brigitte Nagiller schreibt – »Der schlimmste Feind jeder Frauenkarriere ist die eigene Unsicherheit«[30] –, braucht frau durchaus den Ansporn weiblicher Vorbilder. Aber auch bei Berufsverbänden gilt: Ziehen Sie sich nicht in die Frauenecke zurück, schauen Sie, was Ihnen darüber hinaus nützt!

Eine sehr viel versprechende Kontaktmöglichkeit sind schließlich auch Mentoren – Führungskräfte, die ein bis zwei Hierarchiestufen über Ihrer eigenen Position angesiedelt sind und Ihnen regelmäßig professionellen Austausch bieten. In großen Firmen gibt es inzwischen institutionalisierte Mentoringprogramme, andere Unternehmen (wie etwa die Lufthansa) setzen auf Cross-Mentoring, bei dem Mentoren der einen Firma Mentees der anderen zur Seite stehen. Zwischen Mentor und Mentee sollte grundsätzlich kein direktes Abhängigkeitsverhältnis bestehen. Der oder die Gecoachte profitiert dabei vom Erfahrungsvorsprung des älteren Kollegen, der wiederum von Einblicken in aktuelle berufliche Tendenzen. Wenn es in Ihrem Unternehmen kein derartiges Programm gibt, gehen Sie doch in Eigeninitiative auf geeignete Mentoren zu!

Interview: »Melden Sie offensiv eigene Ansprüche an!«

Ein Gespräch mit Dr. Helga Lukoschat, Geschäftsführerin der EAF

Dr. Helga Lukoschat ist Mitbegründerin und Geschäftsführerin der *Europäischen Akademie für Frauen in Politik und Wirtschaft Berlin e. V.* Zugleich ist sie Geschäftsführerin der *Femtec GmbH*, eines Hochschul-Karrierezentrums für Frauen an der TU Berlin. Durch Mentoring-Programme, Absolventinnen-Kongresse und Bildungsangebote fördert die EAF aktiv den weiblichen Führungsnachwuchs, außerdem berät sie Unternehmen unter dem Stichwort E-Quality-Management in der Umsetzung einer zukunftsorientierten Unternehmenspolitik. Informationen unter www.eaf-berlin.de.

Welchen Rat geben Sie einer gut qualifizierten, karriereorientierten Berufseinsteigerin für ihr Verhalten im Unternehmen mit auf den Weg?

Lukoschat: Ganz wichtig ist die Fähigkeit zu beobachten, das Unternehmen auch als politischen Organismus wahrzunehmen, dessen geschriebene und ungeschriebene Regeln man erkennen muss. Konkret bedeutet das zum Beispiel, sich zu fragen: Wer hat wirklich etwas zu sagen? Wo sind Unterstützer? Wo finde ich Verbündete?

Diese Sichtweise ist für Frauen eher ungewöhnlich, denn Frauen bringen in der Regel eine starke Sachorientierung mit – sie wollen in erster Linie im Job sehr gut sein. Das ist einerseits verständlich, denn Frauen stehen nach wie vor besonders auf dem Prüfstand. Andererseits ist für eine Karriere neben der Sachkompetenz aber das gezielte Knüpfen von Kontakten, also ein eher strategisches Denken entscheidend.

Gibt es Ihrer Beobachtung nach Verhaltensweisen, mit denen aufstiegsorientierte Frauen sich im Unternehmensalltag selbst ein Bein stellen?

Lukoschat: Frauen sollten sich mehr zutrauen, mehr Selbstbewusstsein haben, neue Aufgaben zu übernehmen, und auch offensiver eigene Ansprüche anmelden. Also nicht immer warten, bis man gefragt wird.

Das gilt übrigens auch für den privaten Bereich: Eine Frau, die Karriere machen möchte, sollte früh genug mit ihrem Partner aushandeln, wer wann zurücksteckt. Angesichts der aktuellen Rahmenbedingungen, etwa bei der Kinderbetreuung, ist das unerlässlich. Da sehe ich oft einen Mangel an Planung und Voraussicht.

Warum gibt es nach wie vor so wenig Frauen in Führungspositionen?

Lukoschat: Die Aufstiegswege in den Unternehmen sind nach wie vor männlich geprägt. Das beginnt bei bewussten und unbewussten Vorurteilen und endet beim Personalchef, der zusehen musste, wie ein oder zwei von ihm geförderte Frauen sich in den Erziehungsurlaub verabschiedeten, und der daraufhin auf männliche Bewerber setzt. Rekrutierung von Führungskräften funktioniert zudem oft nach dem Ähnlichkeitsprinzip, also nach der simplen Frage: »Wer ist schon drin?« Männliche Führungskräfte sind das Gewohnte und ziehen Männer nach. Auch kulturelle Muster spielen eine Rolle, eben das klassische Rollenverständnis, das die heutigen Chefs noch verinnerlicht haben. Damit Frauen wirklich eine Chance haben, ist es entscheidend, was die Unternehmensleitung will: Setzt man dort die richtigen Signale? Gibt es Frauen in exponierter Position?

Womit haben weibliche Führungskräfte am meisten zu kämpfen?

Lukoschat: Man darf nicht unterschätzen, dass in unserem kulturellen Verständnis Führung und Männlichkeit ganz selbstverständlich zusammenpassen, während Führung und Weiblichkeit immer noch ungewöhnlich sind. Mit der Übernahme einer Führungsposition stellen sich einer Frau damit eine Reihe von Fragen – Wie trete ich auf? Wie bleibe ich authentisch? Beschädigt mein Auftreten womöglich meine Attraktivität als Frau? Solche Fragen muss sich ein Mann niemals stellen. Gleichzeitig handelt es sich um Identitätsfragen, die enorm kräftezehrend sind.

Ihre Meinung zur »gläsernen Decke«?

Lukoschat: Das Konzept stammt ursprünglich aus den USA, wo man im mittleren Management sehr viele Frauen findet, im Topmanagement dagegen sehr wenige. Ich denke, bei uns hängt die gläserne Decke noch tiefer, da dünnt der Frauenanteil bereits in der mittleren Ebene stark aus. Das belegen auch Statistiken, die von etwa 10 % Frauen auf diesem Level ausgehen.

Gibt es Unternehmenstypen oder Branchen, in denen Frauen per se schlechtere Karten haben?

Lukoschat: Es ist bekannt, dass im Personalwesen, in der Unternehmenskommunikation und im Bereich Finanzen und Controlling Frauen in verantwortlichen Positionen bereits recht gut vertreten sind, während sie beispielsweise in der Produktion oder in der Automobilindustrie kaum Leitungsfunktionen haben. Wichtig ist daneben die Unternehmenskultur – ist sie traditionell patriarchalisch oder innovativer? Allerdings wehre ich mich dagegen, Frauen zu diesen »günstigeren« Bereichen zu raten. Lieber möchte ich die Frauen ermutigen, in neue Bereiche vorzustoßen und beispielsweise andere Fächer zu studieren als die traditionell frauentypischen. Das fördert die *EAF* beispielsweise in Zusammenarbeit mit der TU Berlin durch das Hochschulkarrierezentrum für Frauen, *Femtec*, für das wir Unterstützung namhafter Firmen wie etwa *Siemens*, *DaimlerChrysler* oder *Porsche* erfahren. Dort hat man erkannt, dass man mittelfristig gar nicht auf die Kompetenz der Frauen verzichten kann.

Die Frauenfrage geht also nicht nur Frauen an?

Lukoschat: Genau. Denken Sie nur daran, dass wir eine der niedrigsten Geburtenraten in Europa haben. Schon vor diesem Hintergrund stellt sich die Frage der Vereinbarkeit von Familie und Karriere gesamtgesellschaftlich. Und angesichts der sehr guten Qualifikationen von Frauen lässt sich das Rad nicht einfach zurückdrehen. Eine Personalpolitik, die beiden Geschlechtern den Weg zu einer ausgewogeneren Work-Life-Balance ebnet, ist damit ein wichtiges Zukunftsthema.

Grenzfälle: Ihr Boss ist ein Frauenfeind?

Die Schlüsselfigur beim beruflichen Aufstieg ist der eigene Vorgesetzte. Mit ihm (oder ihr!) definieren Sie Ihre Ziele, er entscheidet, ob Ihnen viel versprechende oder weniger viel versprechende Projekte übertragen werden, er beurteilt Sie intern und gibt sein Votum ab, wenn es um Beförderungen oder Stellenwechsel innerhalb des Unternehmens geht. Großes Pech für Sie, wenn er insgeheim der Meinung ist, dass Sie als Frau in der jetzigen Position schon mehr als genug erreicht haben.

Lassen Sie sich dabei weder vom jugendlichen Alter Ihres Chefs noch von Lippenbekenntnissen täuschen: Manch Vorgesetzter jenseits der 60 schätzt Engagement und Zuverlässigkeit weiblicher Mitarbeiter und sieht sich gern in der Rolle des Förderers, während manch ehrgeiziger Jungchef Frauenambitionen als potenzielle Konkurrenz und mit sehr viel Distanz betrachtet (und vielleicht eine Gattin zu Hause hat, mit der es wegen eben solcher Ambitionen regelmäßig zum Krach kommt). Und auch eine Chefin ist nicht unbedingt Garant für Frauen-Fairness: Die Wissenschaftlerinnen Ulla Weber und Barbara Schaeffer-Hegel betrachten es als erwiesene »Tatsache, dass Frauen aus einer Reihe von historisch und sozial-psychisch bedingten Gründen Schwierigkeiten damit haben, sich selbst und ihresgleichen – d.h. andere Frauen – mit Respekt und Wertschätzung zu betrachten«[31]. Im Alltagsjargon ist da salopp von »Stutenbeißen« die Rede; hin und wieder verhindert auch die simple Überlegung: »Ich habe mich schließlich auch durchbeißen müssen!«, dass eine weibliche Vorgesetzte Ihren Karriereweg wohlwollend begleitet. Welche konkreten Chancen Ihnen Ihr Boss eröffnet und wie er sich generell über Frauen und speziell über bestimmte Frauen im Unternehmen äußert, sind daher verlässlichere Indikatoren als offiziöse Statements.

Was können Sie tun, wenn diese Bilanz eher negativ ausfällt? Vergessen Sie den nächstliegendsten Gedanken – Ihren Chef direkt mit der unerfreulichen Realität zu konfrontieren. Statt sich bußfertig als Frauenfeind zu outen, wird er mit hoher Wahrscheinlichkeit »objektive« Gründe für sein Verhalten finden: Im Bereich X sind Sie noch nicht fit genug, deshalb kann man Ihnen anspruchsvolle Projekte wie Y keinesfalls anvertrauen. Präsentationen vor wichtigen Kunden soll weiter der Kollege Z übernehmen, schließlich haben Sie vor einem Jahr bei der XY-Präsentation wenig überzeugt ... Im Nu sind Sie so bei einer Diskussion Ihrer tatsächlichen oder vermeintlichen Unzulänglichkeiten.

Ihr Chef bremst Frauen aus?
Mögliche Gegenstrategien ...

1. **Steter Tropfen:** Melden Sie Ihre Ansprüche an, und zwar beharrlich. Wenn es bei diesem Projekt nicht klappt, dann vielleicht beim nächsten. Schlagen Sie Ihren Chef mit seinen eigenen Waffen – etwa, wenn er Sie auf »das nächste Mal« vertröstet hat.

2. **Kluges Selbstmarketing:** Gute Leute kann kein Chef auf Dauer verstecken. Sorgen Sie dafür, dass Ihre Leistungen bemerkt werden. Wenn Sie Ihr Organisationstalent nicht in einem Fachprojekt unter Beweis stellen können, arbeiten Sie eben in der Organisation des diesjährigen Sommerfestes mit. Bereiten Sie sich penibel auf Meetings vor, in denen Entscheidungsträger anwesend sind, und melden Sie sich zu Wort. Erweitern Sie den Verteiler für Konzepte und Unterlagen, die Sie erstellt haben. Wenn der Chef Sie bei der nächsten Beförderung nicht selbst ins Spiel bringt, sollten andere an Sie denken.

3. **Beim Wort nehmen:** Nehmen Sie Gegenargumente ernst, auch wenn Sie sie für Ausflüchte halten. Ihre Präsentationstechnik ist verbesserungswürdig? Gut, beim Veranstalter X gibt es ein empfehlenswertes Seminar, das Sie gerne besuchen würden. Keine Zeit? Nun, Sie opfern gerne einen Urlaubstag.

4. **Sein Steckenpferd reiten:** Ihr Chef ist ein Zahlenfreak? Gut, geben Sie ihm Zahlen über Zahlen, unterfüttern Sie Ihre Aussagen mit Statistiken und Übersichten. Er sieht sich als Visionär mit strategischem Weitblick? Zollen Sie ihm Bewunderung und nerven Sie ihn nicht mit kleinlichen Details. (Weitere Chefstrategien vergleiche Seite 49 ff.)

5. **Augen offen halten:** Vielleicht gibt es ja jemanden im Unternehmen, der Ihre Kompetenz besser zu schätzen weiß? Oder eine Abteilung, in der Frauen erkennbar vorwärts kommen? Nutzen Sie Möglichkeiten zum internen Wechsel, lehnen Sie nicht aus falsch verstandener Loyalität ab.

... und sollte all das nichts fruchten: Verlassen Sie das Unternehmen, bevor Sie sich jahrelang ergebnislos abrackern!

Frauenfragen: Die Do's und Don'ts auf einen Blick

Do's	Don'ts
Rollenklischees	
Platte Vorurteile souverän übergehen oder ironisch kontern	Platte Vorurteile ernsthaft diskutieren, sich provozieren lassen
Weibliche Stolperfallen	
Selbstbewusstsein: zu eigenen Leistungen und Erfolgen stehen	Bescheidenheit: warten, bis man gelobt wird
Realitätsbewusstsein: Konkurrenz aushalten, Konflikte austragen	Harmoniesucht: jederzeit und zu jedermann nett und freundlich sein
Pragmatismus: besondere Gewissenhaftigkeit dort, wo sie sich auszahlt	Blinder Perfektionismus: überall 120 % genau sein
Die Glasdecke	
Taten statt Worte: beobachten, wer wirklich weiterkommt	Auf Lippenbekenntnisse zur Chancengleichheit hereinfallen
Gunst der Stunde (zum Beispiel Führungswechsel) nutzen, notfalls das Unternehmen wechseln	Beförderung mit Kündigungsdrohung erpressen

Do's	Don'ts
	Weibliche Führung
Klartext reden: sagen, was man meint und will – etwa beim Delegieren	Vorsichtig verklausulieren: Konjunktive, Andeutungen, Abschwächungen
Auf Stimme und Körpersprache achten (Lautstärke, Blickkontakt)	Unsicherheitsgesten, schrille oder leise Stimme
Sachliches Business-Outfit	Sehr feminines Outfit (»Weibchenschema«)
Statussymbole ganz selbstverständlich für sich reklamieren	Auf Statussymbole verzichten
	Kavaliersgesten
Im Job ist nicht »die Dame«, sondern der Kunde König; intern gilt die berufliche »Rangfolge«	Auf weibliche Schutzwürdigkeit pochen Alte Zöpfe pflegen (warten bis man vorgestellt wird …)
Traditionelle Benimmregeln souverän anpassen (Kunden die Tür aufhalten usw.)	Harmlose Kavaliersgesten (Tür, Mantel) brüsk zurückweisen

Do's	Don'ts
Kontakte	
Professionell netzwerken	Netzwerke als »Vitamin B« ablehnen
Unternehmensintern und -extern Kontakte zu interessanten und ambitionierten Leuten knüpfen	Private Freundschaften und berufliche Kontakte verwechseln, sich ausschließlich an Sympathie orientieren
Den Frauenfeind zum Boss?	
Ansprüche sachlich und beharrlich anmelden	Vorwurf der »Frauenfeindlichkeit«
Strategisch vorgehen: Selbstmarketing, Chef beim Wort nehmen, seinen Arbeitsstil aufgreifen …	Folgenlos jammern oder klagen

Missverständnis:
die häufigste Form menschlicher Kommunikation.
Peter Benary

E-Mail, Handy & Co.: Gekonnt kommunizieren

Noch nie gab es so viele Kommunikationsmittel wie heute: Wir mailen, faxen, telefonieren, besprechen Mailboxen und Anrufbeantworter, halten Videokonferenzen ab, bringen Briefe und Pakete auf den Postweg, nutzen Kurierdienste ... Wirklich einfacher geworden ist die Verständigung dadurch nicht – eher drängt sich der Eindruck auf, mit der Vervielfachung der Kommunikationswege wächst auch die Chance, sich misszuverstehen. Das hat Konsequenzen, denn in den meisten Jobs besteht der Arbeitsalltag im Wesentlichen darin, sich mit Kunden, Kollegen oder Geschäftspartnern zu verständigen. Grund genug, über die optimale Nutzung von gelber und elektronischer Post, Telefon oder Handy nachzudenken.

Geschäftsbriefe: Amtsschimmel ade

Könnte man vom Briefstil auf den Schreiber schließen, müssten unsere Bürotürme von grauhaarigen älteren Herrn mit Ärmelschonern bevölkert sein. Wo sind nur all die jung-dynamischen business people geblieben? Oder wie stellen Sie sich den Absender des folgenden Schreibens vor?

Sehr geehrter Herr Schmidt,

Bezug nehmend auf Ihre Anfrage vom 7. dieses Monats die Steuerungseinheit »Delta 2005« betreffend freue ich mich, Ihnen einen positiven Bescheid geben zu können. Unsere Frau Wiese wird in den nächsten Tagen auf Sie zukommen, um Ihnen ein genaueres Angebot zu unterbreiten. Einer weiteren Zusammenarbeit sehe ich erwartungsvoll entgegen und verbleibe für heute

mit freundlichen Grüßen
Krämer

Nach einem Crashkurs zum Thema Moderner Briefstil wirkt Herr Krämer glatt um 20 Jahre verjüngt:

Sehr geehrter Herr Schmidt,

vor einer Woche haben Sie mich gefragt, ob wir unsere Steuerungseinheit »Delta 2005« für Sie auch mit zusätzlichen Bohrungen versehen können.

Gerade bekomme ich dafür grünes Licht aus der Fertigungsabteilung. Frau Wiese, die Produktmanagerin »Steuerungen«, wird Ihnen kurzfristig ein konkretes Angebot zuschicken.

Ich freue mich auf unsere weitere Zusammenarbeit. Für heute

freundliche Grüße

Wolfgang Krämer

Der zweite Brief ist nicht nur persönlicher und präziser, sondern auch verständlicher. Und da die meisten Empfänger a) wenig Zeit haben und b) kundenfreundliches Verhalten erwarten, sind diese Kriterien keine germanistischen Spielereien, sondern eine Frage des höflichen und erfolgreichen Umgangs mit dem Leser. Wie setzt man sie um?

Verständlichkeit

Hier spielt schon die *Optik* eine Rolle: eine moderne, lesbare Schrifttype (etwa Arial oder Times in 12 Punkt Größe) sowie die Gliederung in kurze Absätze nach dem bekannten Schema *Einleitung* (Worum geht es?) – *Hauptteil* (Welche Neuigkeit/Information gibt es?) – *Schluss* (Dank, Ausblick oder Ähnliches). Eine aussagekräftige Betreffzeile sowie weitere Gestaltungsmittel (Einrückungen, Spiegelstriche, Fett- oder Kursivdruck) erleichtern dem Leser ebenfalls die Übersicht.

Bei der Formulierung sollten Sie sich von Uraltfloskeln verabschieden. Seien Sie weder »verbunden« noch »verbleiben« Sie, bitten Sie nicht um »freundliche Kenntnisnahme« und streichen Sie das unausrottbare »Bezug nehmend« ebenso aus Ihrem Wortschatz wie den bürokratischen Lieblingshinweis »anliegend erhalten Sie«. Weitere Verständlichkeitshemmer:

- *Schachtelsätze* (unübersichtliche Nebensatzkonstruktionen, lange Einschübe),
- *Bandwurmsätze* (Machen Sie öfter mal einen Punkt! Bei Sätzen, die über mehr als zwei, drei Zeilen gehen, verliert der Leser den Faden)[32],
- *Nominalstil und Passivkonstruktionen* (Beispiel zur Abschreckung: »Die Erledigung der Aufgabe wurde von unserer Marketingabteilung zugunsten der Erhebung relevanter Daten zur Zielgruppe erst einmal zurückgestellt.« Besser: »Unsere Mar-

ketingabteilung wird eine Zielgruppenanalyse vornehmen und anschließend die Aufgabe erledigen.«),
- *Fachvokabular, Fremdwörter, Abkürzungen* (es sei denn, der Empfänger ist ebenfalls vom Fach).

TIPP **Verfallen Sie nicht in ein gestelztes »Briefdeutsch«, sondern orientieren Sie sich daran, wie Sie den Sachverhalt mündlich (etwa am Telefon) formulieren würden. Versetzen Sie sich außerdem in den Empfänger hinein: Was weiß er? Was erwartet er? Wie machen Sie ihm das Verständnis besonders leicht?**

Präzision

Schreiben Sie möglichst konkret, bringen Sie die Dinge auf den Punkt. Warum etwa nebulös auf eine »Anfrage vom 7.« verweisen, wenn Sie dem Leser ebenso knapp die eigentliche Frage ins Gedächtnis rufen können? Gerade den ersten Satz sollten Sie nicht für eine nichts sagende Floskel verschenken, die dem Empfänger gleich die Lust am Weiterlesen nimmt. Außerdem: Präzise Formulierungen wirken überzeugender als ein Verschanzen hinter allgemeinen Phrasen.

Persönliche Ansprache

Behandeln Sie den Leser als Partner, signalisieren Sie, dass Sie sein Anliegen ernst nehmen. Sprechen Sie ihn dazu persönlich an: Statt »Auf Ihre Anfrage vom ... teilen wir Ihnen mit ...« können Sie zum Beispiel schreiben: »Sie haben um ... gebeten. Gerne schicke ich Ihnen ...« Vermeiden Sie möglichst das »Sehr geehrte Damen und Herren« und nennen Sie den Empfänger beim Namen (mit korrektem Titel). Auch die Grußformel können Sie persönlicher gestalten, indem Sie den Standardgruß »Mit freundlichen Grüßen« individuell anpassen. »Beste

Grüße nach Hamburg«, »Freundliche Grüße aus dem winterlichen München« sind keine kreativen Höhenflüge, verdeutlichen aber, dass Sie nicht einfach ein Standardschreiben herunterdiktiert haben. Allerdings sollten Sie dann auch wirklich variieren und bei der Beantwortung einer wütenden Beschwerde auf einen lockeren Abschluss lieber verzichten. Auch die Unterschrift mit Vor- und Nachnamen setzt sich immer mehr durch und wirkt persönlicher als ein knappes »Krämer«.

TIPP

»MfG« (Mehr für Grobiane?) wird zwar immer beliebter, dadurch aber nicht schöner. Die Abkürzung treibt die Floskelhaftigkeit auf die Spitze und entwertet den Gruß damit in den Augen vieler: »Wenn der sich noch nicht mal Zeit für drei kurze Worte nimmt, kann's mit der Freundlichkeit ja nicht so weit her sein ...« Völlig überholt dagegen sind das »Hochachtungsvoll« oder gar die »vorzügliche Hochachtung«.

Selbst Formbriefen und Vordrucken kann man mit einem kurzen »Beste Grüße« oder »Leider in Eile, Ihr ...« eine persönliche Note geben.

Fazit: Machen Sie sich bewusst, dass der Empfänger von Briefstil und -form auch auf Sie bzw. das Unternehmen schließt. Und ein blutleeres Kanzleideutsch passt da weder zu einem dynamischen Firmenimage noch zu einer guten Kundenbeziehung. Schließlich machen wir alle lieber Geschäfte mit Leuten, die uns sympathisch sind ...
Abschließend eine Beispielsammlung verbreiteter Stilsünden und Anregungen für leserfreundlichere Formulierungen.

Vorsicht, Floskel!

Worauf Sie in Geschäftsbriefen getrost verzichten sollten …	… und was Sie stattdessen schreiben könnten
Bezug nehmend auf Ihr Schreiben vom 9. des Monats …	Vielen Dank für Ihren Brief vom 9. Mai. Sie möchten …
Anliegend erhalten Sie …	Hier schicke ich Ihnen …
Ihren Bedenken bringe ich vollstes Verständnis entgegen.	Ihre Bedenken verstehe ich gut.
Wir werden Sie unverzüglich in Kenntnis setzen.	Wir werden Sie sofort verständigen.
Ihre Unterlagen haben wir dankend erhalten.	Vielen Dank für Ihre Unterlagen.
Linksunterzeichnender wird sich mit Ihrem Herrn Müller nach Klärung der Fragestellung alsbald in Verbindung setzen.	Sobald diese Frage geklärt ist, wird sich Herr … mit Herrn Müller in Verbindung setzen.
Der Versuch einer Erklärung der Auswirkung der Problematik ist Sache des Vertriebs.	Der Vertrieb sollte erklären, wie es hierzu kam.
Hinsichtlich der von Ihnen aufgeworfenen Frage der Nachdruckgenehmigung fügen wir ein Merkblatt bei, das die Frage der Vervielfältigung behandelt.	Sie möchten wissen, ob Sie die Texte nachdrucken können. Alle wichtigen Informationen dazu finden Sie im beigefügten Merkblatt.

Worauf Sie in Geschäftsbriefen getrost verzichten sollten …	**… und was Sie stattdessen schreiben könnten**
In Beantwortung Ihres Schreibens müssen wir Ihnen leider mitteilen, dass wir derzeit keine Auslagerung unseres Kundenservice beabsichtigen.	Vielen Dank für Ihre Anfrage. Zurzeit planen wir leider nicht, unseren Kundenservice auszulagern.
In der Hoffnung auf Ihr Verständnis für diese Vorgehensweise verbleiben wir mit freundlichen Grüßen …	Bitte haben Sie Verständnis für diese Vorgehensweise. Mit freundlichen Grüßen …
Mit vorzüglicher Hochachtung	Mit den besten Grüßen
Hochachtungsvoll	Mit freundlichen Grüßen
MfG	Freundliche Grüße *(weniger formell)*
	Herzliche Grüße *(wenn Sie den Empfänger gut kennen)*

Nicht zufällig sind die Alternativvorschläge zum Teil erheblich kürzer als das umständliche Behördendeutsch. Wenn man die Dinge auf den Punkt bringt, spart man nebenbei auch Papier und Druckerschwärze (und Geduld beim Empfänger).

E-Mails: Modern, aber nicht völlig zwanglos

Schätzen Sie einmal, wie viele E-Mails bundesdeutsche Unternehmen jährlich erreichen. 100 Millionen? Eine Milliarde? Nach einer Erhebung des Softwarehauses Sterling Commerce sind es über 900 Milliarden![33] Pro Mitarbeiter macht das über 20 Mails pro Tag, deren Lesen fast eine Stunde Arbeitszeit verschlingt. Kein Zweifel: Das Versenden von Texten per E-Mail spart Zeit und Geld; es wird daher immer beliebter. Allerdings verführt der mühelose Versand manchmal zu einem recht großzügigen Umgang mit dem Verteiler. Bevor Sie also freigiebig Kopien in alle Welt schicken, fragen Sie sich lieber: Für wen ist diese Mail tatsächlich nützlich? Schließlich ärgern Sie sich selbst auch über eine Flut von Sendungen, die Sie gar nicht interessieren und Ihre Zeit stehlen. Zudem sollten Sie sich im Geschäftsleben nicht an der Formlosigkeit des privaten Mailverkehrs orientieren: Auch wenn die elektronische Post ein vergleichsweise junges Medium ist, bleibt völlige Zwanglosigkeit fehl am Platze. Verhaltenstipps:

Business-Netikette: E-Mail-Knigge

Anlass Nicht immer ist die Mail das richtige Medium: Formellere Anlässe – etwa Einladungen zum Firmenempfang, Glückwünsche und erst recht Kondolenzschreiben erfordern einen traditionellen Brief (siehe auch Seite 153 ff.). Denken Sie auch daran, dass Mails weder Rechtsverbindlichkeit noch Vertraulichkeit garantieren. Einerseits fehlt die Unterschrift, andererseits wissen Sie nicht, wer Zugang zum PC hat.

Anrede Starten Sie nicht automatisch mit »Hallo Herr Meyer« oder »Liebe Frau Schulze«, nur weil Sie statt eines Briefes eine Mail schreiben. Wenn Sie den Adressaten nicht näher kennen, bleiben Sie beim »Sehr geehrte(r) ...«

Attachments Achten Sie auf die Größe der angehängten Dateien. Wenn das Postfach des Empfängers blockiert wird, weil Sie ihm aufgrund aufwändiger Grafiken etliche Megabytes geschickt haben, machen Sie sich unbeliebt – besonders, wenn er das erst nach Tagen bemerkt.

Denken Sie auch daran, dass nicht jeder etwas mit PKO-, PPT-, VCF- oder Wie-auch-immer-Dateien anfangen kann. Halten Sie die Anhänge möglichst benutzerfreundlich! Dazu gehört übrigens auch, dass Sie angekündigte Attachments auch tatsächlich anhängen ...

Beantworten Dass E-Mails (meist) in Windeseile beim Empfänger sind, verpflichtet diesen nicht dazu, sie auch in Windeseile zu beantworten. Verkneifen Sie sich also Begleitanrufe am Absendetag und die vorwurfsvolle Frage: »Haben Sie meine Mail denn nicht bekommen?« Zwei bis drei Tage Zeit sollten Sie dem Adressaten schon geben. Wenn Sie auf eine umgehende Rückmeldung angewiesen sind, greifen Sie lieber zum Telefon oder vermerken Sie es in der Mail.

Vermeiden Sie auch, durch Nutzung des Antwortbuttons endlose Datenmengen aufzuhäufen: Löschen Sie nicht mehr relevanten Text.

Betreffzeile ... muss sein – schon, damit sich Ihr Empfänger in der täglichen E-Mail-Flut rasch zurechtfindet. Nichtssagende Betreffzeilen wie »Hallo!« oder »Anfrage« scheiden damit aus.

Emoticons Siehe »Smileys«.

Großbuchstaben Jemanden ANZUSCHREIEN verstößt gegen jedes gute Benehmen. Und genau dafür stehen Großbuchstaben im Mail-Verkehr.

Kettenbriefe Für E-Mail-Aktionen politischer Natur oder gar für humoristische Sendungen eignet sich Ihr privater Mail-Verteiler. Im Büro sollten Sie auf bedenkenlose Weiterleitung verzichten. Überlegen Sie, welche Schlüsse der weitergeleitete Text über Ihre Person provoziert. Passt das zu dem Image, das Sie sich wünschen?

Lesbarkeit Auch wenn mehrdeutige Beispiele wie »der gefangene floh« als Argumente gegen konsequente Kleinschreibung konstruiert wirken: Die traditionelle Groß-/Kleinschreibung ist für die meisten Menschen schon aus Gründen der Gewohnheit leichter lesbar. Bleiben Sie am besten dabei.
Irritierend ist auch das Zerhacken der Textzeilen durch andere Formateinstellungen beim Empfänger. Dem beugen Sie am besten durch kurze Zeilen beim Schreiben vor.

Privatmails Vorsicht bei privaten E-Mails am Arbeitsplatz. Streng genommen ist das Diebstahl, denn Sie mailen auf Kosten des Arbeitgebers. Manche Unternehmen untersagen privates Surfen und Mailen daher ausdrücklich, und daran müssen Sie sich halten. Meistens toleriert der Arbeitgeber Privatmails in gewissem Umfang. Denken Sie aber daran, dass die Firmen-EDV weit transparenter ist, als Sie vielleicht annehmen.

Recht-schreibung *Wr sich je durch einen fehlerstrtzenden text in kleinschreibung quelen muußte*, ahnt schon, worauf ich hinauswill: Irgendwie ist das Gerücht in die Welt gekommen, beim Mailen käme es auf Rechtschreibung »nicht so an«. Dazu an dieser Stelle ein entschiedenes Dementi: Auch eine Mail ist eine Visitenkarte des Schreibers. Überfliegen Sie jeden Text kurz auf Fehler, bevor Sie ihn versenden.

Smileys … oder Emoticons bezeichnen kleine Schriftbildchen, die Emotionen ausdrücken (daher »Emoticon« als Verschmelzung von »Emotion« und »Icon«, also Bild), beispielsweise Freude **:-)**, Trauer **:-(**, Erschrecken **:-o** oder Ärger **:-t.**[34] Je formeller der Anlass, je förmlicher Ihre Beziehung zum Adressaten, desto eher sollten Sie auf solche Smileys verzichten.

Dasselbe gilt auch für *Akronyme*, also in der Internetkommunikation beliebte Abkürzungen wie BS (Big Smile), BWK (Big Wet Kiss) oder C & G (Chuckle and Grin), die für professionelle Business-Kommunikation – die Beispiele zeigen es – ebenfalls zu salopp sind.

Textlänge Fassen Sie sich kurz: Lange Mails am Bildschirm zu lesen ist anstrengend, zumal die Möglichkeiten der Formatierung eingeschränkt sind. Wenn Ihr Text über mehr als zwei oder drei längere Absätze läuft, schreiben Sie lieber eine kurze Mail und hängen Sie den Brief oder Bericht in traditioneller Formatierung als Attachment an.

Telefon: Souverän zum Punkt kommen

Kennen Sie das? Nachdem Sie das Telefon ungefähr 15 Mal haben klingeln lassen und schon entnervt aufgeben wollen, erbarmt man sich am anderen Ende der Leitung doch noch und leiert Ihnen ein »Firma-Meier-&-Partner-mein-Name-ist-Kerstin-Strunke-was-kann-ich-für-Sie-tun?« entgegen. Das ist zwar die Wendung, die im Seminar »Erfolgreich telefonieren« eingeübt wurde – die Intonation klingt jedoch eher nach: »Müssen Sie mich ausgerechnet jetzt stören!?« Sie müssen. Und die pseudofreundliche Begrüßung stimmt Sie selbst auch nicht gerade freundlicher. Den dahingenuschelten Namen konnten Sie ohnehin nicht verstehen; Sie werden jedoch nachfragen, wenn die Dame Sie weiter so ärgert.

Die Verpflichtung der Mitarbeiter auf feste Begrüßungsformeln hat Reinhard K. Sprenger schon vor Jahren als eines von vielen Indizien einer gleichmacherischen (»egalisierenden«) und dadurch demotivierenden Unternehmenskultur kritisiert.[35] Wenn Sie Chef sind, überlegen Sie daher gut, ob Sie Ihren Mitarbeitern den ersten Satz am Telefon tatsächlich Wort für Wort diktieren wollen. Wirklich freundlich wird er selten ausfallen. Wenn Sie Mitarbeiter sind, seien Sie entweder so mutig, gegen das Diktat zu verstoßen, oder freunden Sie sich mit dem Begrüßungssatz an. Entscheidend ist, dass der Name der Firma und Ihr eigener deutlich ausgesprochen und der Anrufer freundlich begrüßt wird. Grob unhöflich ist dagegen, nur den eigenen Nachnamen ins Telefon zu bellen. Wenn der Anrufer Sie nicht schon kennt, wird er sich irritiert vergewissern, ob er denn bei der Firma X gelandet ist.

TIPP **Höflichkeit demonstrieren Sie auch, wenn Sie spätestens beim dritten Klingeln abnehmen. Wenn man am Platz ist, reicht diese Zeit vollkommen aus, um die Kaffeetasse abzustellen oder Unterlagen beiseite zu legen. Wartet man viel länger, schürt man den Verdacht, man habe gehofft, der Anrufer werde es schließlich doch aufgeben.**

»Ein Lächeln kann man hören«, lautet das Kredo einer bekannten Telefontrainerin[36], und es ist in der Tat erstaunlich, wie viele Informationen Stimmqualität und Intonation vermitteln. Auch ohne Bildtelefon merkt Ihr Gesprächspartner, ob Sie angespannt, schlecht gelaunt oder unkonzentriert sind – oder ob Sie freundlich auf sein Anliegen eingehen. Das Erstaunliche dabei: Wer »gut drauf« ist, wird nicht nur lächeln, sondern wer sich umgekehrt zu einem Lächeln durchringt, wirkt auch am Telefon gleich freundlicher, kommt besser an.

Weitere *Don'ts* am Telefon:

- *Nebenbei rascheln, tippen oder Musik hören.* »Dem ist mein Anliegen wohl nicht wichtig«, wird Ihr Gesprächspartner zu recht schlussfolgern.
- *Rauchen.* Damit können Sie zumindest einen Nichtraucher in einem längeren Gespräch zur Weißglut treiben. Ob der das überhaupt merkt? Ich wette mit Ihnen!
- *Undeutliches, zu schnelles oder zu leises Sprechen.*
- *Dem Gesprächspartner ins Wort fallen* (außer als letzte Notwehrmaßnahme bei passionierten Vielrednern).
- *Nicht auf den Namen des Anrufers achten.* Die Anrede »Herr Äh …« macht sich schlecht – vor allem wenn sie nach einer längeren Unterhaltung fällt. Fragen Sie lieber gleich nach, wenn Sie den Namen nicht mitbekommen haben, und notieren Sie ihn.

Wenn Sie jemanden anrufen, sollten Sie so gut vorbereitet sein, dass Sie Ihr Anliegen zügig auf den Punkt bringen können. Verführen Sie Ihren Gesprächspartner gar nicht erst zum Männchenkritzeln, sondern geben Sie ihm schon im Gesprächseinstieg einen deutlichen Hinweis, weshalb Sie anrufen. Haben Sie ein Anliegen, dass ihn mehr als zwei, drei Minuten in Anspruch nehmen wird, sollten Sie sich eingangs vergewissern, ob er Zeit für ein ausführliches Gespräch hat. »Guten Tag, Stefan Schwarz von der Firma Müller. Ich würde gerne über unser Angebot für das Firmenfest mit Ihnen sprechen. Haben Sie zehn Minuten Zeit?« – eine Einleitung wie diese gibt dem Gesprächspartner die Chance, das Telefonat auf einen günstigeren Zeitpunkt zu vertagen. Ein Stichwortzettel verhindert, dass Sie Aspekte vergessen oder den Faden verlieren. Telefontrainer empfehlen außerdem, bei wichtigen Telefonaten aufzustehen: Ihre Stimme klingt voller, sie wirken souveräner.

Wenn Sie bei einem Anrufbeantworter landen, zwingen Sie dessen Besitzer nicht durch Nuscheln oder Schnellsprechen zum mehrfachen Abhören und Ohrenspitzen: Insbesondere Ihren Namen und Ihre Telefonnummer sollten Sie sehr langsam und deutlich nennen, damit der andere tatsächlich mitnotieren kann. Fassen Sie sich kurz, blockieren Sie nicht die Mailbox durch Dauerbotschaften. Worum geht es? Melden Sie sich noch einmal oder bitten Sie um Rückruf? Wann sind Sie erreichbar? Unter welcher Nummer? – damit ist in der Regel alles Wesentliche gesagt. Alternativ können Sie auf eine E-Mail verweisen, in der Sie ausführlicher werden. Dass Sie bei längerer Abwesenheit im Büro entweder eine präzise Nachricht auf Ihrer Mailbox hinterlassen oder Ihr Telefon auf die (informierte) Zentrale umstellen, sollte eigentlich selbstverständlich sein.

Bei Anrufen empfiehlt sich zudem Rücksicht auf Branchengepflogenheiten: In einem technischen Unternehmen um 8:00 Uhr in der Früh anzurufen, mag üblich sein; in der Medienbranche schrecken Sie um diese Zeit wahrscheinlich die wenigen Frühaufsteher auf. Auch die Mittagszeit ist in den meisten Betrieben weniger günstig.

Und wenn Sie sich auf der Karriereleiter schon ein wenig nach oben gearbeitet haben und über eine persönliche Sekretärin verfügen: Überlegen Sie gut, ob Sie Ihre Mitarbeiterin tatsächlich Verbindungen für Sie herstellen lassen. Spätestens, wenn Sie den Angerufenen dann noch kurz in der Warteschleife hängen lassen, wird ihn das als plumpe

Dominanzgeste ärgern. Für das Gesprächsklima ist das nicht gerade förderlich (es sei denn, Sie haben es wirklich schon zum viel beschäftigten Generaldirektor gebracht …).

Handy: »Ich sitze gerade im Zug«???

Für richtiges Verhalten am Telefon werden inzwischen Seminare angeboten; für den richtigen Umgang mit dem Handy würde man sich das manchmal wünschen. Vielleicht bliebe man dann in Restaurants oder Meetings wieder von störender Piepserei, Klingelei oder Dudelei verschont und müsste sich auf Geschäftsreisen nicht wiederholt anhören, wie Mitreisende den aktuellen Reisestand an Sekretärin oder Ehemann durchgeben (»Nein, ich bin noch im Zug!«). Viele »Handyaner« sind stolz, überall erreichbar zu sein. Handy-Verächter halten dem kühl entgegen, nur Knechte und Dienstboten müssten rund um die Uhr greifbar sein. Jenseits solcher Polemik erleichtert der folgende kleine Handy-Knigge den Umgang miteinander.

Mobil mit Stil: Handy-Knigge

Handy am Gürtel	… passt am besten zu pubertierenden Teenagern.
Handy-verbote	… etwa im Zugabteil, in Seminaren oder bei Vorträgen sollten Sie unter allen Umständen respektieren. Alles andere ist grob rücksichtslos.
Klingelton	Nicht jeder private Gag eignet sich fürs Business-Handy. Denken Sie also daran, dass Ihr Gegenüber seine Schlüsse zieht, wenn Ihr Telefon dudelnd verkündet:

»We are the champions.« Unverwechselbar und business-geeignet: die Firmenmelodie als Handy-Ton.

Meetings Schalten Sie Ihr Handy in Meetings und Kundenbesprechungen oder bei Gesprächen mit Mitarbeitern aus. Störungen werden Ihre Gesprächspartner zu Recht als unhöflich empfinden – und als eindeutiges Beziehungssignal interpretieren (»So wichtig ist dem das Ganze hier wohl nicht!«). Ausnahmen: siehe »Rückrufe«.

Lautstärke Das Handy ist ein Wunderwerk der Technik: Man braucht nicht zu schreien, um am anderen Ende anzukommen. Vielleicht ist Ihnen die eigene Lautstärke gar nicht bewusst – achten Sie einmal darauf.

Restaurant Für Restaurants gilt dasselbe wie für Meetings oder Kundengespräche: Handy aus. Sie müssen zwingend erreichbar sein? Siehe »Rückrufe«.

Rückrufe Warten Sie dringend auf einen unaufschiebbaren Rückruf, entschuldigen Sie sich schon vorab für die Störung. Wenn Sie nicht gerade Notarzt oder Börsenmakler sind, dürfte es allerdings wenige Angelegenheiten geben, die nicht ein bis zwei Stunden Zeit haben und über die Mailbox zu regeln sind. Weichen Sie auf Vibrationsalarm aus, um die Störung zu minimieren.

Poppige Handys … also Bonbonfarben und andere optische Gags: siehe »Handy am Gürtel«. Ausnahme: Sie arbeiten in einer kreativen oder sehr jungen Branche.

Viel-telefonierer Sollten Sie Opfer eines lautstarken Vieltelefonierers sein, bitten Sie um Rücksicht. Eine höfliche Aufforderung wird man Ihnen in der Regel nicht abschlagen: »Entschuldigen Sie, ich muss arbeiten und kann mich so nicht konzentrieren. Würde es Ihnen etwas ausmachen, zum Telefonieren auf den Gang zu gehen?« Erst wenn das nichts fruchtet, sollten Sie entschiedener reagieren.

Zugfahrten Es gibt nichts Lästigeres als Mitreisende, die das ganze Zugabteil oder gar den Großraumwagen an Ihren Telefonaten teilhaben lassen. Wer will schon wissen, zu welchen Konditionen das Angebot an den Meyer rausgeht oder was es heute Abend zu essen gibt? Wenn Sie telefonieren müssen, weichen Sie auf den Gang aus. Ausnahme: Sie befinden sich in einem der neuen Business-Abteile, in denen Handys ausdrücklich erlaubt sind.

Grenzfälle: Persönliche Worte sind gefragt (Gratulation, Beileid)

Die übliche Geschäftskorrespondenz geht Ihnen flott von der Hand, doch schwieriger wird es immer dann, wenn der Alltag durch Ausnahmeereignisse unterbrochen wird. Und am allerschwierigsten wird es, wenn es sich dabei um ein so trauriges Ereignis wie einen Todesfall handelt. Sie erfahren etwa, der Mann einer Geschäftspartnerin sei bei einem Autounfall ums Leben gekommen; oder Sie stoßen bei der morgendlichen Zeitungslektüre auf eine Todesanzeige, der Sie entnehmen, dass die Frau eines langjährigen Kunden nach »kurzer, schwerer Krankheit« gestorben ist. Wie reagieren Sie? Sie werden hoffentlich nicht zum Telefonhörer greifen, um es rasch hinter sich zu bringen und Ihr »herzliches Beileid« loszuwerden.

Die angemessene Reaktion in dieser Situation ist ein persönlicher Brief, möglichst handgeschrieben und auf einem persönlichen Briefbogen – nicht etwa auf Ihrem Geschäftspapier. Nur wenn Ihre Handschrift wirklich kaum zu entziffern ist, sollten Sie sich an den PC setzen und auch dann Anrede und Grußformel handschriftlich hinzufügen. Sollten Sie kein privates Briefpapier haben, tut es auch ein schlichter weißer Bogen. Der Griff zur vorgedruckten Beileidskarte ist zwar bequemer, aber auch unpersönlicher. Auf jeden Fall sollten Sie den vorgedruckten Text durch persönliche Worte ergänzen. Und genau das ist die eigentliche Schwierigkeit: Wie finden Sie die richtigen Worte? Textberaterin Gabi Neumayer gibt im Interview ab Seite 155 Anregungen dazu. Ihr Tipp: Verzichten Sie auf abgedroschene Floskeln, nehmen Sie Ihr persönliches Verhältnis zum Verstorbenen zum Ausgangspunkt.

Eine persönliche Würdigung ist auch bei erfreulichen Ereignissen wie runden Geburtstagen, Hochzeiten oder Geschäftsjubiläen gefragt. Statt sich auf die üblichen guten Wünsche zu beschränken und nur herzlich zu gratulieren, bieten sich beispielsweise eine persönliche Begegnung mit dem Betroffenen, ein gemeinsames Erlebnis, ein verbindendes Engagement, ein besonderes Interesse oder Hobby als Aufhänger für Ihren Brief an.

TIPP **Einen passionierten Weintrinker können Sie zum 60. als »ausgezeichneten Jahrgang« loben, einem Segler »in den Stürmen des Lebens allzeit eine Handbreit Wasser unterm Kiel« wünschen. Zum Geschäftsjubiläum können Sie das erste gemeinsame Projekt in Erinnerung rufen und die angenehme Zusammenarbeit in den Folgejahren Revue passieren lassen. Vielleicht finden Sie auch einen Aphorismus oder ein Bonmot, das besonders gut zum Empfänger passt und mit dem Sie etwa Ihren Hochzeitsgruß aufpeppen können.**

Keine Sorge – Sie müssen sich bei alldem nicht als kreatives Genie beweisen: Wichtiger ist, einen persönlichen Ton anzuschlagen, der Ihrem Gegenüber zeigt, dass Ihr Brief mehr ist als eine lustlose Pflichtübung. Ob Sie dazu auf eine vorgedruckte Gratulationskarte Ihres Unternehmens zurückgreifen oder ein persönliches Kartenmotiv wählen, bleibt Ihnen überlassen. Schlicht und edel ist dabei die sicherste Wahl, denn auch wenn die persönliche Note gefragt ist, sollten Sie ein Glückwunschschreiben im geschäftlichen Kontext nicht mit einer rein privaten Gratulation verwechseln. »Witzige« Motive, Glückskäferchen oder knallende Sektkorken sind somit fehl am Platz.

All das scheint Ihnen recht mühsam und für den hektischen Business-Alltag zu zeitaufwändig? Denken Sie daran: Auch wenn man sich im Geschäftsleben gern auf Sachlichkeit und Nüchternheit zurückzieht, arbeiten wir alle lieber mit angenehmen Menschen zusammen. Und Sympathie gewinnt man nicht zuletzt dadurch, dass man dem Gegenüber persönliches Interesse und Anteilnahme beweist, wie auch Gabi Neumayer betont.

Interview: »Schwelgen Sie nicht im Leid!«

Ein Gespräch mit der Textberaterin, Autorin und Lektorin Gabi Neumayer

Gabi Neumayer lebt in Köln und arbeitet als freie Autorin, Lektorin, Textberaterin und Redakteurin. Sie schreibt – vor allem über berufliches und kreatives Schreiben – für verschiedene Zeitschriften und hat mehrere Ratgeber zu Korrespondenz und Bewerbung verfasst, zum Beispiel »Briefe, E-Mails & Co« (Eichborn Verlag 2002) und »Geschäftskorrespondenz von A bis Z« (Koch Media 2000). Daneben betreut sie als Chefredakteurin den Autorennewsletter »The Tempest« von autorenforum.de und schreibt Kinderbücher, Krimis und Science-Fiction. Mehr erfahren Sie auf ihrer Homepage www.gabineumayer.de.

Im Geschäftsalltag geht es ja eher nüchtern zu. Sollte man da überhaupt kondolieren?

Neumayer: Einerseits geht es im Geschäftsleben sicher recht nüchtern zu, andererseits spielen auch dort persönliche Kontakte eine sehr wichtige, oft unterschätzte Rolle. Denken Sie nur daran, nach welchen Kriterien die Entscheidung zwischen zwei gleich qualifizierten Bewerbern oder zwei gleich guten Angeboten getroffen wird oder wie man sich bei Kulanzfragen oder Problemen verhält – da entscheidet letztlich die persönliche Beziehung. Und zu einer persönlichen Beziehung gehört eben, dass man Anteil nimmt am anderen.

Wie findet man im Beileidsbrief die richtigen Worte?

Neumayer: Ein guter Kondolenzbrief verzichtet auf die Floskeln, auf die wir gerne zurückgreifen, wenn wir unsicher sind. Mein Rat: möglichst ehrlich die eigenen Gefühle ausdrücken, alltagsnäher schreiben. Statt eines gestelzten »In tiefster Anteilnahme …« zum Beispiel einfach sagen »Ich bin sehr traurig über den Tod Ihrer Frau«. Das eigene Verhältnis zum Verstorbenen oder zum Empfänger des Briefes sind ebenfalls gute Aufhänger. Zum Beispiel: »Ich werde die langen Gespräche mit ihr vermissen.« Oder: »Ich habe immer bewundert, wie geduldig Sie Ihren Mann gepflegt haben, und sein Tod kam sicher nicht überraschend für Sie. Trotzdem weiß ich aus eigener Erfahrung, dass man sich darauf niemals richtig vorbereiten kann.« Je enger die Beziehung zum Empfänger ist, desto persönlicher kann man schreiben.

Wie lang ist ein Kondolenzbrief normalerweise, und wann sollte man ihn abschicken?

Neumayer: Einen Kondolenzbrief sollte man möglichst rasch schreiben, und zwar umso schneller, je enger die persönliche Beziehung ist. Wenn ich jemanden weniger gut kenne, kann der Brief sich auf zwei kurze Absätze beschränken, bei guten Bekannten wird er länger sein, allein schon weil es mehr inhaltliche Anküpfungspunkte gibt und weil ich mein Schreiben vielleicht mit einem Hilfsangebot verbinde.

Wo lauern die Fallen? Was sollte man unbedingt vermeiden?

Neumayer: Vermeiden sollte man jegliches Schwelgen im Leid, im eigenen (etwa langatmige Schilderungen, wie schrecklich man das alles findet) und erst recht im fremden. Wühlen Sie also nicht noch in den Wunden des Empfängers, indem Sie zum Beispiel ausgiebig darüber sinnieren, wie der andere sein schweres Schicksal nur ertragen kann. Tabu sind normalerweise auch religiöse Bezüge, es sei denn, ich weiß, dass der Empfänger sehr gläubig ist und daraus Trost schöpfen wird.

Was tue ich, wenn ich die verstorbene Person kaum oder gar nicht kenne (etwa die Ehefrau eines wichtigen Kunden)?

Neumayer: Nun, man kann sich ja informieren. Davon abgesehen geht der Brief ja an den Hinterbliebenen, und man kann Dinge, die man von ihm weiß, zum Ausgangspunkt nehmen. Wenn man wenig Informationen hat, sollte man sich in die Situation eines Trauernden hineinversetzen (sich vielleicht auch an eigene Erfahrungen erinnern) und daraus mitfühlende Worte schöpfen.

E-Mail, Handy & Co.: Die Do's und Don'ts auf einen Blick

Do's	Don'ts
Geschäftsbriefe	
Direkte, präzise Formulierungen (Wie würden Sie Ihr Anliegen mündlich darstellen?)	Angestaubte Floskeln (»Bezug nehmend auf …«)
Kurze, übersichtliche Sätze	Bandwurmsätze und komplizierte Verschachtelungen
Orientierung am Informationsstand/Vorwissen des Empfängers	Gedankenloser Gebrauch von Fachvokabular, Abkürzungen und abstrakten Verweisen auf Vereinbarungen
Persönliche Ansprache des Empfängers, freundliche Verabschiedung	»Sehr geehrte Damen und Herren« trotz bekanntem Empfänger; lieblose Kürzel wie »MfG«
E-Mail	
Eindeutige Betreffzeile (z. B. »Frage zum Liefertermin«)	Vage Betreffs wie »Guten Tag«, »Frage« oder Ähnliches
Übersichtliche, kurze Texte	Schwer lesbare Endlosmails
Gängige Dateiformate wie ».doc« oder ».rtf«, Dateien im Kilobyte-Umfang	Komplizierte Dateiformate im Anhang, Riesendateien von etlichen Megabyte

Do's	Don'ts
Bei Geschäftskorrespondenz: Stil und Anrede wie im Papierbrief	Salopper Ton, informelle Anrede (»Hallo«) ohne Rücksicht auf den Empfänger
Fehlerfreier Text (kurzer Endcheck!)	Unachtsame Rechtschreibung, Kleinschreibung
Am Telefon	
Zügig abheben	Endlos klingeln lassen
Freundliche Begrüßung mit Firmen- und Nachname (oder Vor- und Nachname)	Geleierte Begrüßungsfloskel, sich nur mit Nachnamen melden
Als Anrufer: präzise zum Punkt kommen	»Nebenbeschäftigungen« während des Telefonats (PC, Rauchen, Papiere sortieren ...)
Bei längeren Anliegen: Hat der Gesprächspartner jetzt Zeit?	Als Anrufer: Gespräch übers Sekretariat vermitteln lassen und den Gesprächspartner dann warten lassen
Sich abschließend bedanken	
Anrufbeantworter: eigenes Anliegen kurz formulieren, Telefonnummer deutlich (zum Mitschreiben!) nennen	Anrufbeantworter nicht nutzen, kommentarlos auflegen oder Telefonnummer zu schnell nennen

Do's	Don'ts
Handy	
Ausdrückliche Handy-Verbote strikt beachten	Handy in Meetings oder bei Geschäftsessen anlassen (Ausnahme: wirklich unaufschiebbare Anrufe)
Für längere Telefonate Zugabteil, Restaurant, Stehempfang … verlassen	Ohne Rücksicht auf andere lautstark und lange telefonieren
Vibrationsalarm nutzen, wenn möglich	Lauter Klingelton
Persönliche Worte (Beileid & Gratulation)	
Verstorbene individuell würdigen (Was verband Sie mit dem Toten?)	Zuflucht zu abgedroschenen Floskeln und Phrasen suchen Vorgedruckte Beileidskarten nur mit knappem Gruß versehen
Glückwünsche individuell auf den Empfänger – seine Person, seine Interessen, gemeinsame Erlebnisse … – abstimmen	Vorgedruckte Glückwunschkarten mit vermeintlich »witzigen« oder sehr verspielten Motiven nutzen

Es ist schon alles gesagt worden,
nur noch nicht von allen.
Karl Valentin

Meetings: Terrain sichern

Karl Valentin spricht vielen geplagten Sitzungsteilnehmern vermutlich aus der Seele. Über endlose Meetings und notorische Schwafler zu stöhnen, um dann festzustellen, dass man bei all den Besprechungen einfach nicht zum Arbeiten komme, gehört zu den beliebtesten Büroklagen überhaupt. Doch wo buchstäblich jeder klagt, drängt sich die Frage nach den Verursachern auf – schließlich müssten rein statistisch in jeder Sitzung etliche Meeting-Hasser zusammentreffen …

Welche Sitzungssünden Sie vermeiden sollten, um sich positiv abzuheben, ist Thema dieses Kapitels. Mit der positiven Profilierung wird zudem ein zweiter Aspekt berührt: Warum meiden die Sitzungskritiker die leidigen Veranstaltungen nicht einfach? Vielleicht, weil Meetings jenseits aller sachlichen Erwägungen die Bühne sind, auf der man sich unternehmensweit darstellen, für Höheres empfehlen, den wichtigen Leuten präsentieren kann. Und diese Chance will kaum jemand ungenutzt verstreichen lassen.

Durchblick: Worauf es wirklich ankommt

Offiziell sind Meetings Veranstaltungen, bei denen mehrere Teilnehmer unter der Leitung des Einladenden oder eines anderen Vorsitzenden zusammenkommen, um auf der Basis einer sachlichen Diskussion Probleme zu lösen, Strategien zu entwerfen oder Entscheidungen zu treffen. So weit die Theorie. In der Praxis, das weiß jeder erfahrene Sitzungskämpe, geht es selten rein sachlich zu. Da blockiert Abteilungsleiter A einen Vorschlag von Abteilungsleiter B, und jedem Insider ist klar: A bietet zwar eifrig sachliche Gründe auf; in Wahrheit konkurriert er jedoch mit B um den Posten des Bereichsleiters und gönnt dem Mitbewerber so kurz vor der Entscheidung keinen Erfolg. Da verbindet der Vertrieb die Präsentation der Quartalszahlen mit Seitenhieben auf die Entwicklungsabteilung, deren Produkte am Markt nun mal schwer zu platzieren seien, und führt damit eine seit Jahren schwelende Auseinandersetzung fort. Da tut sich der sonst eher lethargische Chefcontroller plötzlich mit einer Vielzahl Ideen hervor, und siehe da: Zufällig ist just an diesem Tag ein wichtiges Vorstandsmitglied anwesend. Böse Zungen vergleichen Meetings schon mal mit Rudelkämpfen im Tierreich, in denen die Rangordnung ausgefochten wird. Wer neu im Unternehmen ist, tut daher gut daran, erst einmal aufmerksam zu beobachten.

TIPP **Wer gerät regelmäßig mit wem aneinander? Wessen Wort hat Gewicht? Wessen Einlassungen werden dagegen eher achselzuckend zur Kenntnis genommen? Wer hält sich immer schon raus und stimmt der Mehrheitsmeinung zu? Nirgendwo sonst können Sie sich so rasch ein Bild über die Machtverhältnisse und Fraktionen im Unternehmen machen wie in Meetings.**

In Besprechungen wird nicht nur um Status gefochten; die Teilnahme an bestimmten Sitzungen als solche ist ein wichtiges Statusmoment. Wer wird zur halbjährlichen Strategiesitzung eingeladen? Welche Nachwuchskraft bekommt Zugang zur wöchentlichen Abteilungsleiterrunde? Wer präsentiert die neuen Projektideen vor dem Außendienst? Fällt die Wahl auf Sie, signalisiert Ihr Boss damit gleichzeitig, dass er Sie für den Hoffnungsträger in seiner Abteilung hält. Sehen Sie die Teilnahme an Meetings also nicht pauschal als lästige Pflichtübung, die Sie von der »eigentlichen« Arbeit abhält. Überall dort, wo Sie auf eine hochkarätige Besetzung stoßen, werden Sie für jene Leute sichtbar, die über Beförderungen entscheiden. Sich vor der Unternehmensleitung durch eine gescheite Frage zu profilieren (Stichwort: Selbst-PR), kann für Ihr berufliches Fortkommen entscheidender sein, als monatelang still und fleißig an einer Aufgabe zu basteln, deren glanzvolle Bewältigung kaum zur Kenntnis genommen wird.

TIPP

Gleichgültig, wie wichtig oder unwichtig ein Meeting ist: Wenn Sie nicht teilnehmen können, gehört es zum guten Ton, dies vorher dem Sitzungsleiter mitzuteilen. Dabei sollten Sie eine plausible Begründung geben können.

Neben den offiziellen Sitzungstugenden, die im folgenden Abschnitt angesprochen werden, sollten Sie als Neuzugang in einem Gremium die bestehende Hackordnung beachten. Auch wenn Sie die Feinheiten des Machtgefüges erst im Laufe der Zeit verstehen werden, ist eines sicher: Wenn Sie nicht gerade als Vorstandsvorsitzender einsteigen, erwartet man von Ihnen zunächst eine gewisse Zurückhaltung – Sie müssen als Neue(r) erst einmal Akzeptanz gewinnen. Beweisen Sie also Respekt vor dem Bestehenden und preschen Sie nicht gleich forsch vor. Ehe Sie sich in die Diskussion mischen und offensiv Vorschläge präsentieren, sollten Sie erst einmal aufmerksam zuhören und eigene Anregungen besser in eine Frage verpacken.

Gute Kinderstube: Sitzungstugenden

Allen strategischen Überlegungen zum Trotz: Sie werden als Sitzungsteilnehmer nur schwer die Sympathie Ihrer Sitzungskollegen gewinnen können, wenn Sie gegen elementare Benimmregeln verstoßen. Die folgende Übersicht zeigt, was dazu gehört.

1 x 1 der Sitzungstugenden

Pünktlich erscheinen »Fünf Minuten vor der Zeit« ist auch für Sitzungstermine ein gutes Motto. Wer notorisch zu spät kommt, ist entweder schlecht organisiert oder Chef. Im zweiten Fall sollten Sie allerdings darüber nachdenken, ob Sie das Ihre Mitarbeiter wirklich auf diese primitive Weise spüren lassen wollen. Außerdem riskieren Sie, dass der Rest der Mannschaft Termine bald ebenfalls als unverbindliche Empfehlung betrachtet.

Sollten Sie sich (ausnahmsweise!) einmal verspäten, nehmen Sie mit einer knappen Entschuldigung Platz – wortreiche Erläuterungen machen die Störung nur noch schlimmer. Von Neuzugängen in einer Runde erwartet man zudem besondere Zeitdisziplin.

Übrigens: Pünktliches Erscheinen gibt Ihnen die Möglichkeit, einen strategisch günstigen Platz zu besetzen (siehe Seite 166).

Vorbereitet sein Es mag lästige Pflichtveranstaltungen geben, vor denen man Sie noch dazu mit pfundschweren Unterlagen nervt. Völlig unvorbereitet in eine Sitzung zu gehen und die Diskussion mit entbehrlichen Nachfragen in die Länge zu ziehen ist dennoch grob unhöflich und birgt immer die Gefahr einer Blamage.

Störungen vermeiden Klingelnde Handys, Hereinreichen von Unterlagen, plötzliches Verschwinden, um zwischendurch dies oder jenes zu klären, Smalltalk mit dem Nachbarn (»Na, wie war's im Urlaub?«) – kurz: alles, was die Konzentration stört und den Zeitplan sprengt – sollten Sie vermeiden. Je höher die Sitzungsdisziplin, desto kürzer das Meeting.

Fair diskutieren

Zugegeben: Die anderen sind auch nicht immer fair. Persönliche Angriffe beispielsweise (»Meinen Sie wirklich, dass Sie als Techniker das beurteilen können?«) oder Killerphrasen (»Das haben vor Ihnen schon andere erfolglos versucht!«) gehören vielfach zum schlechten Ton. Begeben Sie sich trotzdem nicht auf das flache Niveau Ihrer Kontrahenten, bleiben Sie sachlich (Näheres Seite 177 ff.). Das beweist nicht nur eine gute Kinderstube, sondern ist allemal souveräner als hemmungsloses Zurückschlagen.

Profil zeigen: Wie Sie positiv auffallen

»Schaulaufen« nennen erfahrene Sitzungshasen das, was in Anwesenheit von Vorgesetzten in einem Meeting passiert. Zumindest die ambitionierteren unter den Mitarbeitern setzen einiges daran, ein möglichst gutes Bild abzugeben. Das Kalkül dahinter ist ebenso simpel wie effektiv: Wer aufsteigen will, muss positiv auffallen. Niemandem, auch keinem noch so wohlwollenden Chef, kommt ein blasser Hinterbänkler in den Sinn, wenn es um die Besetzung der Gruppenleitung geht. Vor allem nicht, wenn da noch die Frau Meier ist, die kürzlich diese hervorragende Präsentation gehalten hat, oder der Herr Müller, der sich regelmäßig durch durchdachte Wortbeiträge hervortut. Beide haben sich als Aufstiegskandidaten nicht nur im Gedächtnis verankert; ihnen traut man auch eher das für eine Führungsposition erforderliche Selbstbewusstsein zu.

Wie fallen Sie positiv auf? Erst einmal muss man sehen, dass Sie überhaupt da sind. Meiden Sie also die bequemen Plätze, auf denen man sich gut verstecken kann, weit entfernt vom Sitzungsleiter und womöglich noch durch Kollegen verdeckt. Setzen Sie sich nach vorn, in die Nähe der wichtigen Leute. Eine feste Sitzordnung oder ungeschriebene Gesetze (beispielsweise: auf den besten Plätzen rechts und links vom Vorsitzenden finden sich die Abteilungsleiter ein) müssen Sie natürlich respektieren.

Je wichtiger das Gremium, je hochkarätiger die Besetzung, desto besser vorbereitet sollten Sie sein. Dazu gehört nicht nur, das Protokoll der letzten Besprechung und die aktuellen Unterlagen studiert zu haben; wichtiger ist die inhaltliche und strategische Einstimmung.

TIPP **Nehmen Sie sich vorab genügend Zeit, die Tagesordnung durchzugehen und zu überlegen, wozu Sie in welcher Form Stellung nehmen wollen. In welchen Fragen erwartet man mit hoher Wahrscheinlichkeit eine Meinungsäußerung von Ihnen (etwa weil Ihr Arbeitsbereich unmittelbar tangiert ist)? Wo sollten Sie reagieren, weil das Sitzungsergebnis Ihre Interessen mitberührt? Aus welchen Diskussionen halten Sie sich aus taktischen Gründen besser heraus? Wie Sie eigene Vorschläge strategisch klug präsentieren, lesen Sie ab Seite 169.**

Wenn Sie Ihren Standpunkt darlegen, strahlen Sie Selbstbewusstsein aus. Wie wollen Sie andere überzeugen, wenn Sie selbst nicht völlig überzeugt wirken? Dazu gehört, sich relativierende Einschränkungen zu verkneifen (Beispiele: »Aus meiner Sicht …«, »Ich persönlich bin der Auffassung …« oder gar »Vielleicht irre ich mich ja, aber könnte es sein, dass …«). Wichtiger noch als das Was ist das Wie: Eine laut und deutlich formulierte Botschaft, eloquent und mit aufrechter Körperhaltung vorgetragen, erreicht zwangsläufig mehr Zuhörer als eine leise, zögerlich und mit ausweichendem Blick geäußerte Meinung.

TIPP

Reden Sie Klartext, gliedern Sie Ihre Aussagen stringent. »Das Problem ist ... Verschärft wird die Situation durch ... Wir haben zwei Handlungsmöglichkeiten, nämlich ... Ich plädiere für die zweite, und zwar aus folgendem Grund ...« ***These – Argumente – Beispiele – Fazit, Meinung – Begründung – erhärtende Beispiele*** **oder** ***Gegenargumente – Proargumente – Gewichtung und Entscheidung*** **sind nachvollziehbare Argumentationsstrukturen, die Ihre Kompetenz unterstreichen.**

Schwafeln Sie also nicht, aber fassen Sie sich auch nicht zu kurz. Wenn Sie Ihre Meinung durch Argumente und Beispiele erhärten, besetzen Sie automatisch Redezeit, und auch darüber gewinnen Sie Profil. Gleichzeitig wird Dominanz in der Gruppe durch Redezeiten ausgetragen. Politiker wissen das und setzen dieses Wissen bis zur Erschöpfung der Zuschauer in jeder Talkshow um. Nehmen Sie sich daran kein schlechtes Beispiel, aber tappen Sie auch nicht in eine beliebte Frauenfalle: das knappe Ein-Satz-Statement, mit dem alles gesagt scheint, das aber in der Hitze der Diskussion ungehört verpufft. In der Regel wundert frau sich anschließend, warum ein Kollege fünf Minuten später mit einer etwas ausführlicheren Darstellung des gleichen Sachverhaltes Gehör findet.

In einem anderen Punkt sollten Sie sich durchaus an unseren Politikern orientieren: Lassen Sie sich nicht aus dem Konzept bringen, wenn Ihnen jemand ins Wort fällt. Bringen Sie Ihren Gedanken zu Ende, machen Sie eventuell eine kurze Pause, bevor Sie den Faden wieder aufnehmen. Sie sollten sich innerhalb des Teams nicht öffentlich von Kollegen dominieren lassen – weder dadurch, dass man Sie durch Unterbrechungen mundtot machen kann, noch durch körpersprachliche Manöver. Dazu gehören beispielsweise das Verdecken Ihrer Sicht nach vorne durch extremes Vorlehnen oder das Einengen Ihres Platzes durch besonders raumgreifendes Ausbreiten von Unterlagen. Lassen Sie sich nicht an die Seite drängen, besetzen Sie Platz. Dafür genügt es in der Regel, den Ordner des Nebenmannes mit einem freundlichen

Lächeln zur Seite zu schieben und die eigenen Unterlagen vor sich auszubreiten.

Auf große Auftritte in Meetings sollten Sie sich generalstabsmäßig vorbereiten. Eine 15-minütige Präsentation zum Thema x ist eine Chance, die Sie nicht ungenutzt verstreichen lassen sollten.

TIPP **Ein simples, aber selten beherzigtes Mittel, bei Präsentationen die Sympathie Ihrer Zuhörer zu gewinnen: Halten Sie sich an die vorgesehene Redezeit und setzen Sie schon zu Beginn Ihrer Präsentation dafür geeignete Signale – etwa durch eine knappe Themenübersicht und einen zügigen Einstieg. Sie beweisen damit nicht nur Respekt vor dem Zeitplan der anderen; Sie demonstrieren gleichzeitig, dass Sie die Aufgabe im Griff haben und heben sich positiv von notorischen Redezeit-Überziehern ab.**

Wenn Sie ungern präsentieren, buchen Sie ein *Seminar*, in dem Sie praktisch üben können. Zum kleinen 1 x 1 einer gelungenen Präsentation gibt es zahlreiche Bücher, die vom richtigen Einstieg über die klare Gliederung bis hin zum effektiven Medieneinsatz alle Aspekte behandeln. Hier deshalb nur zwei kurze Hinweise:

1. *Versetzen Sie sich in Ihre Zielgruppe hinein:* Welches Vorwissen haben Ihre Zuhörer? Was interessiert sie? Womit können Sie ihre Aufmerksamkeit gewinnen? Welche Fragestellung soll Ihre Präsentation beantworten? Entwerfen Sie unter diesen Gesichtspunkten eine Grobstruktur Ihrer Präsentation.
2. *Verleugnen Sie Ihre Persönlichkeit nicht:* Wenn Sie ein eher nüchterner Typ sind und Ihnen schon beim bloßen Gedanken an einen scherzhaften Einstieg der Schweiß ausbricht, gewinnen Sie Ihre Zuhörer lieber durch Sachargumente. Wenn Sie farbig Geschichten und Anekdoten erzählen können, setzen Sie nicht (allein) auf nüchterne Zahlenkolonnen, sondern arbeiten Sie mit Beispielen.

Überzeugungsarbeit: Wie Sie Ihre Interessen durchsetzen

Spannend wird es in Sitzungen immer dann, wenn es gilt, wichtige Entscheidungen herbeizuführen oder Neuerungen durchzusetzen. Dass hier »unvoreingenommen« diskutiert und dann eine »sachlich begründete« Entscheidung getroffen wird, ist angesichts des Widerstreits persönlicher Interessen und der wechselhaften unternehmenspolitischen Wetterlage blanke Theorie. Wenn Sie ein wichtiges Vorhaben durchbringen wollen, gleicht es daher einer Kamikaze-Taktik, es einfach auf die Tagesordnung setzen zu lassen und darauf zu hoffen, die eigenen guten Argumente würden sich schon durchsetzen. Mit ein wenig psychologischer Kriegsführung fahren Sie besser. Eine empfehlenswerte Taktik in sieben Schritten:

Sitzungstaktik
Wie Sie Entscheidungen zu Ihren Gunsten herbeiführen ...

Schritt 1: Konsequenzen bedenken	Wer ist von Ihrem Vorhaben direkt betroffen? Auf wen kommt bei dessen Realisierung beispielsweise Mehrarbeit zu, wem wird möglicherweise etwas weggenommen?
Schritt 2: mögliche Gegner lokalisieren	Wer könnte vor diesem Hintergrund gegen Ihr Vorhaben opponieren? Wer aus anderen Gründen, sei es, weil es noch eine offene Rechnung zu begleichen gilt, sei es, weil jemand sich notorisch gegen Neuerungen sperrt?
Schritt 3: Gegenargumente durchspielen	Präparieren Sie sich für den Ernstfall: Welche konkreten Argumente könnten Opponenten ins Feld führen? Wie lassen sie sich entkräften?

Schritt 4: die eigene Fraktion hinter sich scharen

Und nun die andere Seite: Von wem können Sie sich Unterstützung erhoffen, sei es aus alter Freundschaft, sei es, weil gemeinsame Interessen tangiert sind? Weihen Sie diese Kollegen vorab in Ihr Vorhaben ein und bitten Sie sie um ihre Meinung: Mögliche Einwände und Gegenargumente helfen Ihnen, an Ihrer Argumentation zu feilen und Ihren Vorschlag gegebenenfalls zu modifizieren.

Schritt 5: Entscheider überzeugen

Entscheidungsträger und einflussreiche Gremienmitglieder haben als Verbündete doppeltes Gewicht. Beziehen Sie sie daher unbedingt mit ein, indem Sie gezielt ihren Rat einholen, bevor Sie sich mit einem Vorschlag aus der Deckung wagen. Stoßen Sie hier auf massive Bedenken, sollten Sie überlegen, ob Sie sich eine drohende Niederlage nicht lieber ersparen wollen und Ihr Vorhaben vertagen.

Schritt 6: Vorschlag bei Bedarf überarbeiten

Ziehen Sie die Konsequenzen aus den Rückmeldungen, die Sie im Vorfeld der eigentlichen Sitzung erhalten. Macht es Sinn, Ihren Vorschlag zu modifizieren? Ein Teilerfolg ist immer noch besser, als auf ganzer Linie zu scheitern.

Schritt 7: mit Kalkül präsentieren

Überlegen Sie vor der Präsentation Ihrer Ideen,
- wann der Zeitpunkt dafür günstig ist (etwa, weil aktuelle Arbeitserfolge Ihre Position stärken oder für »Experimente« zurzeit ein freundliches Klima herrscht),
- welche Einwände Sie schon in Ihrer Präsentation entkräften können,

- welche Argumente geeignet sind, Skeptiker zu überzeugen,
- wie Sie Ihre Hauptunterstützer stark in die Diskussion einbeziehen und
- wie Sie einfließen lassen können, dass Sie einflussreiche Verbündete haben.

Bleiben Sie gelassen, wenn es Einwände hagelt. Bei guter strategischer Vorbereitung sollten Sie die meisten abfedern können. Vermeiden Sie offene Konfrontationen oder den Gesichtsverlust der anderen Seite; lassen Sie sich nicht zu scharfen Kontern hinreißen, in denen Sie die andere Meinung als irrelevant oder abwegig brandmarken. Hören Sie ruhig zu, wiegen Sie berechtigte Zweifel durch Vorteile in anderer Hinsicht auf, formulieren Sie Einwände so um, dass Sie leichter zu entkräften sind. Beziehen Sie Dritte und deren Meinung ein (hier kommen Ihre Verbündeten ins Spiel!) oder stellen Sie den Einwand erst einmal zurück, wenn er schwer zu kontern ist. Vielleicht gerät er im Verlauf der Sitzung in Vergessenheit; auf jeden Fall haben Sie gute Chancen, dass er angesichts Ihrer übrigen Argumente an Gewicht verliert …

Dompteur gefragt: Wie Sie eine Sitzung leiten

Die meisten Besprechungen stehen und fallen mit der Person des Sitzungsleiters. Er oder sie hat dafür zu sorgen,

- dass rechtzeitig zum Meeting eingeladen wird,
- dass jeder Teilnehmer die Möglichkeit hat, Vorschläge zur Tagesordnung zu machen,
- dass ein genügend großer Raum, die erforderlichen Medien und Getränke bereitstehen,

- dass jeder die Tagesordnung und die übrigen Unterlagen einige Tage vor der Besprechung erhält,
- dass das Meeting pünktlich beginnt,
- dass die Diskussion einigermaßen geordnet verläuft und der Zeitplan nicht aus dem Ruder läuft (etwa, weil einzelne Teilnehmer ihre Redezeit hemmungslos überschreiten),
- dass die Ergebnisse der Besprechung protokolliert werden und
- dass das Protokoll rechtzeitig an die Teilnehmer verschickt wird.

Um es altmodisch zu formulieren: Wer eine Besprechung leitet, ist für die »Sitzungsdisziplin« verantwortlich – in zeitlicher wie inhaltlicher Hinsicht. Das verlangt manchmal die Unerschrockenheit eines Dompteurs und das diplomatische Geschick eines erfahrenen Politikers. Nicht einfacher wird diese Aufgabe für Sie, wenn Sie ohne die Autorität einer Führungsposition auskommen müssen und beispielsweise ein Projektmeeting Gleichgestellter leiten. Wie behalten Sie trotzdem die Zügel in der Hand?

Eine gute Basis legen Sie, wenn Sie die äußeren Rahmenbedingungen (also Raum, Termin, Einladung, Unterlagen usw.) optimal gestalten. Ein Sitzungsleiter, der verzweifelt den richtigen Knopf am Overheadprojektor sucht, um anschließend festzustellen, dass Papier und Stifte für das Flipchart ausgegangen sind und das Sekretariat die Vorlagen nicht rechtzeitig verteilt hat, darf sich nicht wundern, wenn die Teilnehmer in Windeseile zu spätpubertären Schülern mutieren, die Witzchen reißen, sich angeregt mit dem Nachbarn unterhalten oder die Handys zücken. Eine ähnlich verheerende Wirkung hat es, wenn Sie geduldig auf die letzten Nachzügler warten oder jeden Neuzugang nach dem bewährten Muster des Fernsehvierteilers erst einmal über alles, was bisher geschah, ins Bild setzen. Zu Ihrer nächsten Sitzung wird kaum jemand noch pünktlich kommen – es besteht ja keine Gefahr, in der ersten halben Stunde Wesentliches zu verpassen.

Die meisten Besprechungen laufen nach einem bewährten Muster ab:

1. Begrüßung der Teilnehmer
Hier gehört es zu Ihren Aufgaben, *Neuzugänge* in der Runde willkommen zu heißen und den übrigen Teilnehmern vorzustellen.

2. Protokoll der letzten Sitzung
Wenn die letzte Sitzung protokolliert wurde, erkundigen Sie sich, ob es noch *Fragen oder Ergänzungen zum Protokoll* gibt. (Sollte das der Fall sein, tun Teilnehmer eigentlich gut daran, den Sitzungsleiter nicht damit zu überfallen, sondern ihn vorab zu informieren.) Anschließend einigt man sich auf den *Protokollführer* für die aktuelle Sitzung, und Sie gehen zum eigentlichen Sitzungsinhalt über. Es kann nie schaden, wenn Sie an dieser Stelle den vorgesehenen *Zeitrahmen* noch mal allen ins Gedächtnis rufen.

3. Abarbeiten der Tagesordnungspunkte
Gehen Sie die Agenda *zügig* Punkt für Punkt durch. Das gelingt Ihnen umso besser, je umfassender Sie selbst informiert sind. Nebulöse Anträge zur Tagesordnung sollten Sie daher im Vorfeld klären. Denkbar ungünstig ist auch, wenn jemand eine PowerPoint-Präsentation geplant hat und Sie sich erst jetzt um die Technik kümmern. Auch die Moderation der Diskussion fällt Ihnen umso leichter, je besser Sie über Themen und Hintergründe informiert sind. Ein ahnungsloser Sitzungsleiter ist eine leichte Beute für Vielredner und Abschweifer (siehe unten). Achten Sie darauf, dass der *Zeitplan* nicht ins Rutschen gerät, behalten Sie die Uhr und die *Ziele* der Sitzung im Auge. Dazu gehört, dass Sie an geeigneter Stelle den *Diskussionsstand zusammenfassen* und *Entscheidungen forcieren*. Was wird fürs Protokoll festgehalten?

4. Planung der nächsten Sitzung/Verabschiedung
Bei turnusmäßigen Treffen werden abschließend Programmpunkte für

das nächste Meeting festgehalten. Sie danken den Teilnehmern für die engagierte Teilnahme und verabschieden sie.

Zugegeben, im Unternehmensalltag verläuft nur ein Teil der Meetings derart durchgeplant, und ausländische Geschäftspartner pflegen ohnehin ein anderes Sitzungsideal (siehe das Kapitel »Im Ausland«). Dennoch gewinnen Sie als Sitzungsleiter hierzulande durch strukturiertes Vorgehen in der Regel die Sympathie der Teilnehmer.

Zeitplan einhalten, die Diskussion erfolgreich leiten – wie bekommen Sie das am besten hin? Der Führungsexperte Henry Walter schlägt vor, Sitzungen doch besser in »Stehungen« zu verwandeln, um wenig produktive Marathon-Meetings zu vermeiden[37] – eine Empfehlung, die sich bislang nicht durchgesetzt hat. Nach einer, maximal anderthalb Stunden ist die Konzentrationsspanne der meisten Teilnehmer erschöpft. Länger sollten Sitzungen möglichst nicht dauern; zumindest ist eine Pause angesagt.

TIPP **Die Dauer einer Sitzung nimmt proportional zur Zahl der Teilnehmer zu. Laden Sie deshalb nicht mehr Leute als erforderlich ein – wer da ist, will sich auch einbringen. Einfacher wird Ihre Aufgabe dadurch nicht.**

Auch mit schwierigen Sitzungsteilnehmern müssen Sie umgehen können, wenn Sie ein Meeting leiten. Worauf Sie gefasst sein sollten, zeigt die folgende Typologie.

Anstrengende Zeitgenossen

... und wie Sie als Sitzungsleiter(in) mit ihnen umgehen

Abschweifer Da kommt jemand vom Hölzchen aufs Stöckchen und redet und redet, während der Rest der Mannschaft längst abgeschaltet hat. Oder Sie haben das Pech, dass jemand bei jeder passenden und unpassenden Gelegenheit auf sein persönliches Steckenpferd aufspringt.

Tipp: Auch wenn es normalerweise unhöflich ist, jemandem ins Wort zu fallen: Ziehen Sie rechtzeitig die Notbremse. Wenn der Redner das nächste Mal Luft holt, danken Sie ihm für den interessanten Beitrag. Das müsse man unbedingt bei passender Gelegenheit vertiefen … (doch diese Gelegenheit wird, soweit es in Ihrer Macht steht, nie kommen …). Gleichzeitig bringen Sie das ursprüngliche Thema wieder in die Diskussion.

Choleriker Der Schrecken jedes Sitzungsleiters: Da verliert jemand völlig die Contenance und beginnt herumzubrüllen.

Tipp: Mit Standardfloskeln wie: »Bitte beruhigen Sie sich doch!«, richten Sie wenig aus – jemand, der wütend ist, will sich nicht beruhigen, sondern ernst genommen werden (und außerdem Dampf ablassen). Reagieren Sie (zumindest äußerlich) gelassen; stellen Sie bei der ersten sich bietenden Gelegenheit eine sachliche Gegenfrage, die zeigt, dass Sie aufmerksam zugehört haben: »Sie meinen also …, Herr Schulze?« Oft ist der schlimmste Ärger damit schon verpufft. Persönlichen Attacken kann man häufig mit *Ich-Botschaften* den Wind aus den Segeln nehmen: »Es macht mir zu schaffen, dass Sie so auf mich losgehen. Lassen Sie uns doch versuchen, das Problem sachlich zu lösen.«

Nörgler Jemand aus der »Ja, aber«-Fraktion. Ja, aber der Außendienst/die Kosten/die Geschäftsleitung/der Aufwand … Hier ist jemand hauptsächlich eines: dagegen.

Tipp: Nehmen Sie den Einwand ernst, stellen Sie ihn zur Diskussion. Sehen die übrigen Teilnehmer das auch so dramatisch? In der Regel ist das nicht der Fall. Oder haken Sie hartnäckig nach: Warum ist der Außendienst das Problem? Warum hat das noch nie funktioniert? Erzwingen Sie eine Konkretisierung – die lässt sich eher entkräften als ein vages Pauschalargument.

Schweiger In fast jedem Meeting sitzen Teilnehmer, die sich überhaupt nicht an der Diskussion beteiligen, insbesondere, wenn Vielredner und Selbstdarsteller das Wort führen.

Tipp: Sorgen Sie dafür, dass auch zurückhaltendere Zeitgenossen eine Chance bekommen. Statt sie plump »aufzurufen«, sollten Sie ihre Kompetenz oder ihr Fachwissen an geeigneter Stelle einbeziehen: »Mit xy haben Sie in Ihrer Abteilung ja schon Erfahrung gemacht, Frau Meier, oder?«

Vielredner Das andere Extrem: Jemand, der zu allem und jedem eine Meinung hat und sie keinem vorenthalten möchte.

Tipp: Spätestens, wenn kaum jemand sonst zu Wort kommt, müssen Sie den Vielredner bremsen. Nutzen Sie seine nächste Atempause, um ihm für die Ausführungen zu danken und die allgemeine Diskussion zu eröffnen. Heißt es dann: »Ich war noch nicht fertig!«, müssen Sie notfalls deutlicher werden, möglichst diplomatisch: »Das waren bereits so viele Anregungen; ich würde gerne die Kollegen dazu zu Wort kommen lassen.« Überzieht der Vielredner bei einer Präsentation deutlich die Redezeit (ist also nach den vorgesehenen 15 Minuten erst mit der Hälfte seiner Folien durch), sollten Sie deutlich auf die Uhr tippen und ihm spätestens zwei, drei Minuten später ein Schlussstatement abnötigen.

Die Beispiele zeigen: Ein guter Sitzungsleiter ist *selbstbewusst*, *entschlossen* und *fair* zugleich. Er lässt sich nicht von einzelnen Teilnehmern auf der Nase herumtanzen, sondern sorgt dafür, dass alle zu ihrem Recht kommen. Dazu gehört auch, dass er nicht einseitig Partei ergreift, Teilnehmerideen unterdrückt oder das Protokoll in seinem Sinne modifiziert. Vermeiden Sie daher wertende Kommentare oder voreilige Meinungsäußerungen; bringen Sie jedem Anwesenden die gleiche Wertschätzung entgegen.

Grenzfälle: Man attackiert Sie auf unfaire Weise?

Um Sitzungsergebnisse in ihrem Sinne zu beeinflussen, greifen alte Hasen schon einmal tief in die *Trickkiste*. Dazu gehört etwa, Sitzungsvorlagen erst in letzter Minute einzureichen, um die schlecht informierten Teilnehmer besser im eigenen Sinne beeinflussen zu können, oder die Anwesenden unter dem schillernden Tagesordnungspunkt »Verschiedenes« mit einer wichtigen Frage zu überfallen und aufgrund vermeintlicher Sachzwänge eine Entscheidung zu forcieren.[38] Guten Stil beweist man mit solchen *taktischen Manövern* nicht. Sie selbst sollten daher darauf verzichten. Schließlich müssen Sie immer damit rechnen, dass der ein oder andere sich im Nachhinein düpiert fühlt und Ihnen das bei nächster Gelegenheit heimzahlt.

Unangenehmer als solche Verfahrenstricks sind *Attacken*, die direkt *auf Ihre Person* zielen. Ihr Gegenüber verliert die Contenance – entweder tatsächlich oder nur scheinbar, in der Absicht, Sie zu verunsichern, zu provozieren, zu unüberlegten Äußerungen zu verleiten. Cool bleiben lautet hier die Devise: Mit demonstrativer Gelassenheit nehmen Sie Angreifern den Wind aus den Segeln und beeindrucken Ihr Umfeld durch Selbstbewusstsein. Das ist zugegebenermaßen einfacher gesagt als getan. Wie aktivieren Sie Ihren Schutzpanzer? Unternehmensberaterin und Rhetorik-Profi Hedwig Kellner gibt Tipps.

Interview: »Begeben Sie sich nicht auf die gleiche Ebene!«

Ein Gespräch mit der Personalberaterin Hedwig Kellner

Hedwig Kellner studierte Psychologie und Mathematik. Nach zwei Jahren Entwicklungsdienst in Botswana und Kenia arbeitete sie als Systementwicklerin, bevor sie ein Jahrzehnt bei namhaften Unternehmensberatungen tätig war. Heute ist sie freie Managementtrainerin, Führungscoach und Sachbuchautorin. Publikationen unter anderem »Die Teamlüge« (Eichborn 1997), »Rhetorik: Hart verhandeln, erfolgreich argumentieren« (Hanser Verlag 2001). Aktuell verfasst sie eine Buchreihe zum Thema Projektmanagement, darin zuletzt »Kreativität im Projekt« (Hanser Verlag 2002).

Meetings sind eine wichtige Unternehmensbühne, auf der man positiv auf sich aufmerksam machen sollte. Wie verhalte ich mich am besten, wenn ich unfair attackiert werde?

Kellner: Die geschickteste Strategie ist, ruhig und sachlich zu bleiben, den Blickkontakt abzubrechen und gelassen zu kontern – zum Beispiel mit »Ich verstehe Ihr Engagement« oder »Ich kann Ihre Erregung nachvollziehen«. Steigen Sie auf keinen Fall auf die Provokation ein, begeben Sie sich nicht auf die gleiche Ebene. Wenn Sie das tun, kriegt jeder mit, dass Sie nicht souverän sind, dass man Sie provozieren kann.

Und warum den Blickkontakt abbrechen?

Kellner: Weil wir sonst dazu neigen, den Gegner zu fixieren. Dadurch werden auf beiden Seiten die Aggressionen unnötig angeheizt. Sie können das mit Stieren und Kampfhähnen vergleichen; die fixieren sich vor jedem weiteren Angriff.

Auf welche Art von Attacken sollte man gefasst sein?

Kellner: Es gibt vier immer wiederkehrende Methoden: erstens Killerphrasen (»Was Sie vorschlagen ist ein ganz alter Hut. Das funktioniert in der Praxis nicht!«), zweitens die Unterstellung von Ahnungslosigkeit (»Sie sind erst zwei Jahre im Geschäft. Da können Sie natürlich noch nicht wissen …« Oder: »Wenn Sie im Vertrieb arbeiten würden, wüssten Sie …«), drittens die Unterstellung unfairer oder schlechter Motive (»Sie als Betriebsrat müssen das natürlich so sehen.« Oder: »Ihnen geht es doch nur ums Geld!«) und viertens die Erinnerung an Niederlagen (»Sie haben doch schon das letzte Projekt vergeigt!«).

Und wie kontert man da geschickt?

Kellner: In den ersten beiden Fällen einfach aussprechen, was läuft: »Das klingt nach einer Killerphrase.« Oder: »Sie unterstellen mir Ahnungslosigkeit.« Lassen Sie sich jetzt nicht provozieren, Ihr Wissen nachzuweisen. Unterstellt man Ihnen unfaire Motive, genügt schon ein gelassenes Lächeln. Reibt man Ihnen eine Niederlage unter die Nase, können Sie ruhig fragen, was das jetzt mit der aktuellen Frage zu tun hat. Sie können die Situation mit dem Satz retten: »… und ich habe aus meinen Fehlern gelernt, eine Erfahrung, die ich Ihnen auch wünschen würde.«

Gibt es typische Ausgangskonstellationen, in denen man mit unfairen Angriffen rechnen muss?

Kellner: Ja, die gibt es. Mit Attacken muss man immer rechnen, wenn Karriererivalen anwesend sind, etwa mehrere Teamkollegen, die um den Abteilungsleiterposten konkurrieren. Härter geht es außerdem zu, wenn Ranghöhere anwesend sind, also Personen, die über Karrieren entscheiden. Kritisch wird es, wenn bei der Diskussion um eine Entscheidung eine Seite bei einem bestimmten Ergebnis Nachteile zu erwarten hat oder, umgekehrt, sich bestimmte Vorteile verspricht. Lassen Sie sich dabei vom hehren Ideal sachlicher Auseinandersetzung nicht blenden: Bei fast jeder Entscheidung sind persönliche Interessen und Nutzenüberlegungen im Spiel. Manche Kollegen lassen sich zu unfairen Attacken hinreißen, um ihre Diskussionsziele durchzusetzen.

Gibt es Situationen, in denen man mit gleicher (unfairer) Münze heimzahlen sollte?

Kellner: Nein. Weil alles, was Sie tun, im Meeting vor Zeugen stattfindet. Wenn Sie mit gleicher Münze zurückzahlen, ist der Auslöser dafür schnell vergessen, aber dass Sie sich provozieren lassen, dass Sie die Souveränität verlieren, setzt sich im Gedächtnis der anderen fest. Man hält Sie für wenig belastbar oder sogar für den Auslöser der miesen Stimmung.

Wie kann ich die Situation retten, wenn mir absolut kein souveräner Konter einfallen will?

Kellner: Ich empfehle meinen Klienten ein gelassenes: »Hm, darüber muss ich jetzt erst mal nachdenken.« Oder eine simple, ganz ruhige

Gegenfrage, zum Beispiel »Wie meinen Sie das?« oder »Und was wollen Sie jetzt damit sagen?« Das passt eigentlich immer und bringt den Gegner in die Defensive. Außerdem wird deutlich, dass Sie sich nicht provozieren lassen. Wenn Sie cool genug sind, können Sie auch verschwörerisch zwinkern und ganz nett sagen: »Ach, Herr Müller, das meinen Sie doch nicht so!«

Ihr Tipp zum Thema Meetings?

Kellner: Kommen Sie etwas früher und nutzen Sie auch die Pausen, um Smalltalk zu machen. Das kann Ihre Chance sein, auch einmal informell mit anwesenden Mächtigen zu plaudern. Sie knüpfen dabei wichtige Kontakte für Ihre Karriere, und wer als Vertrauter von Ranghöheren gesehen wird, wird nicht so schnell angegriffen.

Vermeiden Sie es in Diskussionen, anderen Ihre rhetorische oder fachliche Überlegenheit zu demonstrieren. Wenn Sie immer das letzte Wort behalten, freut sich jeder, wenn Sie auch einmal einen draufkriegen, und niemand wird Sie unterstützen. Außerdem: Schwingen Sie sich nicht zur Gouvernante auf, etwa mit einem zickigen: »Lassen Sie mich bitte ausreden!« Gouvernanten mag auch keiner. Lächeln Sie einfach, wenn ein anderer Sie unterbricht. Verlassen Sie sich darauf, dass alle Anwesenden merken, wer unfair ist.

Und niemals sollten Sie sich am Ende eines Meetings beklagen: »Mich hat keiner (oder: Herr Müller hat mich nicht) zu Wort kommen lassen!« Damit signalisieren Sie, dass Sie ein Mensch sind, der sich kein Gehör verschaffen kann. Das ist für die weitere Karriere absolut schädlich.

In einem Satz: Sie sollten kompetent und fair auftreten, sich nicht provozieren lassen und sich gleichzeitig souverän behaupten.

Meetings: Die Do's und Don'ts auf einen Blick

Do's	Don'ts
Die richtige Einstellung	
Meetings als Möglichkeit, sich positiv zu profilieren	Meetings als lästige Pflichtveranstaltungen, die Sie müde absolvieren
Meetings als Chance, die Machtverhältnisse im Unternehmen zu studieren	
Elementare Sitzungstugenden	
Pünktlichkeit	Störungen (Handy-Klingeln, Smalltalk)
Inhaltliche Vorbereitung	Unfaire Gesprächstechniken (Killerphrasen, persönliche Attacken)
Sich positiv profilieren	
Sich sichtbar platzieren	Sich in den hinteren Reihen verstecken
Anhand der Tagesordnung Diskussionsbeiträge vorbereiten	Schweigen
Klar strukturierte, inhaltlich gut begründete Statements abgeben	Zurückhaltende Ein-Satz-Statements abgeben

Do's	Don'ts
Eigene Präsentationen optimal vorbereiten	Schlampig vorbereitete Präsentationen abhalten, die Redezeit überziehen
Pausen nutzen, um mit den Mächtigen ins Gespräch zu kommen	Smalltalk in den Pausen meiden/die Chance vertun, informelle Kontakte zu knüpfen
Eigene Vorhaben durchsetzen	
Taktisch vorgehen: Verbündete suchen, Entscheidungsträger vorab einbeziehen, Gegner lokalisieren	Sich ausschließlich auf die eigenen guten Argumente und eine faire Sachdiskussion verlassen
Eine Sitzung leiten	
Perfekte Organisation im Vorfeld: Raum, Zeit, Ort, Unterlagen, Technik, Bewirtung	Improvisieren
Leitungsaufgabe ernst nehmen: Sitzungsablauf aktiv gestalten (Agenda durchziehen, Diskussion moderieren, Zeitplan im Auge haben)	Sich das Heft aus der Hand nehmen lassen: Abschweifer, Choleriker, Vielredner … nicht bremsen
	Einseitig Partei ergreifen, nicht alle Teilnehmer einbeziehen

Do's	Don'ts
Mit unfairen Attacken umgehen	
Gelassenheit demonstrieren	Sich erkennbar verunsichern lassen
Lächeln	
Unfaire Taktik benennen (»Das klingt nach einer Killerphrase«)	Mit gleicher Münze heimzahlen
Knappe Gegenfrage stellen (»Wie meinen Sie das?«)	Den Gegner fixieren Aggressionen anheizen

Etikette:
Die Referenzen des Trottels.
Ambrose Bierce

Geschäftsessen: Kinderstube beweisen

Darf man Salat mit dem Messer schneiden? Wie isst man Schnecken? Wer geht vor beim Betreten eines Restaurants? Wohin gehört die Stoffserviette? Wir betreten das weite Feld klassischer Benimmfragen. Auch wenn Bierce in seinem berüchtigten »Wörterbuch des Teufels« argwöhnt, wer allzu großen Wert auf Etikette lege, habe sonst nicht viel zu bieten: Hier stehen die Fettnäpfe dicht an dicht, und sichere Umgangsformen werden bei qualifizierten Mitarbeitern einfach vorausgesetzt. Nicht ohne Grund bitten manche Unternehmen aussichtsreiche Bewerber vor einer Einstellung erst einmal zu einem »Testessen« ins Restaurant, und auch beim Assessmentcenter gehört das gemeinsame Abendessen häufig mit zum Auswahlverfahren. Aus Firmensicht ist ein solcher heimlicher Manierentest durchaus nachvollziehbar: Gäste und Geschäftspartner zum Essen auszuführen gehört in vielen Berufen längst zum Alltag, und der Mitarbeiter als Repräsentant des Unternehmens soll dabei eine möglichst gute Figur machen. Worauf es ankommt, lesen Sie in diesem Kapitel.

Sinn oder Unsinn einzelner Verhaltensempfehlungen steht im Folgenden dabei nicht zur Debatte. Es mag durchaus »praktisch« sein, sich die Serviette in den Hemdkragen zu stopfen oder das Hühnerbein in die Hand zu nehmen – außerhalb des Bierzeltes gilt es dennoch als unfein. Ziel dieses Kapitels ist vielmehr, Ihnen einen raschen Überblick über zeitgemäße Konventionen zu geben.

Einladung: Geschäftsessen im Restaurant

Der »Fettnapfparcours« beginnt nicht erst, wenn »schwierige« Gerichte zu essen sind (dazu mehr im nächsten Kapitel), sondern schon beim herkömmlichen Ablauf eines Geschäftsessens. Die Schlüsselfragen:

Wohin laden Sie Ihre(n) Geschäftspartner ein?

Wählen Sie ein Restaurant, das dem Anlass und dem Rang Ihrer Geschäftspartner angemessen ist. Einen wichtigen Kunden in Leitungsfunktion werden Sie kaum in eine rustikale Kneipe schleppen, Kollegen, mit denen Sie sich regelmäßig zu Arbeitssitzungen treffen, während einer solchen Sitzung kaum in einen Gourmettempel. Mit der Klasse des Lokals setzen Sie gleichzeitig ein Signal, wie wichtig Ihnen Ihr Gegenüber ist. In den meisten Unternehmen existieren Empfehlungen, wohin »man« zu bestimmten Anlässen geht. Eine gute Informationsquelle sind oft erfahrene Sekretärinnen.

Wenn ein Gespräch sehr wichtig für Sie ist, sollten Sie sich vorab einen Eindruck vom Lokal verschaffen, um Pannen zu vermeiden. Und: Meiden Sie Restaurants, in denen Sie sich nicht wohl fühlen. Wenn Ihnen die Blasiertheit der Kellner im angesagten Sternerestaurant die Schweißperlen auf die Stirn treibt, ist das der falsche Ort für ein souverän-entspanntes Gespräch.

Wer geht vor beim Betreten des Restaurants?

Der Gastgeber – und der kann heute selbstverständlich auch eine Frau sein. Die alte Regel, nach der Frauen ein Lokal nicht als Erste betreten durften, ist völlig überholt. Ehemals diente sie angeblich dem »Schutz« des weiblichen Geschlechts (vor herumfliegenden Flaschen? Schlägereien?? Zudringlichkeiten???). Mit der Benimmexpertin Inge Wolff gehe ich davon aus, dass Sie nicht gerade eine finstere Spelunke für Ihr Geschäftsessen ausgesucht haben und sich somit mutig als Erste hineinwagen dürfen.[39] Teilen Sie dem Ober Namen und Firma mit und lassen Sie sich und Ihre Gäste an den (vorab reservierten) Tisch führen.

Wer kümmert sich um die Garderobe der Gäste?

Vereinzelt kann man noch lesen, es sei der männliche Begleiter, der einer Dame aus dem Mantel helfe, und auf keinen Fall das Servicepersonal.[40] Andere Benimmexperten, darunter die Mitglieder des Arbeitskreises Umgangsformen International, sehen das lockerer: Es zeuge keineswegs von schlechten Manieren, wenn ein Begleiter das zulasse.[41] Was wäre auch die Alternative? Ein herrisches: »Das mache ich selbst!«, an den Ober gewandt? Dasselbe gilt auch fürs Hineinhelfen in die Garderobe. Davon unberührt bleibt es natürlich eine höfliche Geste, wenn Sie Ihrem Gast – ganz gleich, ob weiblich oder männlich – aus dem Mantel helfen.

Wer setzt sich zuerst?

Die Gäste. Bitten Sie als Gastgeber, Platz zu nehmen und setzen Sie sich erst dann. Dabei werden Ihre Gäste dankbar sein, wenn Sie das Heft ein wenig in die Hand nehmen und Vorschläge zur Sitzordnung machen. Sorgen Sie dabei diskret dafür, dass ein besonders wichtiger Gast gut platziert wird, also nicht im Durchgang oder mit dem Rücken zum Gastraum sitzt. Dafür reicht ein freundliches: »Frau Dr. Lüdenscheidt, möchten Sie vielleicht hier …?« Damen werden immer noch bevorzugt behandelt. Ein gastgebender Vorgesetzter wartet auch, bis seine Mitarbeiter einen Platz gefunden haben.

Wer bestellt zuerst?

Die Gäste. Eventuelle Unsicherheiten (Vorspeise oder nicht? In welcher Preisklasse speist man?) können Sie als Gastgeber dadurch beseitigen, dass Sie Empfehlungen aussprechen. »Das getrüffelte Filet ist hier vorzüglich, und auch die Kürbissuppe kann ich sehr empfehlen« – damit sind alle Unklarheiten beseitigt. Wenn Sie Gast sind und der Gastgeber sich bedeckt hält, orientieren Sie sich sicherheitshalber im mittleren preislichen Feld.

Wer probiert den Wein?

... wird in allen Benimmratgebern diskutiert. Die Frage, ob Sie Alkohol auch ablehnen dürfen, dagegen nicht. Hier hilft einem der gesunde Menschenverstand: Sollten Sie ein, zwei Gläser schachmatt setzen oder erfahrungsgemäß zu unvorsichtigen Reden verführen, bleiben Sie klugerweise bei Wasser. Ach ja, wer probiert? Der Gastgeber oder (auch hier ist inzwischen eine alte Benimmbastion geschleift worden) die Gastgeber*in*.

Wer gibt den Start zum Essen?

Der Gastgeber. Dafür genügt schon ein kurzes Nicken oder eine entsprechende Geste, allenfalls ein: »Guten Appetit!« Ein herzliches »Mahlzeit!« heben Sie sich für die Hauskantine auf – und auch dort kann sich nicht jeder damit anfreunden. Serviert die Küche die Einzelgerichte nicht gleichzeitig (was ein Grund sein sollte, beim nächsten Mal lieber ein anderes Restaurant aufzusuchen), ermuntern Sie Ihre Gäste anzufangen. Selber unaufgefordert mit dem Essen zu beginnen, während andere noch auf ihr Gericht warten, ist unhöflich.

Darf man anstoßen?

Die Gläser klingen zu lassen ist eher etwas für familiäre und private Anlässe. Man prostet sich – etwa mit einem »Zum Wohl!« – dezent zu. Gläser mit Stiel werden dabei grundsätzlich auch dort angefasst.

Wer schenkt nach?

In mittleren und gehobenen Restaurants der Ober. Sie sollten das in diesen Fällen nicht selber übernehmen (und natürlich räumen Sie auch keine Teller zusammen, um dem Personal die Arbeit zu erleichtern).

Wann redet man über geschäftliche Fragen?

Auch wenn Sie sich zum Essen verabredet haben, um Geschäftliches zu besprechen, sollten Sie nicht schon beim Aperitif mit der Tür ins Haus fallen. Schließlich haben Sie den Gang ins Lokal gewählt, um allgemeine Beziehungspflege zu betreiben und Ihrem Gesprächspartner ein angenehmes Ambiente zu bieten. Das wird er kaum genießen können, wenn Sie ihn über seine Erfahrungen mit dem Produkt x ausquetschen, während er mit seinem Steak kämpft. Machen Sie also ein wenig Smalltalk (vergleiche Seite 30 ff.) und verschieben Sie geschäftliche Fragen bis zum Dessert.

Wohin mit der Serviette?

Sobald der erste Gang serviert wird, falten Sie die Serviette auseinander und legen sie auf den Schoß. In den Kragen stopft man sie allenfalls im Bauerntheater oder – große Ausnahme! – wenn Sie beim Verspeisen eines Hummers tatsächlich noch mit der Hummerzange hantieren (siehe Seite 197). Ansonsten falten Sie große Stoffservietten am besten einmal quer und legen sie mit der offenen Seite zu sich hin.

Dann können Sie sich mit der Innenseite vor dem Trinken immer kurz den Mund abtupfen – was nicht nur die Etikette verlangt, sondern auch hässliche Fettränder am Glas verhindert.

Behindert eine besonders kunstvoll gefaltete Serviette beim Blick in die Speisekarte, können Sie sie auch schon vorher in ein Rechteck verwandeln und links neben dem Teller platzieren. Dorthin gehört sie übrigens auch am Ende der Mahlzeit – egal, ob aus Stoff oder Papier.

Jede Menge Bestecke: Was tun?

»Arbeiten« Sie sich von außen nach innen vor. In der Regel liegt also das Vorspeisenbesteck ganz außen (links die Gabel, rechts das Messer), dann folgen die Bestecke für die nächsten Gänge. Manche Gerichte werden auch mit einem Extrabesteck serviert; dann benutzen Sie natürlich das.

Bei zahlreichen Gläsern dagegen besteht kein Anlass zur Panik: Der Kellner wird schon wissen, was er tut, und richtig einschenken.

»Korrekte« Tischhaltung: Gelten Großmutters Regeln noch?

Eindeutig ja. Im Telegrammstil: aufrecht sitzen, Ellenbogen am Körper, nicht mehr als die Hände auf dem Tisch, das Besteck zum Mund führen (nicht umgekehrt). Gemütliches Fläzen müssen Sie auf den Feierabend verschieben.

Wohin mit dem Besteck nach der Mahlzeit?

Legen Sie die Einzelteile parallel auf den Teller (leicht schräg, mit den Griffen auf den rechten unteren Tellerrand). Ausnahme: Gerichte, die mit einem Unterteller serviert werden (etwa Krabbencocktail, Suppe). Hier wird das Besteck auf dem Unterteller abgelegt. Wenn Sie noch weiteressen wollen, sollten Sie Messer und Gabel übrigens nicht mit den Griffen auf dem Tisch deponieren und sie rechts und links am Tellerrand abstützen, sondern richtig auf den Teller legen. Tieferer Sinn dieser Benimmregel: Sauce kann so nicht aufs Tischtuch laufen.

Darf man zwischen den Gängen rauchen?

Nein, nein und nochmals nein (für Nikotinjunkies: notfalls nach dem Hauptgang)! Und auch nach dem Dessert sollten Sie die anderen fragen, ob es sie stört. Sie vermuten richtig: Ich bin Nichtraucherin – aber die Benimmexperten sehen es ebenso.

Darf frau sich (nach-)schminken?

Der Griff zu Puderdose oder Lippenstift zwischen den Gängen ist absolut tabu, von aufwändigeren Make-up-Auffrischungen ganz zu schweigen.

Darf man sich beschweren?

Gehen Sie als Gastgeber lieber schon bei der Wahl des Lokals auf Nummer sicher: Essen und Service müssen stimmen. Ist dennoch ein Malheur passiert (Kork im Wein, Fleisch zäh …), weisen Sie ruhig darauf hin und bitten Sie um Ersatz. Für Polterei oder Unfreundlichkeit besteht kein Anlass. Wer das Personal anherrscht oder wie Lakaien herumscheucht, stellt sich selbst ein schlechtes Zeugnis aus.

Gibt es ihn noch, den »Anstandshappen«?

Nein, Sie können ruhig alles aufessen (einschließlich der Dekoration – auch das war früher verpönt). Und die frohe Botschaft für alle, die aufgrund des Wetters immer ihren Teller leer essen mussten: Es hat sich anscheinend herumgesprochen, dass Wetterfrösche dadurch nicht zu beeindrucken sind. Sie können also problemlos Reste zurückgehen lassen.

Malheur passiert?

Gräte im Hals, Kontaktlinse verrutscht oder unkontrollierbarer Hustenanfall? Ehe Sie sich und Ihre Umgebung quälen: Verlassen Sie mit einer knappen Entschuldigung den Tisch und suchen Sie den Waschraum auf. Wenn Sie Ihr Glas samt Inhalt auf den Tisch gekippt haben, bitten Sie den Service um Behebung des Schadens. Der wird Ihnen auch Ersatz bringen, sollte Ihnen Besteck auf den Boden gefallen sein (das alte auf keinen Fall weiterbenutzen). Wie Sie sich am besten verhalten, wenn andere von Ihrem Malheur betroffen sind, lesen Sie unter »Grenzfälle« ab Seite 202.

Wer bezahlt?

Der Einladende/Gastgeber. Das »Frollein« zu rufen ist übrigens auch im Gastgewerbe absolut out; und das Pendant zu »Herr Ober« ist nicht »Frau Oberin«. In der Regel reicht eine knappe Geste (etwa ein Handzeichen), um auf sich aufmerksam zu machen, notfalls tut es auch ein »Bitte ...« oder »Entschuldigung ...«. Wenn Sie ausführlich und lange nachrechnen oder umständlich Einzelscheine hinblättern, geraten Sie womöglich in Geizhalsverdacht. Legen Sie Kreditkarte oder den fälligen Betrag in die meist dafür vorgesehene Mappe. Je nach Zufriedenheit sind 5 bis 10 % Trinkgeld angemessen – aber absolut freiwillig!

Wenn Sie mit der Kreditkarte bezahlen, können Sie das Trinkgeld entweder auf dem Beleg notieren (unter »Service« oder »Tip«) oder Sie legen es bar dazu.

Drängeln gilt nicht: Am Büfett

»Iss nie mehr, als du tragen kannst!«, empfiehlt Miss Piggy. Diesen unschlagbaren Diättipp der Schweinedame aus der Muppetsshow sollten Sie auch befolgen, wenn Sie sich ans Büfett wagen. Was es sonst noch zu beachten gilt? Vielleicht finden Sie ganz hinten in Ihrem Schallplattenregal noch Reinhard Meys »Heiße Schlacht am kalten Büfett«. Wenn nicht, nutzen Sie die folgende Übersicht.

Kurz gefasst:
Benimm am Büfett

Aufbau/ Menüfolge Viele Büfetts ersetzen ein komplettes Menü, bestehen also aus Vorspeise, Hauptgängen und Desserts. Beim Aufbau des Büfetts orientiert man sich in der Gastronomie normalerweise an dieser Speisenfolge und gibt so eine bestimmte Laufrichtung entlang des Büfetts vor. Auch wenn einzelnen Gänge auf verschiedenen Tischen angerichtet sind, sollten Sie die klassische Menüfolge beachten und nicht wild kombinieren oder mit dem Käseteller starten. Die klassische Menüfolge ist: kalte Vorspeise > Suppe > Hauptgericht (Fleisch, Fisch) > Käse > Dessert.

Anstellen Fürs Anstellen am Büfett gilt das Gleiche wie fürs Anstellen in der Bäckerei: Überholen gilt nicht – auch wenn der Vordermann noch so ungeschickt mit Vorlegegabel und Schinken kämpft.

Besteck und Geschirr … finden Sie entweder an Ihrem Platz oder bei den jeweiligen Gängen des Büfetts. Für jeden Menügang nehmen Sie sich einen neuen Teller und neues Besteck

(Ausnahme: Büfetts im kleineren Kreis mit offensichtlich begrenzter Tellerzahl). Benutztes Geschirr wird vom Servicepersonal abgeräumt. Fordern Sie das Schicksal nicht durch abenteuerliche Aufbauten auf Ihrem Teller heraus (siehe »Mehrfach bedienen«).

Eröffnung Gleichgültig, ob nobler Empfang oder zünftiges Betriebsfest: Irgendwer eröffnet immer das Büfett. Und so lange müssen Sie wohl oder übel warten. Dass Sie dann nicht ausgehungert losstürzen, versteht sich von selbst.

Getränke … werden in den in den meisten Fällen direkt am Sitzplatz ausgeschenkt. Dabei recken Sie dem Kellner nicht Ihr Glas entgegen, sondern lehnen sich allenfalls ein wenig zur Seite, damit er ungehindert einschenken kann.

Mehrfach bedienen … darf man sich nicht nur, das ist beim Büfett ausdrücklich erwünscht.

Naschen Am Büfett selbst wird nicht gegessen – auch nicht probiert. Dasselbe gilt für den Weg vom Büfett zum eigenen Tisch.

Servicepersonal Insbesondere Hauptgerichte werden häufig vom Servicepersonal aufgelegt. Sie säbeln also nicht selbst am Braten herum, sondern bitten den dahinter postierten Koch um eine Scheibe.

Stehbüfett Stehen keine Tische und Stühle bereit, werden Getränke und Speisen durch herumgehende Kellner gereicht. Wenn Sie Glück haben, gibt es wenigstens Stehtische, und Sie müssen nicht mit Glas und Häppchen jonglieren. Bevor Sie bei Kanapees und Fingerfood beherzt zugreifen, sollten Sie kritisch abschätzen, ob man das Angebotene tatsächlich einigermaßen gefahrlos für Krawatte, Kostüm oder Nebenmann mit den Fingern essen kann. Vielleicht ist Ihnen das Gespräch mit einem interessanten Fachkollegen dann doch wichtiger als ein üppig belegtes, majonäsegekröntes Häppchen, das Ihre ganze Konzentration fordern würde ...

Wie isst man das? ABC »schwieriger« Speisen

Ehe Sie sich in eines der Lieblingskapitel klassischer Benimmbücher vertiefen – die Handhabung »schwieriger« Gerichte von Austern bis Spargel –, sollten Sie den einfachsten Ausweg nicht vergessen: Bevorzugen Sie Speisen, die Sie gar nicht erst vor solche Probleme stellen. Denn gleichgültig, ob ein Geschäftsessen der allgemeinen Beziehungspflege oder dem Vorantreiben eines bestimmten Projektes dient: Es handelt sich um ein Arbeitsessen, und da fördert es den Arbeitserfolg, wenn Ihre Konzentration nicht bereits durch das absorbiert wird, was da vor Ihnen auf dem Teller liegt. Allerdings lauern selbst bei vergleichsweise gängigen Speisen Benimmfallen. Hierzu und für den Fall, dass Ihr Gastgeber Sie zu Hummer und Krebsen nötigt, die folgende Übersicht.

Austern: ... darf man tatsächlich schlürfen. Vorher müssen Sie das arme Tier mit der Austerngabel (die kurz und dreizackig ist) aus der Schale lösen. Anschließend können Sie es mit Zitronensaft oder Pfeffer würzen und dann mit der Gabel essen – oder eben direkt aus der Schale schlürfen. Entscheiden Sie sich für die Gabel, trinken Sie das Austernwasser danach aus der Muschel.

Baguette/Brot: Von Brotscheibchen, die als Beilage oder zur Vorspeise gereicht werden, brechen Sie mundgerechte Stückchen ab und nehmen für Dips oder Butter das dafür vorgesehene kleine Messer (links oben neben Ihrem Teller, auf einem kleinen Brotteller) zuhilfe. Das Brot großflächig zu beschmieren oder zu tunken, gilt als nicht stilvoll.

Blattsalat: ... darf man inzwischen mit dem Messer schneiden, obwohl das Zusammenfalten der Blätter immer noch als »eleganter« gilt.

Fleischspieße: Wird der Spieß nicht schon vor dem Servieren in der Küche entfernt, holen Sie das selbst nach: Streifen Sie die Fleisch- und Gemüsestücke von unten beginnend mit der Gabel auf Ihren Teller und legen Sie den Spieß auf den Tellerrand.

Folienkartoffeln: Dazu bekommen Sie in der Regel einen kleinen Löffel, mit dem Sie die Kartoffel aushöhlen. Fehlt er, benutzen Sie Messer und Gabel.

Forellen: ... und andere »ganz« servierte Fische müssen filetiert werden. Dafür entfernt man mit dem Fischmesser zunächst Rücken-, Bauch- und Schwanzflosse. Ein weiterer Schnitt unterhalb der Kiemen und am Rückgrat (der »Oberkante«) – schon können Sie die Haut abrollen und das obere Filet stückweise von den Gräten lösen. Danach heben Sie die Hauptgräte ab und essen das untere Filet. Ob Sie die Haut mitessen oder auf den dafür bestimmten Abfallteller legen, ist reine Geschmackssache.

Frühstücksei: Sein Ei mit dem Messer zu köpfen ist unproblematisch – Treffsicherheit vorausgesetzt. Ansonsten pellen Sie besser eine Kappe ab, nachdem das Ei mit dem vorgesehenen (Plastik-)Löffel beklopft wurde.

Garnelen: Die kleinen Krebse gehören zu den wenigen Gerichten, die man mit den Fingern essen »darf«. Dazu kriegt man hoffentlich neben einer kleinen Fingerschale mit Zitronenwasser auch eine Extraserviette. Man nimmt die Garnele in die linke Hand und dreht mit der rechten den Kopf ab. Anschließend bricht man den Schwanzpanzer mit den Fingern auf, entfernt den dünnen schwarzen Darm und darf genießen. Falls Sie das Ganze lieber mit Messer und Gabel probieren möchten: mühsam – aber erlaubt.

Hähnchenschenkel: Das Hühnerbein in die Hand zu nehmen ist beim Picknick oder im Bierzelt völlig in Ordnung. Im Restaurant greifen Sie zu Messer und Gabel.

Hummer: Obwohl der Hummer das Lieblingsbeispiel für »schwierige« Gerichte ist, erleichtern die meisten Restaurants seinen Verzehr inzwischen durch mundgerechte Vorbereitung. Es wird Ihnen also kaum passieren, dass Sie selbst den Hummer mit einem scharfen Messer längs teilen und die Scheren mit der Hummerzange knacken müssen – das erledigt die Küche für Sie. Ihnen bleibt, das Fleisch aus dem Körper zu lösen und mit Messer und Gabel zu verzehren. Die Scheren und die Beine drehen Sie mit der Hand vom Körper ab und ziehen das Fleisch mit einer schmalen Hummergabel heraus. Geht das bei den Beinen nicht, dürfen Sie diese auch aussaugen. Wie bei anderen Fingergerichten wird eine Schale zum Reinigen der Finger bereitstehen.

Kartoffeln und Klöße: ... kann man mit dem Messer schneiden, was früher verpönt war. Genießer argumentieren allerdings, eine mit der Gabel zerteilte Kartoffel könne mehr Sauce aufnehmen.

(**M**ies-)Muscheln: ... sind relativ einfach zu handhaben: Essen Sie die erste mit der Gabel und verwenden Sie die leere Schale dann als Zange. Der Sud wird mit dem Suppenlöffel ausgelöffelt. Auch hier gilt: Das

Schälchen mit der Zitronenscheibe ist kein Drink auf Kosten des Hauses, sondern eine Fingerschale.

Schnecken: … werden meist im Gehäuse und heiß brutzelnd in einer Schneckenpfanne serviert. Deshalb die Schneckenzange, die man in die linke Hand nimmt. Kippen Sie mit ihrer Hilfe zunächst die Butter aus dem Gehäuse auf einen Löffel. Anschließend ziehen Sie die Schnecke mit der zweizinkigen Schneckengabel heraus. Was dabei alles schief gehen kann, weiß jeder, der »Pretty Woman« gesehen hat.

Spagetti: Wer die langen Nudeln klein schneidet, begeht einen Fauxpas – sie werden mit der Gabel gewickelt. Profis schaffen das an der Kante eines tiefen Tellers, Laien nehmen in Deutschland den dafür vorgesehenen Löffel zuhilfe (auch wenn das die Italiener belächeln).

Spareribs: Ebenfalls ein Fingergericht. Wer es dennoch mit Messer und Gabel versucht, wird hungrig nach Hause gehen. Was im Biergarten mit guten Freunden mit Spaß verzehrt wird, eignet sich fürs Geschäftsessen allerdings weniger: Wirklich elegant sieht kaum jemand beim Knochenknabbern aus. Da nützt es auch nichts, wenn Sie den kleinen Finger abspreizen (was mit Benimm wenig zu tun hat und eher geziert wirkt).

Spargel: … musste man früher elegant mit der Gabel abstützen, während man ihn mit den Fingern in den Mund schob. Heute isst man ihn einfach mit Messer und Gabel (und erspart sich dadurch wahrscheinlich eine Menge Fettflecken).

Suppe: Wird die Suppe in sehr kleinen Suppentassen mit Henkel serviert, ist es kein Benimmfehler, den Rest direkt aus der Tasse zu trinken. Suppenteller anzuheben, um sie ganz zu leeren, finden viele Menschen dagegen immer noch unfein.

Wer hätte gedacht, dass Essen so kompliziert sein kann ... Falls Ihnen erst einmal der Kopf schwirrt, lassen Sie sich von Benimmprofi Bernd Sucher trösten: »Der Umgang mit Menschen (...) ist wichtiger, viel wichtiger als der richtige Umgang mit Bestecken, Gläsern, Servietten, Hummern und Spargeln. Diesen kann man spontan lernen, sich abgucken, sich antrainieren – leicht; jener will gedacht, gelebt, erlebt und jederzeit angewandt werden.«[42] Mehr zu diesem Thema auch im folgenden Interview.

Interview: »Wenn jemand höflich ist, wird ihm auch ein Fauxpas verziehen«

Ein Gespräch mit dem Benimmexperten Horst Hanisch

Horst Hanisch ist Experte in Sachen Tischkultur und Benimm. In seinen Firmenseminaren zur Business-Etikette und seinen für jedermann offenen Benimm-Workshops haben schätzungsweise mehr als 5700 Teilnehmer neben dem Begrüßen/Vorstellen und dem selbstbewussten Auftreten auch das richtige Verhalten im Restaurant und das sichere Meistern eines Fünf-Gänge-Menüs geübt. Buchveröffentlichungen unter anderem: »Kulinarischer Knigge« (Bassermann Verlag 2001) und »Knigge für Beruf und Karriere« (STS Taschenguide 2002). Informationen unter www.knigge-seminare.de.

Im Gefolge der 68er war eine Betonung der »Tischmanieren« zeitweise verpönt. Das hat sich drastisch geändert, oder?

Hanisch: Das hat sich in der Tat deutlich geändert, weil sich die Erkenntnis durchgesetzt hat, dass nicht nur fachliches Wissen zum Erfolg führt, sondern auch das menschliche Drumherum.

Was heißt das konkret für den beruflichen Kontext, etwa bei Geschäftsessen?

Hanisch: Nehmen wir einmal Verkaufsgespräche, denn bei den meisten geschäftlichen Kontakten geht es ja darum, im wörtlichen oder übertragenen Sinne etwas zu »verkaufen«. Wenn mir jemand etwas verkaufen will, setze ich Fachkompetenz voraus, aber ich werde auch davon beeinflusst, in welcher Atmosphäre das Gespräch stattfindet. Durch unpassendes Verhalten werde ich einerseits von sachlichen Inhalten abgelenkt, andererseits schließe ich davon bewusst oder unbewusst auch auf Fachliches. Ich komme so womöglich zu dem Schluss, mit dem Produkt kann es angesichts solcher Patzer nicht weit her sein. Natürlich ist das logisch nicht zwingend, aber wir nehmen einen Menschen unweigerlich als Einheit wahr.

Wo bestehen Ihrer Erfahrung nach die größten Unsicherheiten, welche Fehler werden am häufigsten gemacht?

Hanisch: Ob Selbstständige oder Vorstand, Hausfrau oder Student – den Teilnehmern meiner Seminare geht es in der Regel um das Tüpfelchen auf dem i, um die Abrundung ihres Wissens. Die typischen Fehler gibt es eigentlich nicht, auch nicht den oder die »schlimmsten« Fehler. Wenn jemand insgesamt höflich ist – und das bedeutet für mich: aufmerksam für die Bedürfnisse anderer –, wird ihm auch ein Fauxpas verziehen. Deshalb vermeide ich in meinen Seminaren den erhobenen Zeigefinger: Es geht mir nicht um die Vermittlung starrer Regeln, sondern um die Sensibilisierung dafür, wie ein Verhalten auf das Gegenüber wirkt. Wie wirkt es zum Beispiel, wenn ich mich im Restaurant als Erster setze und anderen damit vorschreibe, wo Sie sitzen können/müssen?

Höfliches und souveränes Auftreten ist also wichtiger als das Befolgen steifer Etiketteregeln?

Hanisch: Ja, weil ich gar nicht alles wissen kann. Es wird immer wieder Situationen geben, in denen ich etwas nicht weiß – und sei es nur, dass mir nicht klar ist, welcher Wein zu einem bestimmten Gericht passt. Damit sollte ich gelassen und selbstbewusst umgehen und durchaus mein Nichtwissen eingestehen. Bei Unklarheiten: Fragen Sie zum Wein den Ober, oder sagen Sie offen: »Oh, jetzt weiß ich wirklich nicht, wem ich zuerst die Hand geben müsste!«, wenn das aufgrund von Alter und Rangfolge knifflig ist. Indem Sie eine Schwäche eingestehen, wirken Sie menschlich und sympathisch und münzen sie in eine Stärke um.

Wer besucht Ihre Seminare? Sind bestimmte Branchen oder Personengruppen überproportional vertreten?

Hanisch: Bei firmeninternen Seminaren zur Business-Etikette reicht das Interesse vom Mitarbeiterstab bis zum Vorstand; stark vertreten ist der Außendienst und natürlich alle, die häufiger mit Kundenkontakten betraut sind. Bei offenen Seminaren – so genannten Knigge-Kompakt-Seminaren – ist buchstäblich jede/r angesprochen.

Ihr Expertentipp für alle, die als Gastgeber eines Geschäftsessens punkten wollen?

Hanisch: Denken Sie daran, dass Ihr Gast sich wohl fühlen soll. Zeigen Sie Menschlichkeit und sehen Sie über eventuelle Schwächen oder Nervosität des anderen gekonnt hinweg. Geben Sie ihm einfach das Gefühl, dass alles (und damit auch sie/er) okay ist.

Grenzfälle: Sie haben Ihrem Kunden Sauce auf die Seidenkrawatte gespritzt?

Da haben Sie sich so um Ihren Geschäftspartner bemüht – und nun das: Eigentlich wollten Sie elegant das Fleisch vom Spieß streifen, da rutscht Ihnen die Gabel ab, und eine gehörige Portion Sauce landet exakt auf der (zweifellos teuren) Krawatte Ihres Gegenübers. Auch schön: Sie gestikulieren lebhaft und stoßen dabei ein Rotweinglas um, dessen Inhalt sich über die Hose Ihrer Nachbarin ergießt. In beiden Fällen bleibt Ihnen nur, angemessene Zerknirschung zu zeigen und für den Schaden aufzukommen.

Angemessene Zerknirschung heißt: Sie entschuldigen sich sofort. Dabei überfallen Sie Ihr Opfer nicht mit einem Wortschwall (»Wie konnte mir das passieren! So eine Ungeschicklichkeit aber auch! Ich hätte vielleicht doch lieber das Schnitzel als diesen verhexten Spieß ... Ich hoffe, Sie können mir verzeihen? Ich bin wirklich ein Tolpatsch! Erst neulich ...«) und Sie übertreiben auch nicht (»Ich bin untröstlich! Ich kann mich nur tausendmal entschuldigen! Wie konnte das nur passieren! Eine unverzeihliche Ungeschicklichkeit!«). Dass es Ihnen Leid tut und dass Sie sich für das Malheur entschuldigen, genügt vollkommen. Dramatisieren Sie nicht, damit vergrößern Sie nur den Fettnapf, in dem Sie gerade stehen, und malen ihn quasi rot an. Und machen Sie es für den Betroffenen nicht noch peinlicher, indem Sie anfangen, an ihm oder ihr herumzureiben. Er oder sie wird sich sicherlich lieber in den Waschraum zurückziehen, um die gröbsten Schäden zu beseitigen.

Für den Schaden aufkommen sollten Sie selbstverständlich auch, wenn der Betroffene lässig abwinkt. Dem Spießopfer eine ähnliche, sorgfältig ausgesuchte Krawatte zu schicken und sich mit einer Flasche guten Weins für die Ungeschicklichkeit zu entschuldigen, sollte ein Leichtes sein. Bei der ruinierten Hose ist Ihre Kreativität stärker gefragt – vielleicht könnten Sie sich ja neben dem finanziellen Ausgleich mit Konzertkarten oder einer anderen Aufmerksamkeit positiv im Gedächtnis verankern? Wenn Sie gekonnt Smalltalk gemacht haben, wissen Sie ja inzwischen, wofür sich Ihr Gegenüber begeistern kann …

Geschäftsessen: Die Do's und Don'ts auf einen Blick

Do's	Don'ts
… als Gastgeber	
Angemessenen Rahmen wählen	Restaurant wählen, das zu exklusiv oder zu rustikal ist
Klassische Höflichkeit/Aufmerksamkeit dem Gast gegenüber (zum Beispiel Garderobe abnehmen, guten Platz anbieten, Gericht empfehlen)	Sich zuerst setzen, als Erster bestellen
	Das Personal herablassend oder unfreundlich behandeln
Interesse für den anderen/Smalltalk	Im Gespräch schon bei der Vorspeise mit der geschäftlichen Tür ins Haus fallen
	Die Rechnung umständlich kontrollieren
… als Gast wie Gastgeber	
Klassische Tischmanieren beherrschen (Haltung, Umgang mit Besteck/Gläsern/Serviette)	Typische Fauxpas: Serviette nicht benutzen, Besteck am Tellerrand abstützen, zwischen den Gängen rauchen, Teller selbst zusammenräumen

Do's	Don'ts
Büfetts	
Eröffnung abwarten Menüfolge beachten Für jeden Gang neuen Teller benutzen Sich wiederholt bedienen	Mehrere Gänge auf einem Teller mischen Drängeln oder Überholen Am Büfett oder auf dem Weg zum Tisch naschen Teller risikofreudig hoch beladen
»Schwierige« Speisen	
Nichts bestellen, was man »schwierig« findet Nichtwissen souverän eingestehen, wenn man mit unbekanntem Gericht konfrontiert wird	Klassische Fauxpas bei gängigen Gerichten: Beilagenbrot großflächig beschmieren, Suppenteller anheben, Fingerschale ignorieren, Spaghetti schneiden, Hähnchenschenkel anfassen

Do's	Don'ts
Malheur passiert/Gegenüber bespritzt?	
Sich sofort höflich entschuldigen	Wortreiche, übertriebene Entschuldigungen
Für den Schaden des Gegenübers aufkommen (auch wenn dieser abwinkt!)	Selber mit der Serviette Hand an den Betroffenen legen
Sich durch kleine Aufmerksamkeit positiv im Gedächtnis verankern	

Engländer und Amerikaner sind nur
durch die gemeinsame Sprache getrennt.
George Bernhard Shaw

Im Ausland: Spielregeln beherrschen

Wenden Sie einem Araber niemals die Fußsohlen zu! Nehmen Sie die Visitenkarte eines Chinesen stets mit beiden Händen entgegen! Reichen Sie einer Frau in streng islamischen Ländern nicht unaufgefordert die Hand! Die Liste solcher Tipps ließe sich endlos fortsetzen – ein auch nur annähernd um Vollständigkeit bemühter »Auslandsknigge« würde den Rahmen dieses Buches sprengen. Und selbst, wenn Sie alle örtlichen Benimmregeln vorbildlich befolgten, wäre das noch kein Garant für Ihren internationalen Geschäftserfolg. Die eigentlichen Unterschiede zwischen Völkern und zwischen (Geschäfts-)Kulturen wurzeln tiefer: Sie betreffen Denkweisen, Mentalitäten, Verhandlungsmuster, Wertvorstellungen. Was oberflächlich vertraut und »gleich« erscheint, birgt oft weit reichende Unterschiede. Sprachliche Differenzen wie die von George Bernhard Shaw thematisierten sind da nur die Spitze des Eisberges.

In diesem Kapitel werden Sie schon aus Platzgründen nur die wichtigsten Benimmtipps für gängige Flugziele internationaler Manager finden. Vorrangiges Ziel ist, Sie für die grundsätzlichen Tücken der Zusammenarbeit verschiedener Kulturen zu sensibilisieren.

When in Rome ...: Anpassung pur?

»When in Rome, do as the Romans do«, lautet ein bekanntes Sprichwort. Als ultimatives Erfolgsrezept für das internationale Business indes taugt es nur bedingt. Sich chamäleongleich der jeweiligen Umgebung anzupassen würde die meisten Menschen hoffnungslos überfordern, und ob damit wirklich die Sympathie Ihrer Geschäftspartner zu gewinnen wäre, ist höchst unsicher. Sie müssen nicht virtuos mit Stäbchen essen können, um Ihre japanischen Kunden zu überzeugen, oder die lebhafte Gestik vor dem Spiegel trainieren, die man Südeuropäern gern zuschreibt, um in Italien Erfolg zu haben. Sie selbst wären vermutlich auch leicht befremdet, wenn Ihr japanischer Geschäftsbesuch Sie mit einem kräftigen Händeschütteln und offensivem Blickkontakt »typisch deutsch« begrüßen würde. Statt anbiedernder Gesten ist vielmehr zweierlei gefragt: erstens ein ehrliches Interesse für das Gastland, verbunden mit Respekt vor dessen Sitten und Gepflogenheiten, und zweitens genügend Wissen über die Region, in der Sie sich bewegen, um jene Handlungen und Verhaltensweisen zu vermeiden, die dort als grob anstößig empfunden werden. Konkret heißt das: Ohne intensive Vorbereitung auf Land und Leute machen Sie sich das (Geschäfts-)Leben schwer.

TIPP

Über die Geschichte, Geographie und aktuelle politische Situation des Gastlandes zumindest in groben Zügen Bescheid zu wissen, verschafft Ihnen immer Pluspunkte. Vom bekannten Nationalhelden nie gehört zu haben oder nichts über die Staatsform des Landes zu wissen, kann Sie dagegen in peinliche Situationen bringen. Außerdem wird Ihnen beim Smalltalk zu Gesprächsbeginn oder beim gemeinsamen Essen schnell der Gesprächsstoff ausgehen, wenn Sie nicht über ein zumindest rudimentäres Wissen verfügen.

Dies ist umso wichtiger, als in den meisten Ländern geschäftliche Kontakte sehr viel stärker von einer vertrauensvollen persönlichen Beziehung abhängig gemacht werden als in Deutschland (vergleiche Seite 212). Eine solche Beziehung werden Sie nur herstellen können, wenn Sie Ihrem Gegenüber respektvoll-interessiert begegnen. Dazu gehört auch, sensibel für dessen persönliche Eigenheiten und Wünsche zu bleiben und nicht dem Schubladendenken nationaler Klischees aufzusitzen (etwa vom »temperamentvollen« Spanier oder »zurückhaltenden« Chinesen).

Interesse, Höflichkeit, Respekt – damit legen Sie auch im Ausland eine gute Basis. Schon mit kleinen Gesten können Sie dabei wirkungsvolle Signale setzen – etwa,

- wenn Sie die Begrüßungsformeln in der Landessprache beherrschen,
- an zweisprachige Visitenkarten gedacht haben, die es dem anderen erleichtern, Ihre Position einzuordnen,
- im Schriftverkehr ganz selbstverständlich auch die internationale Telefonvorwahl angeben,
- Umlaute und das anderswo unbekannte »ß« durch Doppelvokale bzw. ss ersetzen, um Verwirrung zu vermeiden, oder
- für einen wichtigen Kunden Informationsmaterial und Prospekte in die Landessprache übersetzt haben.

Eher zurückhaltend als zu forsch aufzutreten, das legt auch das verbreitete Deutschenbild unserer europäischen wie außereuropäischen Nachbarn nahe: Die Deutschen gelten vielfach zwar als effizient, pünktlich und fleißig, andererseits aber auch als humorlos, unflexibel und besserwisserisch. Bestätigen Sie solche Urteile (Vorurteile??) nicht, indem Sie Ihren Standpunkt sehr offensiv vertreten und sehr deutlich signalisieren, Sie wüssten schon, wo es langgeht. Dass ein Auftreten, das wir als sachlich, offen und konstruktiv ansehen, von einem ausländischen Gesprächspartner womöglich schon als unhöflich und brachial empfunden wird, wurzelt in kulturellen Unterschieden, die im nächsten Abschnitt näher behandelt werden.

Vor diesem Hintergrund zeichnet sich ein weiterer Fettnapf sehr deutlich ab, um den Sie bei Ihren ausländischen Geschäftskontakten einen großen Bogen machen sollten: Mit ungefragten Statements zu Land und Leuten machen Sie sich selten Freunde. Geben Sie also in Südafrika keine Grundsatzerklärung zur Apartheit ab, verwickeln Sie die Türken nicht in eine Diskussion über Ihre Kurdenpolitik oder die Iren in ein Gespräch über Ihr Scheidungsrecht. Das wird Ihnen in der Regel nicht als willkommenes Interesse, sondern als ungebetener Belehrungsversuch ausgelegt. Und selbst wenn Ihr Gegenüber den Status quo durchaus kritisch sieht, wird er auf Kommentare Dritter empfindlich reagieren. Oder würden Sie sich gerne von einem Schweden oder Portugiesen zur Reformunfähigkeit in der deutschen Sozialpolitik befragen lassen?

TIPP

Steuert das Gespräch unversehens auf heikles Terrain, sind Sie gut beraten, eher zuzuhören und die Einschätzung Ihres Gesprächspartners einzuholen, als selbst Urteile zu fällen. »Ich möchte verstehen« ist eine Haltung, die weit besser ankommt als forsche Kommentare.

Neben politischen Tabuthemen gibt es in jedem Land religiös oder kulturell bedingte Tabus, die Sie auf keinen Fall verletzen sollten. Gläubige Moslems, etwa im Iran, würden Sie mit einer Flasche Alkohol als Gastgeschenk plump vor den Kopf stoßen. In vielen Ländern, darunter Indien, gilt die linke Hand als unrein; Sie sollten sie daher weder beim Essen noch zum Überreichen von Dingen benutzen. Sich bei Tisch zu schneuzen wird in Brasilien als abstoßend empfunden. Die Liste ließe sich endlos verlängern; einiges wird in der Länderübersicht ab Seite 222 ergänzt.

Die absoluten Don'ts in der jeweiligen Umgebung zu kennen und zu vermeiden gehört daher zur Minimalvorbereitung auf einen Auslandsaufenthalt. Je »fremder« eine Kultur uns auf den ersten Blick ist, desto selbstverständlicher werden Sie sich im Vorfeld darauf einstellen – im Kontakt zu streng islamisch geprägten Ländern etwa Blickkontakt zum anderen Geschlecht vermeiden oder als Geschäftsfrau Arme, Beine und Dekolletee züchtig verhüllen. Doch Fallstricke liegen nicht nur dort aus, wo eine Umgebung schon auf den ersten Blick fremdartig erscheint – auch im Geschäftskontakt zu unseren direkten Nachbarn kann es zu kulturell bedingten Misstönen und Missverständnissen kommen, wie der folgende Abschnitt zeigt.

Kulturschock vorbeugen: Andere Länder, andere Welten

»Ausnahme Ausländer« titelte das *Handelsblatt* in der Rubrik »Karriere und Management« im Sommer 2002 und beklagte die »nationale Monokultur« in deutschen Chefetagen.[43] Die Ursache war schnell gefunden: »Echte Global Player sind so selten wie rosa Elefanten«, befand der Darmstädter Soziologe Michael Hartmann. Elisabeth Marx, international tätige Personalberaterin, würde ihm vermutlich zustimmen. Gleich auf der ersten Seite Ihres Buches »Vorsicht Kulturschock« zitiert sie Schätzungen, nach denen einer von sieben britischen Managern scheitert und sogar 25 bis 40 % aller US-Manager bei internationalen Einsätzen Schiffbruch erleiden. Anzunehmen, deutschen Geschäftsleuten ginge es um Längen besser, wäre eine kühne Vermutung. Woran liegt das? Sicher nicht daran, dass hoch qualifizierte Mitarbeiter mit der Befolgung vergleichsweise simpler Benimmregeln überfordert wären. Doch wie man sich begrüßt und welche Manieren beim gemeinsamen Geschäftsessen gefragt sind, bildet lediglich den augenfälligen Niederschlag unterschiedlicher Kulturen.

Was ist überhaupt »Kultur«? »Die Art und Weise, wie Dinge getan werden«, meint Elisabeth Marx.[44] Hinter dieser schlichten Formel verbirgt sich ein komplexes Ensemble von Wertvorstellungen, Sichtweisen, Normen und Verhaltensregeln, das den Mitgliedern einer Kultur nur teilweise bewusst ist. Dass im Straßenverkehr rechts gefahren wird und dass man sich hierzulande im offizielleren Rahmen beim Begrüßen die Hand gibt, wissen wir, dass dabei im geschäftlichen Kontext der »Ranghöhere« die Hand reicht, haben wir gelernt. Wie nah wir jemandem im Gespräch kommen und wie lange wir Blickkontakt halten dürfen, bevor er dies als »auf die Pelle rücken« und unhöfliches Starren empfindet, ist uns schon weniger bewusst – wir beherrschen es intuitiv. Eine Chinesin allerdings würde in diesem Punkt ganz andere Maßstäbe anlegen und mehr Zurückhaltung erwarten, während beispielsweise in Lateinamerika die Distanzzone kürzer ist. Und dass es bei Meetings vor allem darum gehen sollte, möglichst effektiv zur Sache zu kommen, ist so selbstverständlich für uns, dass wir unsere nationale Brille gar nicht mehr spüren und gern davon ausgehen, alle Welt müsse das genauso sehen. Tut sie aber nicht, wie jeder bestätigen wird, der beispielsweise im asiatischen Raum Verhandlungen geführt hat und über dem vorsichtigen Herantasten an Ergebnisse und der höflich-lächelnden Maskierung kontroverser Standpunkte schier verzweifelt ist. Teile unserer kulturellen »Ausstattung« sind uns so in Fleisch und Blut übergegangen, dass sie uns kaum mehr bewusst sind. »Unsere Kultur beeinflusst, wie wir unsere Umwelt wahrnehmen und die Art und Weise, wie wir denken, fühlen und handeln«, stellen auch Heinz Fichtinger und Gregor Sterzenbach in ihrem »Knigge fürs Ausland« warnend fest.[43] Kulturelle Missverständnisse sind damit ebenso vorprogrammiert wie Frustration, wenn die vertrauten Wahrnehmungs- und Handlungsmuster in einer fremden Umgebung versagen. Experten betrachten einen Kulturschock bei längeren Auslandseinsätzen daher als vorhersehbare und normale Phase der Eingewöhnung.

Welche kulturell bedingten Wertvorstellungen und Verhaltensdimensionen wirken sich in internationalen Geschäftskontakten besonders aus? Einige zentrale Aspekte:

Gruppenorientierung (Individualismus versus Kollektivismus)

»Sich selbst verwirklichen«, unabhängig sein, die eigene Meinung vertreten, das wird in westlichen Kulturen wie Deutschland oder den USA traditionell hoch bewertet. In vielen anderen Staaten, etwa in Asien, Lateinamerika und Osteuropa, versteht sich der Einzelne stärker als Teil einer Gemeinschaft. Nicht die Selbstverwirklichung oder das Durchsetzen der eigenen Position steht an erster Stelle, sondern die Harmonie innerhalb der Gruppe – in der Familie, im Team, im Unternehmen. Hand in Hand damit geht eine stärkere Betonung persönlicher Beziehungen. Auch Geschäfte werden nicht rein sachlich/rational gesehen (was man in Deutschland zumindest gerne behauptet), sondern an eine positive persönliche Beziehung geknüpft. Was bedeutet das für Ihre Geschäftskontakte?

- Auch bei Verhandlungen und Geschäftsbeziehungen wird Wert auf eine harmonische Atmosphäre gelegt. Wichtig ist zudem eine gemeinsame Vertrauensbasis – mit Unbekannten macht man keine Geschäfte. Man will Sie also erst einmal kennen lernen, bevor man über geschäftliche Inhalte redet.
- In kollektivistisch geprägten Kulturen sind bei Verhandlungen oft mehrere Mitarbeiter anwesend; ein einzelner Gesprächspartner wird eher mit Skepsis betrachtet. Möglicherweise zweifelt man auch an seinem Status.[46]
- Die Entscheidungsfindung in gruppenorientierten Kulturen dauert länger, da man sich innerhalb des Unternehmens sorgfältig abstimmt. Was für ungeduldige Westeuropäer umständlich wirkt, hat durchaus Vorteile: Ist eine Entscheidung erst einmal getroffen, wird sie in der Regel reibungsloser umgesetzt als bei Alleingängen.
- Rechnen Sie damit, dass Ihre Verhandlungspartner sich in Abhängigkeiten befinden, die sie nicht thematisieren werden.

Nehmen Sie sich Zeit für Smalltalk und allgemeinen Austausch; preschen Sie nicht ungeduldig vor. Gute persönliche Beziehungen aufzubauen ist hier Teil Ihres Jobs und nicht lästige Zeitverzögerung. TIPP

Kommunikations- und Verhandlungsstil

Eng mit der ersten Unterscheidung verbunden sind *unterschiedliche* Kommunikationsstile. Kommt man in Verhandlungen schnell zur Sache, oder will man erst einmal eine gute Gesprächsatmosphäre erzeugen und das Gegenüber kennen lernen? Formuliert man Kritik und Widerspruch offen, oder verbirgt man ein Nein hinter einem höflich-lächelnden Vielleicht? Die Deutschen sind berüchtigt für ihren direkten Kommunikationsstil, den Asiaten, Araber oder Lateinamerikaner häufig als rabiat und unhöflich empfinden. Die Konsequenzen für Ihren Umgang mit Partnern aus diesen Ländern:

- Vor allem wenn Sie selbst ein großer Freund von Effizienz und Sachorientierung sind, sollten Sie sich bewusst zurücknehmen. Versuchen Sie nicht, Ihre Vorstellungen von »Stringenz« durchzusetzen; preschen Sie nicht eilig vor – Sie rollen sich damit nur Steine in den Weg.
- Bleiben Sie sensibel für leise Zwischentöne. Anders als ein US-Amerikaner wird Sie ein japanischer Geschäftspartner oder ein saudi-arabischer Manager kaum mit einem deutlichen Nein konfrontieren, sondern eher höflich ablenken. Ein »Wir werden sehen« oder »Wir werden es versuchen« deutet eher darauf hin, dass eine Angelegenheit schwierig werden könnte.
- Seien Sie sehr zurückhaltend mit direkter Kritik. Dies gilt insbesondere für den asiatischen Raum, in dem »Gesicht wahren« zu den ehernen Kommunikationsprinzipien gehört. Kritisieren Sie unverblümt, beschädigen Sie das Ansehen des Betroffenen. Kleiden Sie Ihr Anliegen besser in eine vorsichtige Frage.

- Reagieren Sie nicht ungeduldig, unbeherrscht oder gar unfreundlich; damit verlieren Sie selbst Ihr Gesicht. Bleiben Sie höflich und lächeln Sie, wenn Sie etwas erreichen wollen.

Nicht nur Verhandlungspartner im außereuropäischen Raum pflegen andere Verhandlungsstile; auch in Europa gibt es deutliche Unterschiede. In Frankreich schätzt man geschliffene Rhetorik, die elegante Formulierung und dokumentiert damit auch Bildung und Status. Wer an klare Tagesordnungen und penible Protokolle gewöhnt ist, wird französische Meetings als eher chaotisch empfinden. Und während es ein absoluter Fauxpas wäre, einem japanischen Gegenüber ins Wort zu fallen, gehört das in Italien zu einer lebhaften Diskussion dazu. Beim Zeigen von Emotionen und bei der Lebhaftigkeit von Gesprächen herrscht in Europa ein Nord-Süd-Gefälle; in Skandinavien tritt man deutlich zurückhaltender und distanzierter auf als in Südeuropa. Schlussfolgerungen:

- Je nach persönlichem Temperament wird Ihnen ein lebhafterer oder distanzierterer Stil näher liegen. Schauspielern Sie nicht, aber passen Sie sich ein wenig an.
- Reagieren Sie nicht empfindlich, wenn Ihr Gegenüber einen anderen Stil pflegt als Sie. Nicht jede Unterbrechung ist unhöflich, ein elegantes Wortgefecht nicht »Geschwafel«.

Die Rolle von Status, Hierarchie, Titeln

Wer je einen österreichischen Behördenflur aufgesucht hat, wird sich vielleicht über die penibel am Türschild verzeichneten Titel amüsiert haben. Und wer je mit Skandinaviern zusammengearbeitet hat, wird die Erfahrung gemacht haben, dass Hierarchien und akademische Meriten für die »Nordlichter« eher eine untergeordnete Rolle spielen. PR-Profi Brigitte Nagiller charakterisiert Nordeuropäer daher als

»Gleichheitsfanatiker, die zu Bescheidenheit und Understatement neigen«[47]. Mit dem Herauskehren akademischer Titel oder auch mit teuren Statussymbolen (Kleidung, Dienstwagen, Accessoires) verschaffen Sie sich hier kaum Sympathien. Ganz anders bei unseren französischen Nachbarn: Hier zählt nicht nur der Abschluss, sondern auch, an welcher Universität er erworben wurde. Frankreich gilt als eine der hierarchischsten Gesellschaften Europas; dies spiegelt sich auch in einem eher autoritären Führungsstil. Viel Wert auf Titel und Status legt man beispielsweise auch in China, Japan, Argentinien oder Italien, während man in Australien oder den Niederlanden einen eher egalitären Umgang pflegt. Was bedeutet das für Sie?

- Berücksichtigen Sie, wie wichtig Titel und Hierarchien im Land Ihrer Geschäftspartner sind, und passen Sie sich dem an.
- Achten Sie bei statusorientierten Partnern oder Kunden auf die jeweilige Rangfolge, prägen Sie sich Titel ein und benutzen Sie sie.
- Verwenden Sie im Umgang mit solchen Geschäftspartnern Visitenkarten, auf denen Ihr eigener Titel und Ihre Funktion innerhalb der Unternehmenshierarchie exakt verzeichnet sind. Benennen Sie Ihren eigenen Verantwortungsbereich höflich, aber unmissverständlich – insbesondere, wenn Ihnen als Frau in einer Männergesellschaft eine gewisse Skepsis entgegengebracht wird.
- Treten Sie in Gesellschaften, die Gleichheit betonen und einen eher informellen Umgang pflegen, mit mehr Bescheidenheit auf.

Zeitverständnis (sehr strukturiert versus flexibel)

»Pünktlichkeit ist die Höflichkeit der Könige« oder »Zeit ist Geld« – über diese Sprichwörter würde mancher ausländische Geschäftspartner ratlos die Achseln zucken. Denn auch im Zeitverständnis gibt es beträchtliche Unterschiede zwischen den Kulturen. Nach exakten Zeitplänen zu arbeiten, Vorhaben in Teilabschnitte zu zerlegen und Termine festzulegen, pünktlich zum vereinbarten Zeitpunkt zu erscheinen – diese Verhaltensweisen kennzeichnen nach Marx das typisch westliche sequenzielle Zeitverständnis, in dem die Zeit als kostbares Gut exakt gemessen und getaktet wird.[48] Damit kontrastiert das flexiblere synchrone Zeitverständnis zahlreicher Länder im asiatischen, arabischen und afrikanischen Raum oder auch in Südeuropa. Zeit wird nicht als Abfolge von Ereignissen gesehen, sondern als Einheit von Vergangenheit, Gegenwart und Zukunft. Man geht weniger strikt mit Terminen um, empfindet eine sehr planvolle Herangehensweise und die exakte Strukturierung von Vorhaben als starr und bürokratisch. Sich auf ein Ziel zu einigen und dies flexibel anzustreben, dabei durchaus mehrere Dinge gleichzeitig zu tun und ein gewisses Maß an »Chaos« zu tolerieren, kennzeichnet diesen Arbeitsstil.

Wenn Sie zum Perfektionismus neigen und klare Strukturen lieben, wird Ihre Geduld in synchronen Zeitkulturen daher auf eine harte Probe gestellt. Auch ein Meeting mit einer festen Folge von Tagesordnungspunkten, die Schritt für Schritt abgearbeitet werden, ist so gesehen eine »typisch deutsche« Angelegenheit. Für Smalltalk oder ein privates Wort hingegen ist in einem flexibleren Zeitverständnis mehr Raum. Was bedeutet das für Ihr Verhalten im Job?

- Nehmen Sie es nicht persönlich, wenn Ihre arabischen, brasilianischen oder auch französischen Partner nicht auf die Minute pünktlich sind.
- Planen Sie mehr Zeit für Besprechungen ein, klammern Sie sich nicht an festgelegte Tagesordnungen, nehmen Sie sich Zeit für Gespräche jenseits der Agenda.
- Bemühen Sie sich um mehr Flexibilität und »Lockerheit«, gerade wenn Sie selbst gern systematisch und präzise vorge-

hen. Wenn Sie versuchen, Ihren eigenen Stil durchzudrücken, wird man Sie als ungeduldig, bürokratisch und aggressiv einstufen.

Gleichberechtigung/Rolle der Frau

Jenseits klassischer »Frauenberufe« findet sich frau auch in Deutschland schnell auf glattem Parkett wieder, zumindest dann, wenn sie etwas zu sagen hat (vergleiche das Kapitel »Frauenfragen«). Eine heile Frauenwelt ist auch jenseits unserer Grenzen die Ausnahme. Über Österreich etwa kann man bei Benimmexpertin Rosemarie Wrede-Grischkat nachlesen: »Man ist höflich, nimmt aber erfolgreiche Frauen nicht besonders ernst, zumindest hört man ihnen genauso wenig zu wie bei uns.«[49] Dies aus dem Mund einer älteren Dame, die über jeden »Blaustrumpf-Verdacht« erhaben ist.

Vom mit Handkuss garnierten Machotum bis zu wirklicher Gleichberechtigung ist es ein weiter Weg, den am ehesten die Nordeuropäer zurückgelegt haben. Frauen werden hier am selbstverständlichsten als Geschäftspartnerin akzeptiert. Auch in Frankreich spielen Frauen im Berufsleben aufgrund der Ganztagsschulen und besseren Angebote zur Kinderbetreuung eine größere Rolle. In den USA haben Gleichstellungsprogramme und strenge Vorschriften gegen geschlechtsspezifische Benachteiligung für eine stärkere Präsenz von Frauen zumindest im mittleren Management gesorgt.[50] Und je »normaler« Frauen im Geschäftsleben sind, desto unkomplizierter gestaltet sich die Zusammenarbeit der Geschlechter im Allgemeinen.

Am anderen Ende der Skala sind daher jene Länder anzusiedeln, in denen Frauen aufgrund religiöser Normen weitgehend aus dem öffentlichen Leben verbannt sind, etwa Staaten streng islamischer Glaubensrichtung. Dies geht einher mit strikten Vorstellungen von Sitte und Moral und rigiden Vorschriften für den Umgang der

Geschlechter miteinander. Blickkontakt oder gar Berührungen (auch Händeschütteln) sind absolut tabu, hoch geschlossene und sehr konservative Business-Kleidung ist dringend ratsam. Im Iran gelten sogar gesetzliche Kleidungsvorschriften für Ausländerinnen, die dunkle Strümpfe, einen langen Mantel und Kopftuch vorsehen.[51] Wrede-Grischkat warnt davor, einen kulturell vielfältigen Raum wie Asien mit zahlreichen Religionsgemeinschaften und kulturellen Einflüssen über einen Kamm zu scheren.[52] Fazit bleibt auch hier: In asiatischen Ländern wie Japan und Korea haben Frauen es in geschäftlichen Verhandlungen eher schwer. Was lassen sich daraus für Hinweise ableiten?

- Informieren Sie sich vor allem bei Geschäftskontakten im außereuropäischen Raum gründlich über landesspezifische religiöse und gesellschaftliche Normen und vermeiden Sie Tabu-Verstöße.
- Achten Sie besonders im islamisch geprägten Raum auf zurückhaltend-konservative Kleidung: hoch geschlossene Kostüme, Arme bedeckt, längere Röcke oder Hosen. Auch in Südeuropa oder Asien hat man wenig Verständnis für ein offenherziges Outfit.
- Akzeptieren Sie, dass im Umgang der Geschlechter strikte Vorschriften gelten – mehr als ein flüchtiger Blickkontakt etwa ist in den meisten arabischen und asiatischen Ländern ebenso verpönt wie Händeschütteln oder gar andere Berührungen. Missionarischer Eifer in Frauenfragen geht nach hinten los.
- Überlegen Sie, ob es taktisch klug wäre, sich als Frau auf besonders schwierigem Terrain von einem männlichen Kollegen oder Mitarbeiter unterstützen zu lassen. Dies gilt insbesondere, wenn das Interesse der anderen Seite nicht dadurch befeuert wird, dass Sie eine interessante, weil lukrative, Kundin sind.

Mit Fachkompetenz und ein paar eilig angeeigneten Benimmregeln allein kommt man im internationalen Business also nicht weit. Entscheidend ist die Bereitschaft, sich auf das »Fremde« einzulassen, meint auch Auslandsexperte Christian Krolak.

Interview: »Erst einmal verstehen, wie die anderen arbeiten«

Ein Gespräch mit Christian Krolak, Seniorberater bei der Expat Consult GmbH

Christian Krolak ist Außenhandelskaufmann und Diplom-Betriebswirt, arbeitete für große internationale Unternehmen und stieß 1999 zur *Expat Consult GmbH*. Dort berät er Personalabteilungen und im Ausland eingesetzte Mitarbeiter (*Expatriates*) in versicherungstechnischen, steuerlichen, vertraglichen und interkulturellen Fragen. *Expat Consult* ist dem *Bund der Auslands-Erwerbstätigen (BDAE)* angeschlossen, der Firmen und Privatpersonen bei der Planung und Umsetzung von Auslandsaufenthalten unterstützt. Informationen unter www.bdae.de.

Was macht die Arbeit im Ausland so heikel, dass eine systematische Vorbereitung ratsam ist?

Krolak: Der erste Kernpunkt ist, dass man sich in einer anderen Kultur zurechtfinden muss; der zweite, dass in der Regel wirklich alles neu ist; und der dritte, dass man im Job vom ersten Tag des Auslandseinsatzes an volle Leistung bringen muss. Fehler sind in der Regel nachträglich schwer zu korrigieren.

Fällt Ihnen dazu ein Beispiel ein?

Krolak: Sie werden zum Beispiel bei thailändischen Geschäftspartnern großes Befremden auslösen, wenn Sie sich aufgrund einschlägiger Urlaubserfahrung zu leger kleiden. Oder Sie können in China ein Geschäft verpatzen, wenn Sie während eines (manchmal stundenlangen) Abendessens die Rede auf geschäftliche Inhalte bringen. Die geschäftliche Entscheidung wird Ihnen oft erst am Ende des Abends mitgeteilt.

Worin bestehen Ihrer Erfahrung nach die Hauptschwierigkeiten Deutscher im Umgang mit ausländischen Geschäftspartnern?

Krolak: Vielen Deutschen fällt das Hineindenken in die ausländische Mentalität schwer, weil sie sehr von der eigenen zielorientierten Vorgehensweise überzeugt sind. Gar nicht selten sind die Meinung: »Wir machen das eigentlich schon ziemlich gut«, und der Wunsch, alle anderen sollten es ebenso machen. Dabei wird übersehen, dass Deutschland eine sehr hoch entwickelte Gesellschaft ist, deren Maßstäbe man nicht überall anlegen kann – und auch, dass sich bei 45 Grad im Schatten in einem mexikanischen Produktionsbetrieb vieles anders darstellt als in der deutschen Zentrale.

Gibt es bestimmte Länder oder Kulturkreise, in denen gerade die Deutschen sich besonders schwer tun?

Krolak: Aufgrund der absolut anderen Kultur, der anderen Art, Geschäfte zu machen, sind sicherlich der asiatische Raum und auch der Nahe Osten nicht einfach. Hier muss man erst einmal verstehen, wie die anderen arbeiten – dass man zwei, drei Gesprächsrunden mehr braucht, um zu Ergebnissen zu kommen, oder dass man sehr schnell jemanden in seiner Ehre verletzen kann.

Gibt es bestimmte »Charaktere«, die sich im Ausland besonders schwer tun?

Krolak: Meiner Erfahrung nach haben vor allem Mitarbeiter Schwierigkeiten, die sehr lange in deutschen Unternehmen gearbeitet haben – also der gestandene Manager Mitte 40, der die deutsche Herangehensweise für das Nonplusultra hält. Gut zurecht kommen weltoffene Charaktere, die sich gerne mit einer neuen Situation auseinander setzen. Flexibilität ist wichtig und die Bereitschaft, sich auf andere Kulturen einzulassen.

Wie können Arbeitgeber ihre Mitarbeiter sinnvoll unterstützen?

Krolak: Enorm wichtig finde ich, die Familie, insbesondere den Ehepartner, in den Entscheidungsprozess und in Trainingsmaßnahmen einzubeziehen. Eingewöhnungsschwierigkeiten der Familie können zum Abbruch des Auslandseinsatzes führen. Und der Ehepartner, der nicht in ein Unternehmen eingebunden ist, hat oftmals die größeren Eintrittsbarrieren.

Ihr Tipp für alle, die sich kurzfristig auf einen Auslandseinsatz oder ein wichtiges Meeting mit ausländischen Gesprächspartnern vorbereiten wollen?

Krolak: Zunächst ganz simpel: Das Internet bietet über die gängigen Suchmaschinen eine Fülle von Informationen zu den verschiedenen

Ländern. Nützlich sind natürlich auch eine Auslandsberatung bei uns oder einem unserer Mitbewerber oder ein interkulturelles Managementseminar, in dem Sie sich ein bis zwei Tage intensiv mit dem Gastland auseinander setzen. Noch elementarer und wichtiger ist jedoch, sich bewusst die Zeit für eine Auseinandersetzung mit dem Projekt zu nehmen. Was erwartet mich? Was erwarte ich von dem Einsatz? Häufig holt ein Mitarbeiter sich abends noch rasch die Flugkarten ab und die innere Vorbereitung findet erst im Flugzeug statt.

Von Asien bis USA: Kleine Länderkunde

Um es gleich vorwegzunehmen: Die folgende Übersicht hat stark selektiven Charakter – zur Vorbereitung auf die erwähnten Länder genügt sie kaum. Außerdem reicht der Platz hier nur für einen Kurztrip durch sehr wenige Staaten. Mehr als Ihren Blick für die Vielfalt internationaler Umgangsformen zu schärfen ist auch gar nicht beabsichtigt.

Arabische Staaten

- *Begrüßung und Anrede:* Unter Männern ist ein Händedruck üblich, zwischen den Geschlechtern vermeidet man Berührungen. In streng islamischen Staaten sollten Sie auch als Mann abwarten, ob man Ihnen die Hand gibt. Man begrüßt sich formell-korrekt mit Nachnamen und gegebenenfalls Titel.
- *Geschäftskleidung:* Konservative Business-Kleidung; Frauen: hoch geschlossen und nicht körperbetont, Kostüm mit langem Rock oder weite Hose, Arme und Beine bedeckt.
- *Verhandlungsstil:* Man legt großen Wert auf gute persönliche Beziehungen, die man im ausgedehnten Austausch über Familiäres, Privates, allgemeine Angelegenheiten knüpft. Direkte

Konfrontationen werden peinlichst vermieden, äußerste Höflichkeit ist ein Muss. Gespräche erfordern Zeit und Geduld, beginnen nicht unbedingt pünktlich und können mehrfach unterbrochen werden.

- *Hierarchie/Status:* Titel und Hierarchien spielen eine wichtige Rolle, erwartet wird respektvoll-zurückhaltendes Auftreten.
- *Geschäftsessen:* Gastfreundschaft steht hoch im Kurs, bei Einladungen wird großzügig bewirtet. Dabei unterhält man sich meist vor dem Essen, um nach dem Kaffee rasch aufzubrechen. Wenn Sie als Gast die besten Stücke serviert bekommen, sollten Sie das als Höflichkeitsgeste akzeptieren und nicht abwehren.
- *Besonderheiten:* Vor allem in streng islamischen Ländern wie den Vereinigten Arabischen Emiraten, Saudi-Arabien, Kuwait oder dem Iran herrscht ein aus europäischer Sicht mittelalterlicher Moralkodex. Öffentliche Berührungen zwischen den Geschlechtern (auch unter Ehepartnern) sind absolut tabu; längerer Blickkontakt wird als anstößig empfunden. Wer als westlicher Manager nicht in äußerst unangenehme Situationen geraten möchte, sollte Kontakte zu arabischen Frauen meiden.

China

- *Begrüßung und Anrede:* Man begrüßt sich mit einer leichten Verbeugung; ein (für unser Empfinden leichter) Händedruck ist eine Konzession an westliche Gepflogenheiten. Visitenkarten sind wichtig, werden mit beiden Händen überreicht und entgegengenommen und sorgfältig studiert. Der Nachname Ihrer chinesischen Partner steht traditionell *vor* dem Vornamen.
- *Geschäftskleidung:* Formelle Business-Kleidung.
- *Verhandlungsstil:* Sehr höflich-zurückhaltend. Offene Kritik

ist ebenso verpönt wie ein unmissverständliches Nein, »Gesicht wahren« unerlässlich. Die Contenance zu verlieren ist absolut tabu. Man legt großen Wert auf gute persönliche Beziehungen; das Knüpfen von Kontakten auf Messen oder durch vertrauensvolle Kontaktpersonen *(Guanxi)* ist Voraussetzung für geschäftliche Erfolge.

- *Hierarchie/Status:* Sehr wichtig, insbesondere berufliche Titel und Funktionsbezeichnungen – man legt Wert darauf, von Gleich zu Gleich zu verhandeln.
- *Geschäftsessen:* Essen, bei denen man persönliche Beziehungen festigt, sind verbreitet. Dabei bedient sich jeder von allen (durch den Gastgeber bestellten) Speisen, die in der Mitte des Tisches angerichtet werden. Über Geschäftliches wird allenfalls ganz am Schluss geredet. Ergreifen Sie dazu nicht voreilig die Initiative!
- *Besonderheiten:* Persönliche Fragen (Familie, Kinder) sind durchaus üblich.

Frankreich

- *Begrüßung und Anrede:* Kurzer Händedruck, nicht unbedingt begleitet vom Nachnamen, sondern auch von einem einfachen »Madame«/»Monsieur«.
- *Geschäftskleidung:* Internationale Business-Kleidung, formell-elegant.
- *Verhandlungsstil:* Nicht so offensiv wie bei uns; Kritik wird stärker verklausuliert. Hohe verbale Ausdrucksfähigkeit wird sehr geschätzt; Marx (2001) charakterisiert den Stil als »intellektuell, indirekt, subtil«[53].
- *Hierarchie/Status:* Wichtig – eher autoritärer Führungsstil, Titel werden benutzt, geduzt wird selten und nicht über Hierarchiestufen hinweg.

- *Geschäftsessen:* Wichtiger Bestandteil der Geschäftskultur und selten kürzer als zwei bis drei Stunden. Übers Geschäftliche redet man frühestens beim Dessert.
- *Besonderheiten:* Dass man Baguette bricht und nicht schneidet, wissen Sie wahrscheinlich von der letzten Urlaubsreise.

Großbritannien

- *Begrüßung und Anrede:* Wie in Deutschland, allerdings geht man relativ rasch zum Vornamen über. Überlassen Sie Ihrem britischen Gegenüber dabei die Initiative.
- *Geschäftskleidung:* Sehr traditionell, bevorzugt werden Anzüge. Britische Geschäftsfrauen kleiden sich ebenfalls konservativ-fraulicher als auf dem Kontinent.
- *Verhandlungsstil:* Freundlich-pragmatisch-höflich, auf jeden Fall weniger offensiv als bei uns. Smalltalk zum Gesprächseinstieg gehört dazu, wobei man persönliche Themen meidet.
- *Hierarchie/Status:* Eher flache Hierarchien; Teamorientierung ist gefragt, der Führungsstil tendenziell demokratisch. Gepflegt wird das sprichwörtliche britische Understatement und manchmal auch eine gewisse Respektlosigkeit gegenüber Autoritäten.
- *Geschäftsessen:* Beliebt, ob als Frühstück, Lunch oder Dinner. Geschäftliches und Privates wird nicht strikt getrennt. Bei Abendeinladungen sind geschäftliche Themen normalerweise tabu.
- *Besonderheiten:* Der britische Humor, bissig und respektlos. Es schadet nicht, auch über sich selbst lachen zu können.

Italien

- *Begrüßung und Anrede:* Wie in Deutschland. Kennt man sich besser, ist eine Umarmung nicht selten. Möglicherweise geht man auch zum Vornamen über, bleibt aber beim Sie.
- *Geschäftskleidung:* Formelle Business-Kleidung. Beide Geschlechter legen Wert auf Eleganz, kleiden Sie sich daher besonders sorgfältig.
- *Verhandlungsstil:* Ausdrucksvoll in Gestik und Sprache, temperamentvoller als bei uns. Lebhafte Debatten sind nichts Ungewöhnliches, dabei fällt man sich auch schon mal ins Wort. Seien Sie nicht zu zurückhaltend, bleiben Sie gleichzeitig freundlich-respektvoll.
- *Hierarchie/Status:* Titel sind wichtig, vor dem Chef hat man Respekt.
- *Geschäftsessen:* Beliebt und ausgedehnt, dabei wird auch über Persönliches (Familie, Kinder) gesprochen. Zur Mittagszeit setzt man keine Sachgespräche an, sondern trifft sich zum Essen. Einladungen nach Hause sind seltener, aber denkbar.
- *Besonderheiten:* Vorsicht vor zu viel Wein. Ein Schwips gilt als ausgesprochen schlechtes Benehmen.

Japan

- *Begrüßung und Anrede:* Traditionell durch eine kleine Verbeugung, im internationalen Geschäftsverkehr ist auch ein leichter Händedruck möglich. Warten Sie ab, ob man Ihnen die Hand reicht. Anrede mit Nachnamen, der (etwa auf Visitenkarten) vor dem Vornamen steht. Visitenkarten werden mit beiden Händen überreicht bzw. entgegengenommen und sorgfältig studiert. In ganz Ostasien begegnet man älteren Menschen mit viel Respekt; sie werden daher als Erste begrüßt.

- *Geschäftskleidung:* Formelle Business-Kleidung, eher konservativer als hierzulande.
- *Verhandlungsstil:* Sehr zurückhaltend. Ein klares »Nein« oder direkte Kritik sind ebenso tabu wie Temperamentsausbrüche. Man tastet sich in kleinen Schritten an Ergebnisse heran. Auch wenn mehrere japanische Partner anwesend sind, übernimmt möglicherweise einer von ihnen die Gesprächsführung. Lächeln ist Pflicht, Blickkontakt kürzer als bei uns, der Gesprächsverlauf ruhiger. Mit Höflichkeit und Geduld erreichen Sie am meisten.
- *Hierarchie/Status:* Titel, Position in der Unternehmenshierarchie und Entscheidungsbefugnisse sind sehr wichtig und sollten schon an Ihrer Visitenkarte ablesbar sein.
- *Geschäftsessen:* Dienen der Pflege der Beziehungen. Dabei bestellt und bezahlt in der Regel der Gastgeber für alle – revanchieren Sie sich mit einer Gegeneinladung. In Restaurants geht es dabei formeller zu als in Karaoke-Bars, wo Sie durch Mitsingen Pluspunkte sammeln.
- *Besonderheiten:* Japaner lächeln auch, um Verlegenheit oder Ärger zu überspielen und so das Gesicht zu wahren. Dies kann zu nonverbalen Missverständnissen führen.

Russland

- *Begrüßung und Anrede:* Man(n) begrüßt sich mit einem kräftigen Händedruck und legt Wert auf Titel, bei Frauen fällt der Handschlag leichter aus. Russen lächeln bei der Begrüßung meist nicht, was Sie nicht als Unfreundlichkeit werten sollten: Damit wird die Bedeutung der Begegnung unterstrichen.[54]
- *Geschäftskleidung:* Formelle Business-Kleidung; mit Anzug und Krawatte bzw. Kostüm oder Hosenanzug sind Sie korrekt angezogen.

- *Verhandlungsstil:* Wichtig für den Geschäftserfolg ist die persönliche Beziehung. Man vermeidet offene Konfrontationen und geht zurückhaltend und höflich miteinander um. Auf strikte Zeitplanung und minutiöse Abarbeitung von Agenden legt man weniger Wert. Bringen Sie deshalb Zeit und Geduld mit.
- *Hierarchie/Status:* Auf Titel und Hierarchien wird Wert gelegt, respektvolles Auftreten geschätzt.
- *Geschäftsessen:* Die russische Gastfreundschaft ist berühmt; man tischt gut und überaus reichlich auf. Das sollten Sie bei Gegeneinladungen auch tun, alles andere würde als Missachtung gewertet. Auch Einladungen nach Hause sind nicht ungewöhnlich, Gastgeschenke dabei gern gesehen.
- *Besonderheiten:* Im Winter geht man zu Abendveranstaltungen in Stiefeln und tauscht diese an der Garderobe gegen leichteres Schuhwerk.

Skandinavische Länder

- *Begrüßung und Anrede:* Man stellt sich mit Vor- und Nachnamen vor und geht oft rasch zur Anrede mit Vornamen über. Dabei bleibt man aber zurückhaltend-distanziert.
- *Geschäftskleidung:* Etwa wie hierzulande, nicht zu formell. Trifft man sich in der Freizeit, kleidet man sich leger.
- *Verhandlungsstil:* Ein direkter, sachlicher Erfahrungsaustausch. Man schätzt klare Aussagen, eine strukturierte Vorgehensweise, Pünktlichkeit und Zuverlässigkeit. Dabei tritt man zurückhaltend auf – Temperamentsausbrüche bringen ebenso wenig Sympathien wie eine offensive Selbstdarstellung.
- *Hierarchie/Status:* … spielen eine geringere Rolle, Gleichheit wird groß geschrieben. Daher wird (etwa bei der Anrede) auf akademische Titel verzichtet.

- *Geschäftsessen:* Keine großen Unterschiede zu unseren Gepflogenheiten. Fichtinger/Sterzenbach weisen darauf hin, dass Essen vom Gastgeber oft mit einem Toast eröffnet werden.[55]
- *Besonderheiten:* Sich die Hände zu schütteln ist weniger verbreitet als in Deutschland, man begrüßt sich ohne.

Spanien

- *Begrüßung und Anrede:* Man begrüßt sich mit einem Händedruck; kennt man sich bereits, gehen Frauen eventuell zu einer leichten Umarmung und Wangenküsschen über. Vornamen verwendet man nur selten, auf jeden Fall bleibt man beim Sie.
- *Geschäftskleidung:* Formell-elegantes Business-Outfit; dunkler Anzug und weißes Hemd sind verbreitet, die Krawatte ist unverzichtbar. Auch die Frauen bevorzugen sehr elegante und hochwertige, nicht zu freizügige Mode.
- *Verhandlungsstil:* Man debattiert lebhaft-engagiert und legt viel Wert auf gute persönliche Beziehungen. Die knüpft man im Austausch über Familie und nicht geschäftliche Themen, bevor man in die Diskussion einsteigt. Mit absoluter Pünktlichkeit sollten Sie nicht rechnen; Terminvorschläge vor 10:00 Uhr oder während der Siesta (etwa 14:00 bis 16:00 Uhr) würden Befremden auslösen. Dafür sind die Arbeitstage länger.
- *Hierarchie/Status:* Titel und Position in der Unternehmenshierarchie sind wichtig.
- *Geschäftsessen:* Ausgedehnt – und nicht der Ort für geschäftliche Gespräche. Zu viel Wein zu trinken ist auch hier tabu.
- *Besonderheiten:* Der Tagesablauf ist gegenüber unserem nach hinten verschoben. Abendeinladungen können durchaus für 22:00 Uhr ausgesprochen werden – und auch dann erscheint man nicht auf die Minute pünktlich, sondern etwas später.

USA

- *Begrüßung und Anrede:* Man begrüßt sich mit Handschlag, freundliches Lächeln und direkter Blickkontakt gehören dazu. Dabei reicht der »Ranghöchste« die Hand, Damen werden bevorzugt behandelt. Auch wenn man rasch zum Vornamen übergeht, legt man großen Wert auf höflich-korrekte Umgangsformen. Der Vorname ist also kein Indiz für besondere Vertraulichkeit! Auf keinen Fall sollten Sie selbst den ersten Schritt zu dieser Anrede machen.
- *Geschäftskleidung:* Bei Meetings oder Restaurantbesuchen formell-konservative Business-Kleidung; im Alltag gelegentlich legerer. Wenn Sie als ausländischer Geschäftspartner ernst genommen werden wollen, sollten Sie Wert auf korrekte Kleidung legen.
- *Verhandlungsstil:* Sachlich, direkt, offen. Man geht sehr freundlich und höflich miteinander um, kommt nach kurzem Smalltalk jedoch schnell zur Sache. Für Meetings werden klare Tagesordnungen formuliert, und auch sonst arbeitet man nach straffen Zeitplänen. Im Übrigen denkt man positiv und strahlt Optimismus aus – nur Loser jammern.
- *Hierarchie/Status:* Titel spielen im geschäftlichen Umgang keine große Rolle – trotzdem: Der Boss ist der Boss, auch wenn er Peter oder John genannt wird. Für mangelnden Respekt oder Distanzlosigkeit hat man wenig Verständnis.
- *Geschäftsessen:* ... werden in der Regel auch tatsächlich für geschäftliche Zwecke genutzt, vom geschäftlichen Frühstück bis zum Lunch oder Dinner. Die Hauptmahlzeit ist dabei das Dinner.
- *Besonderheiten:* Angesichts des informellen Umgangstons und der betonten Freundlichkeit unterschätzt mancher, dass viele US-Amerikaner konservativ (bis zur Prüderie) sind. Seien Sie

daher zurückhaltend mit Scherzen und berücksichtigen Sie, dass man in den USA hinsichtlich sexueller Belästigung oder Diskriminierungen anderer Art sehr sensibel ist.

Grenzfälle: Sie haben einen Fehler gemacht?

Aller guten Vorbereitung zum Trotz ist es Ihnen dennoch passiert – Sie haben Ihren Gesprächspartner vor den Kopf gestoßen, eine unbekannte Regel verletzt, einen unbedachten Satz gesagt. Die Gesprächsatmosphäre kühlt merklich ab, die Verhandlungen treten auf der Stelle, der Kontakt droht abzureißen. Wie retten Sie die Situation?

Auslandsexperte Christian Krolak rät in dieser Situation zur Flucht nach vorn: »Ich persönlich bin der Auffassung, dass man mit einem offenen Gespräch, in dem man den Fehler zugibt, am ehesten eine Chance hat. Ein solches Gespräch sollte auf jeden Fall unter vier Augen stattfinden; am besten außerhalb der Firma. Also zugeben, dass man aus Unwissenheit etwas falsch gemacht hat, und um Entschuldigung bitten. Ob das funktioniert, hängt natürlich vom Gegenüber ab. In den seltensten Fällen wird man sofort eine Antwort bekommen.«

Da in sehr vielen Ländern gute persönliche Beziehungen unbedingte Basis erfolgreicher Geschäftskontakte sind, besteht eine andere Chance darin, eine Person als Fürsprecher für sich zu gewinnen, die das Vertrauen des Geschäftspartners besitzt. Krolak: »Dieser Vermittler sollte den Betroffenen auf eine Entschuldigung einstimmen und die Möglichkeit eines Vier-Augen-Gesprächs ausloten. Beim eigentlichen Gespräch ist er dann nicht dabei.«

Im Ausland: Die Do's und Don'ts auf einen Blick

Do's	Don'ts
Gute Voraussetzungen schaffen	
Gründliche Vorbereitung auf Land & Leute Respekt vor »anderen« Verhaltensweisen und Einstellungen Persönliche Flexibilität Erleichterung der internationalen Kommunikation (internationale Vorwahlen/Schreibweisen, Übersetzung von Visitenkarten und Infomaterial)	Unbedachte Verletzung religiös oder kulturell bedingter Tabus Forsches Auftreten Gefühl nationaler Überlegenheit (»deutsche Effizienz«) ausspielen Unbedachte Kommentare zu sensiblen politischen, sozialen oder historischen Fragestellungen abgeben
Den »Kulturschock« abfedern	
Sich kulturell bedingter Unterschiede bewusst sein (zum Beispiel im Auftreten, beim Verhandeln, im Zeitverständnis)	Eigene Sichtweisen, Erwartungen, Verhaltensnormen unreflektiert übertragen
In gruppenorientierten Gesellschaften Zeit in die Herstellung guter Beziehungen investieren	In gruppenorientierten Gesellschaften auf Effizienz und Sachorientierung setzen

Do's	Don'ts
Sich einem indirekten Kommunikations- und Verhandlungsstil anpassen	Durch offene Kritik, ein unverblümtes Nein oder unbeherrschte Reaktionen gegen einen indirekten Kommunikationsstil verstoßen
Stellenwert von Titeln, Funktionen und Hierarchien in der jeweiligen Gesellschaft berücksichtigen	In egalitären Gesellschaften Titel und Funktion herauskehren, in hierarchischen Gesellschaften beides vernachlässigen
Flexibleren Zeitbegriff zahlreicher Gesellschaften akzeptieren	Auf Pünktlichkeit pochen, minutiöse Planung und exakte Zeitpläne erwarten
Sich als Geschäftsfrau sensibel auf die Rolle der Frau in restriktiven Gesellschaften einstellen	Als Geschäftsfrau religiös motivierte Tabus verletzen (etwa durch Kleidung, Blickkontakt oder Berührung)
Sich auf einzelne Länder einstellen	
Vertrautheit mit den Konventionen für Begrüßung und Anrede, Hierarchie und Status, Business-Kleidung, Verhandlungsstil und Geschäftsessen	Verstoß gegen tägliche, leicht erschließbare Konventionen – sei es aus Ahnungslosigkeit oder Respektlosigkeit

Die schlimmsten Fehler werden gemacht in der Absicht,
einen begangenen Fehler wieder gutzumachen.
Jean Paul

Zum Schluss: Vom Umgang mit Fettnäpfen

Warum greift man zu einem »Knigge«? So unterschiedlich die Lesemotive im Einzelnen sein mögen: Die Sorge, sich zu »blamieren«, schwingt sicher häufig mit. Eine Tanzschule im Rhein-Main-Gebiet verbucht großen Zulauf unter den Teenagern, seitdem sie das tanzbegleitende Benimmtraining nicht mehr als angestaubte Etikette, sondern offensiv als »Anti-Blamier-Programm« vermarktet. Schon manche Jugendlichen treibt offenbar die Sorge um, »alles richtig zu machen«.

Definiert man »richtig« als »regelkonform«, wird schnell klar: Dieses ehrgeizige Ziel ist schlicht nicht zu erreichen. Kein Mensch kann alle Regeln kennen, und selbst der versierteste Benimmprofi wird sich in Situationen wiederfinden, für die es keine Regel gibt. Soll man der erklärtermaßen radikalfeministischen Frauenbeauftragten nun die Tür aufhalten oder nicht? Ordert man ein Fischmesser, wenn der Gast beim Business-Lunch dem Zander bereits ungerührt mit dem Steakbesteck zu Leibe rückt? Das Leben ist glücklicherweise bunter als alle Benimmratgeber.

Außerdem sind Benimmregeln nicht in Stein gemeißelt, sondern ändern sich kontinuierlich – sonst wären wir weiterhin gezwungen, saucentriefende Riesensalatblätter unter Gefahr für Schlips und Tischtuch mit der Gabel zu kleinen Päckchen zu falten, weil wir sie nicht schneiden dürften, oder vor einem Gruß den Familienstand abzuschätzen, da das Fräulein die Frau zuerst zu grüßen hätte.

Und schließlich gibt es Situationen, in denen gerade der Verstoß gegen die Regel das richtige – bessere – Benehmen sein kann: Jemandem ins Wort zu fallen ist zweifellos unhöflich. Lässt dieser Jemand jedoch gerade eine fremdenfeindliche Tirade vom Stapel, sieht die Sache anders aus. Anderes Beispiel: Auch wenn die Anrede »Fräulein« überholt ist – besteht eine ältere Dame darauf, unternimmt man keine Bekehrungsversuche.

»Richtig« verhält man sich also nicht durch das sture Exerzieren von Regeln, sondern durch situationsgerechtes (und damit flexibleres) Verhalten. Nicht die Benimmregel ist der Maßstab, sondern der Respekt vor dem anderen. Das macht starre Anti-Blamier-Programme schwierig: Was in der einen Situation ein Fettnapf ist, kann in der anderen durchaus angemessen sein. Zum Schluss kann ich Ihnen also keine exakte Übersichtskarte für Fettnäpfe liefern, sondern lediglich ein paar Hinweise zum Umgang mit dem Kompass.

Unterschiede: Kleine Typologie der Peinlichkeiten

Fettnapf ist nicht gleich Fettnapf, das legt schon die Fülle der Begriffe nahe, mit der wir kleinere oder größere Peinlichkeiten umschreiben: Es gibt Patzer, Schnitzer, Versehen, es gibt den Lapsus und Missgeschicke, Malheurs, Fauxpas, Fehltritte, es gibt Ungeschicklichkeiten, Rücksichtslosigkeiten, Taktlosigkeiten, Unverschämtheiten und Entgleisungen. Je gravierender der Benimmverstoß, desto länger scheint das Wort dafür zu sein. Und auch wenn die Alltagssprache nicht wissenschaftlich exakt abgrenzt, trennt sie grob zwischen *absichtslosem* und *absichtsvollem* Fehlverhalten (beispielsweise Missgeschicken und Unverschämtheiten) und zwischen Fehlern, die man *selbst* ausbadet (etwa ein Malheur), und solchen, die *andere* in Mitleidenschaft ziehen (wie Taktlosigkeiten). Nimmt man diese beiden Kriterien als Maßstab, bietet sich folgende Unterscheidung an:

Der Patzer

… als unbedachter Verstoß gegen kleinere Benimmregeln, sozusagen der Fettnapf im XXS-Format. Sie haben übersehen, dass der Krabbencocktail mit einer Extragabel serviert wird und die eingedeckte Gabel benutzt. Die brettsteife Leinenserviette rutscht Ihnen vom Schoß. Dass man Blumen vor dem Überreichen aus dem Papier schält, fällt Ihnen erst hinterher wieder ein. In allen drei Fällen ein unabsichtliches Fehlverhalten, das niemandem sonst schadet oder niemanden grob brüskiert. Lenken Sie nicht noch den Scheinwerfer der Aufmerksamkeit darauf, indem Sie sich wortreich entschuldigen, sondern übergehen Sie den Lapsus kommentarlos – möglicherweise hat Ihre Umgebung im Eifer der Unterhaltung gar nicht so genau registriert, was passiert ist. Und wenn doch jemand die Braue hebt, ist eine selbstironische Bemerkung (»Oje, wo bleibt meine Kinderstube!«) allemal souveräner als eine bierernste Entschuldigung.

Das Malheur

… ist demgegenüber kaum zu übersehen. Wer beim Aufstehen seinen Schlips in die Suppe tunkt oder beim Hauptgang schwungvoll sein Rotweinglas umkippt, wem auf dem Weg zum Geschäftstermin der Absatz abbricht oder vom tollpatschigen Nachbarn im Intercity der Kaffee auf die Hose geschüttet wurde, kann das kaum verbergen. Für Schamesröte und stammelnde Bitten um Vergebung indes besteht auch hier kein Anlass – schließlich ist niemand sonst in Mitleidenschaft gezogen. Nehmen Sie die Situation mit Humor, ergreifen Sie die Flucht nach vorn. Ob Sie sich für den Tollpatsch-Oscar empfehlen, darüber sinnieren, dass man als Rotweinfreund immer ein Kilo Salz griffbereit haben sollte, Ihren fleckigen Anzug anekdotisch ausschmücken oder mit Hinweis auf Ihren schwungvollen Mitreisenden knapp um Entschuldigung bitten, hängt sicher auch davon ab, wie formell Ihr Gegenüber auftritt. Hauptsache jedoch, Sie bleiben gelassen. Mit Selbstironie oder dem Eingeständnis kleiner Schwächen gewinnen Sie eher die Sympathie Ihres Umfeldes als mit formell-steifen Entschuldigungsfloskeln.

Der Fauxpas

... ist ernster zu nehmen, weil ein Fehlverhalten, bei dem man einem anderen unabsichtlich, aber schwungvoll auf die Zehen getreten ist. Sie gehen strahlend auf jemanden zu, dem Sie bei geschäftlichen Meetings schon einige Male begegnet sind. Auf Ihre arglos-aufgeräumte Frage hin, wie es gehe, wird Ihnen kühl beschieden, der Firmeninhaber sei gestorben, die berufliche Zukunft ungewiss. Sie beglückwünschen eine Kollegin zur Schwangerschaft, doch angesichts deren säuerlicher Miene geht Ihnen auf, dass da eher ein Gewichtsproblem vorliegt. Sie erzählen in der Sitzungspause einen fiesen Anwaltswitz und erst während der frechen Pointe fällt Ihnen ein, dass der anwesende Abteilungsleiter selbst Jurist und zu allem Überfluss für seine Humorlosigkeit berüchtigt ist. Fettnäpfe im Jumboformat, in die Sie locker mit beiden Füßen passen.

Wenn Sie jemand anderen verletzt oder brüskiert haben, ihm zu nahe getreten sind, bleibt Ihnen als Ausweg nur eine unverzügliche Entschuldigung. Unverschnörkelt, ehrlich gemeint und unter vier Augen. Wer allzu viele Worte macht oder Tage verstreichen lässt, macht sich unglaubwürdig. Gravierende Fehltritte rechtfertigen dabei auch eine schriftliche Entschuldigung.

Was »gravierend« ist, entscheidet die Reaktion des Gegenübers, nicht die Dicke der eigenen Haut. Dabei empfiehlt sich durchaus, was C. Bernd Sucher in seinem »Handbuch des guten Benehmens« propagiert: »Erst einmal sollte man im Umgang miteinander davon ausgeben, dass man es immer mit Mimöschen zu tun hat.«[56] Anders ausgedrückt: Man kann sich selten zu viel, aber schnell zu wenig entschuldigen. Wenn Ihr Gegenüber nicht zu den ganz zarten Pflänzchen gehört, wird er Ihre Entschuldigung dennoch wohlwollend vermerken – schließlich zeugt sie von Rücksicht auf den anderen.

TIPP **Machen Sie im Job Entschuldigungen nicht von der Firmenhierarchie abhängig: Auch ein Azubi hat ein Recht auf eine Entschuldigung, wenn Sie sich ihm gegenüber falsch verhalten haben. Dass man als Vorgesetzter »Autorität« gewinnt, indem man so tut, als mache man keine Fehler, ist ein naiver Irrglaube und eine Unterschätzung der Intelligenz Ihrer Mitarbeiter. Die merken ohnehin, was los ist.**

Die Rücksichtslosigkeit

... ist der Worst Case unter den Benimmfehlern – eine absichtsvoll begangene Missachtung, Kränkung, Zurückdrängung des anderen. Mit anderen Worten: Sie benehmen sich mies – und Sie wissen das auch. Plagt Sie später das schlechte Gewissen, können Sie nur hoffen, dass der Betroffene Ihnen angesichts Ihrer ehrlichen Zerknirschung verzeiht. Auch der Hinweis, im Berufsleben ginge es nun mal hart zu, ist keine Entschuldigung: Wer sein Licht unter dem Scheffel hervorholt, muss deshalb noch nicht die Lichter aller anderen ausblasen. Wirklich karrierefördernd sind die eisernen Ellenbogen in den seltensten Fällen: »Findet keine Akzeptanz«, lautet oft das Votum, wenn es um die Besetzung der nächsten Führungsposition geht. Ein lebenskluger Chef wird kaum den unbeliebtesten zum Kronprinzen küren.

Indizien: Wie Sie gar nicht erst in Fettnäpfe tappen

Typologie hin oder her – wie schärfen Sie Ihren Blick für die Fallstricke einer konkreten Situation? Wie vermeiden Sie es, im Strategie-

Meeting just das Lieblingsprojekt des Vorstandes in Grund und Boden zu kritisieren, sich im Smalltalk mit dem neuen Vertriebsleiter über die Toskana-Fraktion lustig zu machen, um später von dessen restaurierten Bauernhaus nahe Florenz zu hören, oder gerade jener Kollegin einen antiklerikalen Witz zu erzählen, die den Papst als Lichtgestalt verklärt? Ihr Fettnapf-Frühwarnsystem funktioniert umso besser,

- je weniger Sie davon ausgehen, jeder müsse Ihre eigene Weltsicht teilen,
- je interessierter Sie auf Ihr Gegenüber eingehen und Statements durch Fragen ersetzen,
- je vorsichtiger Sie im Umgang mit Unbekannten mit Negativäußerungen sind – bleiben Sie doch einfach beim Positiven,
- je sensibler und aufmerksamer Sie Ihr Umfeld beobachten: Viele Patzer lassen sich vermeiden, wenn man schaut, wie sich erfahrene und erfolgreiche Leute auf einem bestimmten Parkett bewegen,
- je engmaschiger Ihr berufliches Netzwerk ist und je stärker Sie daher darauf zählen können, dass jemand Ihnen einen Tipp gibt, bevor Sie sich um Kopf und Kragen reden,
- je intensiver Sie sich vor wichtigen Treffen und Meetings über die Beteiligten informieren. Auch da helfen Ihnen Netzwerke innerhalb und außerhalb des Unternehmens.

Warnhinweise: Verbreitete Benimmfehler

Auch wenn die Fettnäpfe je nach Situation unterschiedlich platziert sind, gibt es etliche Verhaltensweisen, mit denen Sie im Job fast immer anecken. Ein Kabinett schlechten Benehmens von A bis Z:

Die Don'ts im Job

Damit erweisen Sie sich einen Bärendienst ...

Arroganz Jeder von uns hat sich schon über arrogante Zeitgenossen geärgert – Menschen, die nicht grüßen, die ihre akademischen Titel hervorkehren (»Mein Name ist Dr. Meyer« – auweia), die ihre Freundlichkeit penibel nach Rang dosieren ... Würden Sie so jemandem ohne Not eine wichtige Info zukommen lassen, ihn in einem Meeting unterstützen, einen nützlichen Kontakt für ihn herstellen? Nein? Dann sorgen Sie lieber dafür, dass Sie sich selbst nicht durchs Nase-hoch-Tragen schaden.

PS: Jenseits aller Nutzenerwägungen ist Arroganz natürlich ein Verstoß gegen einen ehernen Grundsatz guten Benehmens – dass jeder Mensch bis zum drastischen Erweis des Gegenteils Respekt verdient.

Böswilliger Klatsch Benimmpuristen würden das Adjektiv streichen. Nobel, aber im Alltag schwer einzulösen – dazu macht ein wenig Klatsch einfach zu viel Spaß (auch Männern, die ihn nur ohne mit der Wimper zu zucken als »sachlichen Austausch« verbuchen). Die Frage ist, wo die Grenzen des guten Geschmacks überschritten werden. Kurz gesagt: Immer da, wo Nichtanwesenden Übles nachgesagt wird. Dass im gestrigen Seminar gleich drei von der Konkurrenz waren oder dass ein unbekannter Kollege buchstäblich eingeschlafen ist, dürfen Sie erzählen. Dass der Müller vermutlich seine Zahlen türkt oder dass der Schulze was mit der Wagner haben soll, nicht. Schlechtes Gerede über Dritte wirft unweigerlich auch ein ungünstiges Licht auf Sie – manch ein Gesprächspartner wird sich fragen, was Sie wohl über ihn erzählen? Und:

Wer als verschwiegen gilt, erfährt nicht nur mehr über die politische Großwetterlage im Unternehmen, sondern entspricht auch eher dem üblichen Führungsprofil.

Distanzlosigkeit Drängen Sie anderen nichts auf, was diese gar nicht wissen wollen; respektieren Sie Grenzen. Die zieht naturgemäß jeder ein wenig anders, dennoch: Dass Sie heute furchtbar schlecht drauf sind, dass Ihre neue Flamme einfach umwerfend ist, dass Ihre Krampfadern Sie wieder schrecklich plagen – also sehr Privates, Persönliches oder gar Intimes –, erzählen Sie lieber Ihrer Mutter oder dem besten Freund, nicht den Kollegen. Besonders mitteilsame Kollegen können Sie Ihrerseits am besten durch hartnäckiges Desinteresse bremsen.

Indiskretion Die meisten Arbeitsverträge verpflichten Mitarbeiter zur Verschwiegenheit über Geschäftsinterna. Halten Sie sich dran. Ist eine Information erst einmal auf dem Markt, können Sie nicht mehr kontrollieren, wo sie landet und wer sich dabei auf Sie als Quelle beruft. Plaudertaschen haben es auf der Karriereleiter schwer.

Intrigen … sind ein beliebtes Werkzeug skrupelloser Karrieristen, die Kollegen durch geschickt platzierte Infos gegeneinander ausspielen und arglose Zeitgenossen ins offene Messer laufen lassen, wenn es ihnen nützt. Irgendwann wacht jedoch auch der Argloseste auf; Sie schaffen sich also Feinde. Spätestens, wenn Sie einen stabilen Ruf als Charakterschwein haben und kaum noch jemand mit Ihnen kooperieren mag, geht die Trickserei nach hinten los.

Larmoyanz Immer müssen Sie die Kohlen aus dem Feuer holen? Ständig bürdet der Chef Ihnen Zusatzarbeit auf? So schlimm wie augenblicklich war die Lage noch nie? Sie wissen gar nicht, wie Sie all das schaffen sollen? Jammern Sie nur weiter: Sie arbeiten gerade an Ihrem Loser-Image. Und Loser werden nicht befördert. Im Klartext: Weinen Sie sich woanders aus, nicht im Job (und überdenken Sie Ihre Arbeitsweise).

Persönliche Angriffe »Sie sind die größte Pfeife, mit der ich je zusammenarbeiten musste!« Auch wenn's stimmt: Verkneifen Sie sich persönliche Attacken und Beleidigungen. Bei unbeteiligten Dritten bleibt vor allem hängen, dass Sie sich nicht im Griff haben, und das ist wenig karrierefördernd. Die Zielscheibe Ihres Ausbruchs dagegen ist vollkommen damit beschäftigt, die Beleidigung zu verkraften, und damit taub für alle folgenden Sachargumente.

Ungepflegtheit Hier geht es nicht um das aufstiegsopportune »Dress for Success«, sondern um simple Basics: Körpergeruch, Knoblauchwolken, schlecht geputzte Zähne, nikotingelbe Finger, fleckige Kleidung … sind eine Zumutung für Ihr Gegenüber und eine Missachtung seiner Person.

Unpünktlichkeit Pünktlichkeit ist die Höflichkeit der Könige. Spießig? Überholt? Mitnichten. Pünktlichkeit bedeutet schlicht Respekt vor der Zeit des anderen und damit auch vor seiner Person. Seitdem es Handys gibt, handhaben manche Zeitgenossen das ziemlich lax, Motto: Ich kann ja Bescheid geben, wenn es etwas später wird. Prima, und was fängt der Wartende nun mit »zirka 20 Minuten«

oder »etwa einer dreiviertel Stunde« an? Im Übrigen: Wer permanent zu spät kommt, wirkt nicht etwa viel beschäftigt und wichtig, sondern schürt Zweifel an seiner Arbeitsorganisation. Ein Vorstellungsgespräch, zu dem Sie zu spät erscheinen, ist daher in der Regel schon gelaufen, bevor es überhaupt begonnen hat. Da nützt auch der Hinweis auf den Lokschaden bei der Bahn nichts.

Unzuverlässigkeit

»Ich melde mich in der ersten Juniwoche.« »Ich schicke Ihnen den Bericht umgehend zu.« Die Zahl der Zeitgenossen, die solche Zusagen tatsächlich einhält, ist überschaubar. In mancher (vergifteten) Firmenkultur ist es längst Brauch, das eine zu sagen und es mit ziemlicher Sicherheit nicht zu tun. Das macht den Arbeitsalltag ziemlich mühsam und verstärkt die ohnehin schon miese Stimmung. Scheren Sie aus, indem Sie Ihre Zusagen tatsächlich erfüllen und vorher (!) Bescheid geben, wenn das einmal nicht möglich sein sollte. Prinzipiell erst zu reagieren, wenn man gemahnt wird, ist schlechter Stil.

Bagatellen: Der andere im Fettnapf

Wer im Fettnapf steht, hat sich mehr oder weniger daneben benommen, also nicht situationsgerecht verhalten. Schlechtere Umgangsformen beweist allerdings, wer einen anderen in dieser heiklen Lage genüsslich zappeln lässt oder ihm gar deutlich unter die Nase reibt, wo er sich gerade befindet. Entschuldigt sich jemand glaubhaft, nimmt man die Entschuldigung also an und reitet nicht noch auf dem Fehler herum (»So was ist mir ja noch nie untergekommen! Wie können Sie nur ...!«). Und bemerkt jemand seinen Fauxpas gar nicht, führt man ihn nicht vor Zeugen vor. Gipfel der Schäbigkeit: Jemanden, der aus

Unwissenheit gegen eine kleine Etiketteregel verstößt, öffentlich zu blamieren: »Herr Meyer, darf ich Ihnen das Buttermesser reichen?« Wer sich so verhält, verletzt die Kardinaltugend guten Benehmens, den respektvollen Umgang miteinander. Sehen Sie großzügig über Missgeschicke anderer hinweg. Ist jemandem eine Situation richtig peinlich, helfen Sie ihm aus der Patsche, indem Sie die Angelegenheit eher bagatellisieren und rasch das Thema wechseln.

TIPP **Begeht jemand notorisch denselben Patzer, geben Sie ihm unter vier Augen einen Tipp. Formulieren Sie behutsam, vermeiden Sie Floskeln wie den stets unglaubwürdigen Hinweis, das Folgende sei »nicht persönlich gemeint«. Legen Sie den Schwerpunkt auf die Vorteile einer Verhaltensänderung. Vielleicht ist die Azubine ganz dankbar zu hören, dass Sie angesichts guter Leistungen keine üblen Chancen im Unternehmen hätte, dass bislang aber noch niemand Marketingassistentin geworden sei, der pausenlos Kaugummi kaue.**

Die Ausnahme von der Regel: Der gezielte Regelverstoß

Keine Regel ohne Ausnahme; das gilt auch für die Benimmregeln im Job. Gezielt eingesetzt, kann ein Regelverstoß die Situation entkrampfen, Sie unverwechselbar machen oder Sie gar Ihren Zielen näher bringen. Voraussetzung: Sie müssen sich Ihrer ziemlich sicher sein und die Situation souverän beherrschen. Drei Beispiele:

- Auch wenn es normalerweise tabu ist, in einem Meeting die Contenance zu verlieren, können Sie mit einem inszenierten Temperamentsausbruch einem wenig entschlussfreudigen Gremium den Ernst der Lage drastisch vor Augen führen. Dies wird allerdings nur funktionieren, wenn Sie nicht bereits als Choleriker verrufen sind, sondern als üblicherweise besonnener Verhandlungspartner geschätzt werden.

- Auch wenn hochwertige Business-Kleidung gerade in höheren Positionen als unverzichtbar gilt, können Sie durch salopperes Auftreten eigene Akzente setzen. Dies demonstrierte im Sommer 2003 der zukünftige Vorstandsvorsitzende einer großen Fluggesellschaft, der in jedem Zeitungsporträt als »erstaunlich locker« und »weniger formell gekleidet« beschrieben wurde. Hintergrund: Weder an der Durchsetzungskraft noch an der wirtschaftlichen Kompetenz des Managers konnten irgendwelche Zweifel aufkommen – beides hatte er durch ebenso entschlossene wie erfolgreiche Sparmaßnahmen in seiner Zeit als Vorstand bereits bewiesen. Die Vermutung liegt nahe, dass hier jemand geschickt an seinem Image arbeitete und das Bild des harten Sanierers mit weicheren Tönen ausstatten wollte.
- Auch wenn Tischmanieren normalerweise als untrüglicher Beweis der Kinderstube wenig Flexibilität erlauben, können Sie die Weißwurst »zuzzeln« (die Bayern unter Ihnen wissen, wie das geht), statt sie mit Messer und Gabel zu essen, wenn Ihr preußischer Geschäftsbesuch an bayrischer Lebensart interessiert ist.

Was alle drei Fälle gemeinsam haben, ist der absichtsvolle Verstoß gegen Regeln, der der Situation angemessen ist. Mit anderen Worten: Nur wer Spielregeln souverän beherrscht, kann sie auch kreativ brechen.

Fettnäpfe: Die Do's und Don'ts auf einen Blick

Do's	Don'ts
Fettnäpfe von XXS bis XXL	
Kleinere Patzer kommentarlos überspielen	Kleinere Patzer dramatisieren
Eigene Ungeschicklichkeiten/ Malheurs mit Humor nehmen	Sich für wirkliche Fauxpas zu spät oder halbherzig entschuldigen
Sich unmittelbar entschuldigen, wenn ein anderer (mit-)betroffen ist	Eine Entschuldigung vom Platz des Betroffenen in der Firmenhierarchie abhängig machen
Fettnäpfe meiden	
Sich bei wichtigen Anlässen vorab über Situation und Gesprächspartner informieren	Die eigene Weltsicht verabsolutieren
Sich am Verhalten erfahrener Kollegen orientieren	Ohne zwingenden Grund negative oder kritische Kommentare abgeben
Gängige Benimmfehler von Arroganz bis Unzuverlässigkeit vermeiden	

Do's	Don'ts
Fehltritte anderer	
Den Fauxpas bagatellisieren	Den anderen zappeln lassen
Für den anderen peinliche Situationen überspielen	
Benimmtipps allenfalls unter vier Augen geben	Benimmfehler öffentlich ansprechen
Gezielte Regelverstöße	
... sind möglich, wenn es zur Situation passt. Allerdings gilt: Nur wer Regeln souverän beherrscht, kann sie auch kreativ brechen ...	

Anmerkungen

1 So die *Brigitte* mit einer Serie »Knigge 2003« (Heft 10–12 2003).

2 Dpa-Meldung vom 19.01.2001 unter dem Titel »Herkunft vor Zeugnissen. Soziales zählt für Karriere mehr.« (Quelle: www.3sat.de/nano/news).

3 Quelle: Cornelia Topf, Körpersprache und Berufserfolg, Niedernhausen: Falken 1999, S. 11.

4 *Der Spiegel* Nr. 38, 2000, S. 114.

5 *Bizz* Nr. 8, 1999, S. 145.

6 Auch im privaten Umgang gilt die alte Regel: »Die Dame reicht dem Herrn die Hand, der Ältere dem Jüngeren, der gesellschaftlich höher Platzierte dem, der eine niedrigere Position innehat« (Bernd C. Sucher, Hummer, Handkuss, Höflichkeit. München: dtv, 3. Aufl. 1999, S. 52), nicht mehr uneingeschränkt. Benimmexpertin Inge Wolff empfiehlt lediglich »wesentlich Jüngeren« zu warten, ob man die Hand gereicht bekomme, ansonsten gelte: Wer auf den anderen zukomme, reiche die Hand. (Inge Wolff, Umgangsformen. Ein moderner Knigge. Niedernhausen: Falken 1999, S. 39f.).

7 Wolfgang Schur/Günter Weick, Wahnsinnskarriere. Frankfurt: Eichborn 1999, S. 32, 34.

8 *Bizz* Nr. 7 (1999), S. 32.

9 In: Tapferkeit vor dem Chef. So behaupten Sie sich im Berufsleben. Regensburg/Düsseldorf: Walhalla 1998, S. 76.

10 Scott Adams, Das Dilbert Prinzip. München: Heyne, 5. Aufl. 1999, S. 19.

11 Inge Wolff, Umgangsformen. Ein moderner Knigge. Niedernhausen: Falken Verlag 1999, S. 155.

12 Hedwig Kellner, Karrieresprung durch Selbstcoaching. Frankfurt a. M.: Campus 2001, S. 116ff.

13 *Handelsblatt*, 23./24.11.2001, S. K2 (Beispiele für ein »verordnetes Du« waren unter anderem Nokia, H & M, Ikea, SAP); Rosemarie Wrede-Grischkat: Mit Stil zum Erfolg. München: Heyne 2001, S. 58.

14 In öffentlichen Räumen herrscht seit 1995 ein generelles Rauchverbot. An anderen Arbeitsplätzen hat der Arbeitgeber seit 2002 laut Arbeitsstättenverordnung dafür zu sorgen, dass Nichtraucher »vor den Gesundheitsgefahren durch Tabakrauch geschützt sind«. Dies bedeutet de facto, dass in Räumen mit Nichtrauchern nicht mehr geraucht werden darf (siehe auch www.nichtraucherschutz.de).

15 Einer Umfrage des Bundesministeriums für Jugend, Familie, Frauen, Gesundheit aus dem Jahre 1991 zufolge hatten bis zu 93 % aller Frauen sexuelle Belästigung am Arbeitsplatz selbst erlebt, wobei der Prozentsatz Betroffener je nach Schwere der Attacke (von der anzüglichen Bemerkung bis zur sexuellen Nötigung) stark variierte. Zit. n. Nicole Küssing, Mach mich nicht an! Ein Trainingsprogramm gegen sexuelle Belästigung. Freiburg: Lambertus Verlag 1997, S. 20f. Zur Rechtfertigung der Belästiger vgl. ebd., S. 35f.

16 Nicht zufällig sind von sexueller Belästigung vielfach junge Frauen in schwächerer

Position (Probezeit, kurze Betriebszugehörigkeit, Ausbildungsverhältnis) betroffen, während die Täter durch Position oder Dauer der Firmenzugehörigkeit fest im Sattel sitzen; vgl. ebd. S. 22ff.

17 Unter dgb.de/themen/mobbing bietet der *Deutsche Gewerkschaftsbund* eine Fülle von Informationen zum Thema.

18 Empirische Untersuchungen zum Thema sind rar. Dem schwedischen Arbeitspsychologen Heinz Leymann zufolge sind bei Mobbinghandlungen zu 44 % Kollegen, zu 37 % Vorgesetzte, zu 10 % Kollegen + Vorgesetzte und zu 9 % Untergebene beteiligt.

19 Brigitte Ruhleder: Mit Stil zum Ziel. Offenbach: Gabal 1996, S. 67.

20 Quelle: *Frankfurter Allgemeine Sonntagszeitung,* Nr. 8/24.02.2002, S. 40f.

21 Quelle: Dorothea Assig (Hrsg.), Frauen in Führungspositionen. München: dtv 2001, S. 79.

22 Barbara Bierach, Das dämliche Geschlecht. Warum es kaum Frauen im Management gibt. Weinheim: Wiley/VCH 2002.

23 *Frankfurter Rundschau* vom 28.12.2001, S. 29.

24 Margit Hertlein, Frauen reden anders. Reinbek bei Hamburg: Rowohlt 1999.

25 Vgl. Deborah Tannen: Job-Talk. Wie Frauen und Männer am Arbeitsplatz miteinander reden. Goldmann Verlag 1997 (amerik. Originalausgabe 1994).

26 *Stern* Nr. 4/2002, S. 44.

27 So meint z. B. Tom Peters, bekannter US-amerikanischer Unternehmensberater: »In der zukünftigen Welt, in der wir eher Netzwerke haben werden als Hierarchien, in der Mitarbeiter mit unzähligen Leuten von außen zu tun haben werden, in der der Schwerpunkt im Aufbau von Beziehungsgeflechten liegen wird, werden Frauen besser sein als Männer, weil sie in der Tendenz weniger egozentrisch, weniger statusbesessen und beziehungsorientierter sind.« Zit. n. Margit Hertlein, a.a.O., S. 32.

28 Vgl. *Arbeitsmarkt Bildung/Kultur/Sozialwesen* Nr. 34/2002, S. V.

29 Nebenbei: Wer ausbricht, wird bestraft – dieses Phänomen gibt's auch in der Männerwelt, wenn auch mit anderen Vorzeichen. Auf der Suche nach konkreten Beispielen müsste man nur einmal Männer befragen, die sich für Kindererziehung und Familienphase entschieden haben.

30 Brigitte Nagiller, Knigge, Kleider und Karriere. Frankfurt/Wien: Wirtschaftsverlag Ueberreuter 2001, S. 67.

31 Vgl. dies. in Dorothea Assig (Hrsg.): Frauen in Führungspositionen. München: Beck-Wirtschaftsberater im dtv 2001, S. 149.

32 Ab wie vielen Wörtern sind Sätze schwer verständlich? Die Angaben in der Literatur schwanken zwischen 13 und 25. Grund: Auch die Satzkonstruktion spielt mit – einfache Reihungen kann der Leser leichter »sortieren« als Schachtelungen.

33 Zit. n. Monika Hoffmann, Business-Kommunikation mit Stil. Frankfurt am Main: Eichborn 2001, S. 20f. Das Unternehmen ermittelte laut IT.Services 10/2000 918 Milliarden E-Mails jährlich.

34 Zum Lesen der Smileys beugen Sie den Kopf nach links.

35 Reinhard K. Sprenger, Aufstand des Individuums. Frankfurt am Main: Campus 2000, hier: S. 30.

36 Helga Schuler, Pionierin auf dem Gebiet des Call-Center-Trainings und Autorin mehrerer Bücher zum Thema.

37 Henry Walter, Handbuch Führung. Frankfurt am Main: Campus, 2. Aufl. 1999, S. 175.

38 Mehr zu »Verfahrenstricks« siehe Petra Begemann, Jetzt entscheide ich! Frankfurt am Main: Eichborn, S. 118ff.
39 Inge Wolff, Umgangsformen. Ein moderner Knigge. Niedernhausen: Falken 1999, S. 157.
40 Vgl. Brigitte Nagiller, Knigge, Kleider und Karriere. a.a.O., S. 153.
41 Vgl. Inge Wolff, a.a.O., S. 158 f.
42 C. Bernd Sucher, Hummer, Handkuss, Höflichkeit. Das Handbuch des guten Benehmens. München: dtv, 3. Aufl. 1999, S. 334.
43 *Handelsblatt* 31.05./01.06.2002, S. K1.
44 Elisabeth Marx, Vorsicht Kulturschock. Frankfurt a. M.: Campus 2000, S. 63.
45 Heinz Fichtinger/Gregor Sterzenbach, Knigge fürs Ausland. Planegg b. München: Haufe 2003, S. 8.
46 Vgl. Marx a.a.O., S. 73.
47 Brigitte Nagiller, a.a.O., S. 239.
48 Marx, a.a.O., S. 77f.
49 Rosemarie Wrede-Grischkat, Mit Stil zum Erfolg. München: Heyne 2001, S. 375.
50 Vgl. hierzu beispielsweise: Jürgen E. Wittmann, »In Amerika gibt es eine Frauenquote, von der wir in Deutschland nur träumen können!«, in: Frauen in Führungspositionen, hrsg. v. Dorothea Assig. München: Beck Wirtschaftsberater im dtv, 2001, S. 209ff.
51 Vgl. Wrede-Grischkat, a.a.O., S. 380.
52 Ebd., S. 387.
53 Marx, a.a.O., S. 111.
54 … eine Besonderheit, auf die Brigitte Nagiller hinweist. A.a.O., S. 228.
55 A.a.O., S. 93.
56 C. Bernd Sucher, S. 24.

Stichwortverzeichnis